AF532088

C.Bertelsmann

TILLMANN
BENDIKOWSKI

HIMMEL HILF!

Warum wir Halt in übernatürlichen Kräften suchen

Aberglaube und magisches Denken vom Mittelalter bis heute

C.Bertelsmann

Der Autor dankt der VG WORT für ein Stipendium
im Rahmen von Neustart Kultur.

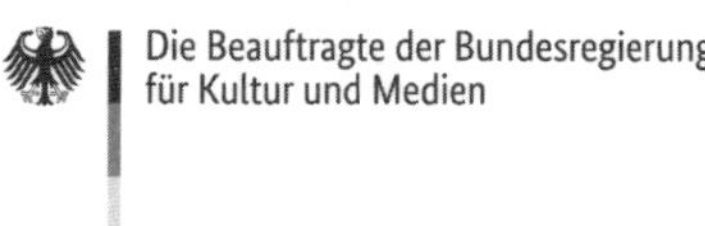

Penguin Random House Verlagsgruppe FSC® N001967

1. Auflage

Umschlaggestaltung: Büro Jorge Schmidt, München
Umschlagmotiv (und Vignetten): © Bridgeman Images / Granger
Lektorat: Eckard Schuster
Bildredaktion: Annette Baur
Satz: Leingärtner, Nabburg
Druck und Bindung: CPI books GmbH, Leck
Printed in the EU
ISBN 978-3-570-10496-5

www.cbertelsmann.de

Inhalt

Der Aberglaube gehört zum Wesen des Menschen und flüchtet sich, wenn man ihn ganz und gar zu verdrängen denkt, in die wunderlichsten Ecken und Winkel, von wo er auf einmal, wenn er einigermaßen sicher zu sein glaubt, wieder hervortritt.

Johann Wolfgang von Goethe in *Maximen und Reflexionen*[1]

Einleitung: Die Alraune im »mentalen Rucksack«

Vielleicht hat es sich so zugetragen: An einem Sommertag des Jahres 1914, der unselige Erste Weltkrieg hat gerade begonnen, sieht sich ein junger Soldat kurz vor Beginn einer Schlacht zum ersten Mal dem Feind gegenüber. Er hat gerade noch genug Zeit, leise den auch bei seinen Kameraden beliebten »Ölbergspruch« zu murmeln. Mit diesem lassen sich nämlich auf wundersame Weise die gegnerischen Schusswaffen unwirksam machen: »So wie Christus im Ölgarten stille stand, so sollen alle Geschütze stille stehen.«[2] So bittet der Soldat und vergewissert sich mit einem Griff in die Uniformjacke sicherheitshalber, ob er auch wirklich seinen Glücksbringer bei sich hat: ein kleines geschnitztes Männchen aus der Wurzel der Alraune, der schon seit der Antike Zauberkräfte zugeschrieben werden. Seine Mutter hat das Figürchen kurz nach seiner Einberufung für 1,75 Reichsmark im Berliner Kaufhaus Wertheim gekauft und es ihm in den Tornister gesteckt.[3] Damit ihr Junge bloß wieder heil nach Hause kommt …

Es gab 1914 tatsächlich solche Glücksbringer aus der Alraune zu kaufen, es gab Soldatenmütter, die sich von diesen und anderen Amuletten Schutz für ihre Söhne erhofften, und es gab Soldaten, die Zaubersprüche murmelten, um mit dem Leben davonzukommen.

Damit praktizierten sie das, was gemeinhin als »Aberglaube« bezeichnet wird. Ob nun gekaufter Glücksbringer oder ein Ritual unter Verwendung eines magischen Zeichens – es finden sich zahlreiche Varianten, wie die Menschen ihr Schicksal günstig zu beeinflussen versuchten. Gerade wenn die Not besonders groß war, wie eben in einem Krieg, wollten sie sich mit allen nur zur Verfügung stehenden Mitteln schützen.

Über Jahrtausende hinweg gingen Menschen davon aus, dass es magische Phänomene gibt, dass übernatürliche Kräfte und fremde Mächte – und dabei handelt es sich keineswegs nur um den christlichen Gott – Einfluss auf ihr Leben haben. Das konnte auch schlicht das nicht näher bezeichnete vorbestimmte »Schicksal« sein, die »Vorsehung« – oder eine ganz bestimmte Konstellation von Sternen und Planeten. Und weil diese Menschen an solche übernatürlichen Kräfte glaubten, waren sie auch bereit, sich magischer Praktiken und Rituale zu bedienen, mit deren Hilfe sie im Einklang mit diesen Mächten handeln konnten – oder gegen sie auch eine Art Gegenzauber einzusetzen, um sich gegen sie zu wehren. Deshalb wurden Gebete gesprochen oder Zaubersprüche gemurmelt, magische Zeichen an Wände gemalt, Amulette und Glücksbringer erworben, allerlei Reliquien aufbewahrt und verehrt, Orakel bei Zukunftsfragen hinzugezogen, Menschen, Tiere und Orte beschworen, »besprochen« oder mit einem Fluch belegt. Es wurden sogenannte Untote gebannt, um von ihnen in Ruhe gelassen zu werden, oder weise Frauen um Rat gefragt, um endlich von einer Krankheit geheilt zu werden.

Solche Vorstellungen und Handlungen begleiteten das Leben unserer Vorfahren bis in die Neuzeit, sie sind also Teil unserer Geschichte. Und mehr noch: Sie sind nicht einfach »vergangen«. Wie andere Denkfiguren und Glaubensinhalte auch haben sie sich zwar verändert und waren stets Konjunkturen der gesellschaftlichen Nachfrage unterworfen. Aber sie haben – ob wir wollen oder nicht – als kollektive Erfahrungen noch immer einen festen Platz in unserem »mentalen Rucksack«. Wir können mit dieser

magischen Vergangenheit unterschiedlich umgehen, diese Praktiken altmodisch, gefährlich oder schlicht unterhaltsam finden, sie ablehnen oder noch immer für höchst brauchbar halten – aber ignorieren können wir sie nicht. Sie gehören zu unserem gemeinsamen Kulturerbe. Denn es gibt auch in unserer Gegenwart Ereignisse und Herausforderungen, die Menschen zum »Aberglauben« greifen lassen. Der Glaube an das Wirken übernatürlicher Kräfte ist auf eine faszinierende Weise erstaunlich zeitlos.

Deshalb sollten wir einen Blick in diesen mentalen Rucksack werfen, um uns darüber klar zu werden, was wir als Gesellschaft da eigentlich noch immer mit uns herumtragen. Das ist angesichts der aktuellen Renaissance magischen Denkens besonders geboten: Beispielsweise übt die Astrologie noch immer eine ungebrochene Faszination auf viele Menschen aus. Zudem steigt seit Jahrzehnten die Nachfrage nach »alternativen« und esoterischen Behandlungsmethoden in Medizin und Naturheilkunde jenseits naturwissenschaftlicher »Beweise«, auch Handauflegen und Wünschelrutengehen werden hierzulande weiterhin praktiziert. Selbst »Geisterjäger« haben mehr denn je zu tun,[4] und katholische Theologen klagen darüber, dass sogar in ihrer eigenen Kirche eine Form von »Aberglauben« Einzug hält, die »jeden halbwegs gebildeten Theologen sprachlos zurücklässt«.[5] Es ist offensichtlich, dass in unserer Gesellschaft noch heute an mehr Dinge zwischen Himmel und Erde geglaubt wird, als wir uns zuweilen vorstellen können oder öffentlich zugestehen wollen.

Keine Frage: Der »Aberglauben« ist uns ein vertrauter Begleiter und verdient eine eingehendere Betrachtung. Deshalb erzählt dieses Buch aus heutiger Perspektive die Geschichte des magischen Denkens seit dem Mittelalter, und es beschränkt sich dabei auf den deutschsprachigen Raum. Vielen Leserinnen und Lesern mag es dabei ungewöhnlich erscheinen, dass auch die christliche Religion als Teil dieser magischen Tradition verstanden und dargestellt wird. Das geschieht nicht, um diesen Glauben ebenfalls als »Aberglauben« zu denunzieren, sondern um den jahrhunderte-

langen Kampf der Kirche gegen den so bezeichneten »Volksaberglauben« einzuordnen. Denn das Christentum und die magischen Angebote des »Aberglaubens« waren hierzulande vor allem Konkurrenten um die Deutung der Welt und die »richtige« Gestaltung des Lebens. Das musste zwangsläufig zu Konflikten führen, bei denen es oft genug übrigens auch ums liebe Geld ging. Welcher der Kontrahenten nach dieser langen Zeit der Auseinandersetzung als Sieger hervorgegangen ist, darf an dieser Stelle getrost offen bleiben …

Für das vorliegende Buch ist der Hinweis wichtig, dass »magisches«, »abergläubisches« und »religiöses« Denken und Handeln letztlich nie wirklich trennscharf zu unterscheiden waren und sind. Theoretisch gibt es zwar die Unterscheidung, dass sich der religiöse Mensch einer übermenschlichen Macht unterwirft und sie durch Befolgung von Geboten und Riten gnädig zu stimmen bemüht ist, während der magische Mensch durch Riten und Opfer zu seinem eigenen Vorteil oder zum Schaden anderer aktiv Einfluss auf übermenschliche Mächte zu nehmen versucht. In der Praxis jedoch sind Religion und Magie oft miteinander vermengt, wie wir später noch sehen werden. Umso schärfer war historisch gerade vonseiten des Christentums aus die Abgrenzung vom »Aberglauben« und dessen Verteufelung (wobei der Begriff als abwertende Bezeichnung für magische, nichtchristliche Praktiken stand). Es versteht sich von selbst, dass der Begriff »Aberglauben« im Folgenden ausdrücklich nicht als Kampfbegriff verwendet wird, mit dem die Kirche, aber auch die Aufklärung jenes magische Denken denunzierten und bekämpften. Deshalb wird er in diesem Buch fortan nicht in Anführungszeichen gesetzt – er soll beschreiben, nicht verurteilen. In diesem Sinne wird das historische Geschehen auch stets aus der Perspektive der Beteiligten aus unterschiedlichen Jahrhunderten erzählt, anhand konkreter Beispiele: etwa über den Homburger Apotheker Karl Lotz, der über das »Tischrücken« Kontakte in die Geisterwelt pflegte, die 17-jährige Margarethe Meineken, die mit ihrer angeblichen Zau-

berkunst prahlte und deshalb als Hexe gefürchtet wurde, über Hildegard von Bingen, die Organe vom Einhorn und das Blut von Drachen als medizinische Heilmittel empfahl, oder auch über jenen Hamburger Hausbesitzer, der im 19. Jahrhundert bei den Behörden die Korrektur seiner Hausnummer beantragte, weil seine Mieter angeblich nicht in einem Gebäude mit der Nummer 13 wohnen wollten.

Diese und andere Menschen nehmen uns als heutige Betrachter mit in ihre Gedankenwelten, zu ihren Ängsten und Sorgen, zu ihren Glaubensvorstellungen und ihren zuweilen verzweifelten Versuchen, dem Schicksal ein Schnippchen zu schlagen. Wir sehen, wie sie auf eine wundersame Heilung bei Krankheit hofften, einem Fluch zu entkommen versuchten oder einmal sogar den Teufel überlisteten. Indem wir sie in ihrem magischen Handeln betrachten, erkennen wir letztlich ihre ganz eigenen Strategien, den Herausforderungen des Lebens zu begegnen. Damit ist dieses Buch eine erzählerische Entdeckungsreise in eine sehr private Welt oft verzweifelter Menschen in Not. Dies verlangt von uns als Zuschauern und Zuschauerinnen ein entsprechendes Maß an Takt und Respekt. Es geht nicht darum, über einen vergangenen »Volksaberglauben« vorschnell die Nase zu rümpfen, sondern dieses Denken und seine Wirkungen auf die Menschen zunächst zu verstehen – und selbstkritisch nach unseren vermeintlich »modernen« Glaubensvorstellungen und unseren heutigen Antworten auf individuelle Lebenskrisen zu fragen.

Zugleich handelt dieses Buch auch von den Menschen, die zu unterschiedlichen Zeiten und mit unterschiedlichen Methoden abergläubisches Denken vehement bekämpft haben – denn ohne sie wäre diese Geschichte nicht vollständig. So kommt beispielsweise der katholische Theologe Ferdinand Sterzinger zu Wort, der im 18. Jahrhundert wortmächtig zum Kampf gegen diese angebliche »Pest« aufrief, ebenso der evangelische Geistliche Andreas Musculus aus Frankfurt an der Oder, der schon bald nach der Reformation mit Leidenschaft den Teufel jagte, aber auch Bertolt

Brecht, der mehr als zwei Jahrhunderte später aus politischen Erwägungen mit viel Eifer gegen den Aberglauben anschrieb. Wenn Anhänger und Gegner des magischen Denkens aufeinandertrafen, vertraten sie ihre Positionen zuweilen mit regelrechtem Fanatismus – und die Auseinandersetzungen erhielten eine Schärfe, die wir sonst nur aus religiösen Glaubenskriegen kennen. Die Geschichte des Aberglaubens ist somit auch die Geschichte von höchst irdischen Konflikten, in denen sich die Menschen zuweilen sogar gegenseitig umbrachten …

Damit liegt zugleich die politische Bedeutung dieses Themas auf der Hand: Es kann einer Gesellschaft nicht gleichgültig sein, welche Glaubensvorstellungen das Verhalten der Menschen beeinflussen und welche Konflikte daraus resultieren. Wenn für die Religionen auf der Welt immer schon galt und heute noch gilt, dass kein theologischer Gedanke politisch unschuldig ist, trifft dies ebenso für den so bezeichneten »Aberglauben« zu: Auch magisches Denken und Handeln sind immer gesellschaftlich relevant, weil die Menschen auf eine ganz eigene Weise ihre Welt wahrnehmen und sie mit ihren Ritualen und Praktiken zuweilen auch verändern wollen. Damit rufen sie zuweilen sogar Polizei und Gerichte auf den Plan, beschäftigen den Gesetzgeber und die politische Obrigkeit.

Übrigens ist es für dieses Buch nicht von Belang, ob es übernatürliche Kräfte tatsächlich gibt – es geht darum, was allein der Glaube daran mit den Menschen macht und wie er ihr Zusammenleben beeinflusst. Um zu dem eingangs konstruierten Beispiel zurückzukehren: Einmal angenommen, der junge Soldat wäre nach Jahren des Ersten Weltkrieges tatsächlich unversehrt nach Hause gekommen: Woran hat es dann nach Meinung seiner Freunde und Verwandten wohl gelegen? An seinem Zauberspruch vom »Ölberg«? An dem geschnitzten Glücksbringer aus dem Kaufhaus? An beidem? Oder war es schlicht Zufall, dass er verschont blieb? Die Antworten darauf fallen bis heute unterschiedlich aus.

Doch eines dürfen wir ganz sicher annehmen: Dieser junge Soldat hatte gewiss Angst, er fürchtete sich fraglos vor Verletzung und Tod – und deshalb setzte er in seiner Not auch auf magische Sprüche und die Kraft der Amulette. Die Angst lässt sich für die folgenden Betrachtungen als höchst kreative Stimulanz verstehen: Ohne sie gäbe es solche Rituale nicht und ganz bestimmt auch keine Geschichte von den Wunderkräften der Magier und der obskuren Heilkundigen, keine Hexenverbrennungen und nicht einmal einen Freitag, den 13. Es ist die Angst, die den Menschen glauben und »aberglauben« macht. Deshalb beginnt dieses Buch mit einer Erörterung der Angst, die wir alle nur allzu gut kennen …

Nichts fürchtet der Mensch mehr als die Berührung durch Unbekanntes.

Elias Canetti in *Masse und Macht*[1]

Wenn die Angst kommt

Es tanzt ein Bi-Ba-Butzemann …

Der größte Schrecken, das war schon immer so, lauert oft genug hinter unschuldiger Kulisse. Das gilt auch für den »Butzemann«. Bevor er auftritt, ist alles friedlich: Die kleinen Kinder liegen nach Einbruch der Dunkelheit brav in ihren Bettchen, haben womöglich ihr Nachtgebet gesprochen, sind schon fast eingeschlafen oder bereits im Reich der süßen Träume – und dann kommt urplötzlich: die Angst! Vor dem schwarzen Mann, der nachts in das Haus eindringt! War da nicht ein Geräusch im Flur? Ein Rumpeln und Knarzen auf der Treppe? Ist das der Butzemann, der womöglich vor Stunden noch in dem bekannten Kinderlied fröhlich besungen wurde? »Es tanzt ein Bi-Ba-Butzemann in unserem Haus herum, fidebum …« Doch in der Dunkelheit ist jetzt keinem Kind mehr zum Singen zumute, denn der Butzemann ist eine Furcht einflößende Gestalt, ein Kobold oder womöglich ein Geist, niemand weiß das so genau. Aber als sicher gilt, dass er sich von verschlossenen Türen nicht abhalten lässt, sondern sie auf unheimliche Weise einfach passieren kann. Die Kinder haben Angst vor ihm – und ihre Eltern womöglich ebenfalls …

Dabei sind es über Jahrhunderte hinweg ausgerechnet die Erwachsenen, die ihren Kindern Geschichten von Gestalten wie

dem Butzemann erzählen und damit die Ängste ihres Nachwuchses erst wecken und schüren. Ihre Erzählungen sollen dem pädagogisch höchst fragwürdigen Zweck dienen, den Kindern Angst vor Strafen zu machen, wenn sie sich nicht an die Anweisungen der Erwachsenenwelt halten. Wenn die Kleinen Blödsinn anstellen, so die simple und gerade deshalb so weit verbreitete Logik, kommt eben zur Strafe der Kinderschreck. Der trägt in den Regionen unterschiedliche Bezeichnungen: »Buhmann« oder »Butzemann«, »Nachtmann« oder generell der »schwarze Mann«, der als Figur auch in das kindliche Fangespiel »Wer fürchtet sich vorm schwarzen Mann« eingeht.[2] Die Drohung mit diesem Mann ist allerdings alles andere als lustig: Je nach erzählerischer Ausprägung und nach »pädagogischer« Grobheit hat er einen Sack dabei, in den er die unartigen Kinder steckt, eine Rute, mit der er die Kleinen schlägt (hierin zuweilen identisch mit der Vorstellung vom weihnachtlichen Knecht Ruprecht)[3], oder einen langen Haken, mit dem er die widerstrebenden Kinder an sich zieht, um sie umstandslos zu fressen! Mit der Drohung mit so einem Unhold lässt sich munter agieren: Das Kind soll abends brav im Haus bleiben? Da hatte die Mutter einst Verse wie diesen parat: »Gang nit hinaus, der Mann ist draus!«[4] Welches Kind blieb da nicht lieber erschrocken daheim?

Die Angst gilt uns als ein negatives Gefühl, das wir lieber meiden und auf das wir im Alltag am liebsten so weit wie möglich verzichten wollen. Doch sie war immer auch ein nützliches Warnsignal vor Unglück und möglichem Schaden – für jeden Einzelnen wie für die Gemeinschaft. So war es in Zeiten, als die Menschen auf eine karge Getreideernte für ihr Überleben angewiesen waren, eben keine hinnehmbare Kinderei, wenn der Nachwuchs balgend über die Felder zog und die Pflanzen zertrampelte. Die Ängste, die mit den Erzählungen der Erwachsenen geschürt wurden, konnten hier helfen. Deshalb herrschten in den Feldern mit dem lebenswichtigen Getreide im Mittelalter und noch in der frühen Neuzeit die »Korndämonen«, die »Roggenmuhme« oder der

Alle haben sie Angst vor dem Butzemann, der die Kleinen holt. Hier eine Darstellung der spanischen Version »El Coco« von Francisco de Goya (aus dem Zyklus »Los Caprichos«, 1799).

»Roggenwolf«, die Kinder von diesem Treiben abhalten sollten. Und wenn die Kinder sich in den Weinbergen verbotenerweise über die ebenso süßen wie kostbaren Trauben hermachten, kamen die dort verborgenen »Trubehans« oder »Hanselima« und sperrten sie weg.[5]

Die Angst vor dem Butzemann und allen anderen Typen von »schwarzen Männern« konnte Kinder durch die damit erzwungene Verhaltensänderung womöglich schützen, und dies auch vor wilden Tieren, allen voran vor dem bösen Wolf, der in so manchem Märchen bis heute nicht fehlen darf. Denn tatsächlich gab es einst entsprechende Gefahren, und kein Kind sollte sich im Mittelalter nachts in den heimischen Wäldern herumtreiben, in denen Wölfe, Bären oder auch Räuber unterwegs waren. In vielen Geschichten wurden diese Gefahren geschildert, und sie sorgten beim Publikum zu allen Zeiten für Erregung und Unruhe, für Sorge, Furcht und blanke Angst. An die Tradition solcher Erzählungen mögen wir uns heute erinnern, wenn wir in den Medien von einer besonders spektakulären Begegnung eines Spaziergängers mit einem der hier wieder heimischen Wölfe hören. Dann wird offensichtlich: Nicht nur der Wolf ist wieder da, sondern auch die alte, fast zeitlose Angst vor ihm …

An diesem Beispiel zeigt sich, wie wir alle – wenngleich abhängig von unserer persönlichen Lebenssituation – noch immer von einem kollektiven Angstgedächtnis beeinflusst werden, das sich über Jahrhunderte hinweg gebildet hat. Und unsere heutige Wahrnehmung der Welt verbindet uns noch immer mit den Menschen, die vor vielen Generationen gelebt haben. Wenngleich es Zeiten gab, in denen die Menschen mal unbeschwerter und optimistischer, mal wieder in großer Not und voller Zukunftsängste lebten: Die Angst war stets ein Grundgefühl menschlichen Lebens, ein Gefühl, das ganz nach Ausprägung wahlweise auch als »Furcht«, als »Schrecken« oder als »Horror« bezeichnet wird.[6]

Dass eine begründete Furcht durchaus auch ein Akt der Klugheit ist, wurde dabei schon früh erkannt. Der französische Schriftsteller und Philosoph Michel de Montaigne (1533–1592) riet schon dazu, nicht aus falsch verstandener Tapferkeit übergroße Gefahren aushalten zu wollen – »Begriffsstutzigkeit und Dummheit« erweckten dann irrtümlich »den Eindruck von Tugendhaftigkeit«.[7]

Der Blick in die Geschichte der kollektiven Ängste zeigt, dass sich keine Gesellschaft diesen einfach nur ausgeliefert fühlte, sondern stets Mittel und Wege suchte, ihnen zu begegnen. Schon das erwähnte Beispiel mit dem Schutz der Getreidefelder vor herumstrolchenden Kindern verweist darauf: Die gefährlichen »Korndämonen«, die angeblich dort hausten, sollten eben die karge Ernte retten – und dahinter steckte eine der großen Urängste der Menschheit: die Angst vor dem Hunger. Wer klug war, hatte Angst vor Hunger, und deshalb tat er auch alles dafür, ihm bloß nicht zum Opfer zu fallen. Das erzählerische Verschrecken von Kindern auf den Feldern war da nur der Anfang. Es gab viele magische Mittel, die Ernte zu sichern, vor allem wenn es um den Schutz vor Unwetter ging. Die Bauern konnten zwar säen und pflügen, sie konnten die Felder umsorgen. Aber, so würden wir heute behaupten, Wetter machen konnten sie schließlich nicht. Doch das ist aus mittelalterlicher Perspektive nur zum Teil richtig. Denn oft genug kannten die Bauern damals sehr wohl Leute, die zumindest Einfluss auf das Wetter hatten oder Zugang zu höheren Wesen und übernatürlichen Kräften, die dann auf entsprechende Bitten hin Regen, Sturm und Sonnenschein beeinflussen konnten. Diese »Profis« holten die Bauern in ihrer Not zu Hilfe.

Oft – vielleicht sogar in der Mehrzahl der Fälle – waren diese professionellen Helfer zunächst die örtlichen Priester, die in vielen Fällen von persönlicher Not ohnehin die ersten Ansprechpartner waren. Bei ihnen war in der Regel Rat und Hilfe zu erwarten, denn Gott, so das selbstbewusste Versprechen der mittelalterlichen Kirche, ist in seiner Allmächtigkeit selbstverständlich auch Herr über alle Naturgewalten und Naturgesetze. Wenn er will, kann er Feuer entfachen und löschen, er kann wahlweise Regen und Sonnenschein schicken oder verwehren, er lässt aber auch Sturm und Unwetter über die Welt kommen. Die Menschen taten deshalb gut daran, sich mit diesem Gott gut zu stellen und nicht durch ein sündiges Leben oder gar gotteslästerliches Verhalten seinen Zorn zu provozieren. Denn Gott galt ihnen nicht nur als gerechter, sondern immer auch als strenger und strafender Gott.[8]

Aber solange sich die Gläubigen nicht allzu viel Böses zuschulden kommen ließen, konnte ihnen dieser Gott wie kein anderer helfen. Die überlieferten Gebete lesen sich heute wie ein Katalog aller denkbaren Nöte und Heimsuchungen, vor denen sich die Menschen schon immer fürchten. So auch jenes Gebet, das im 19. Jahrhundert an den heiligen Donatus als Schutz gegen Donner und Unbilden des Wetters gerichtet wurde:[9]

> Möge der Herr uns durch deine heilige und mächtige Fürsprache die Gnade gewähren, uns mit allen Unbilden der Witterung zu verschonen, die nicht den Jahreszeiten entsprechen und die das Wachstum der Feldfrüchte beeinträchtigen, die unser größter Reichtum und zugleich zu seiner Erhaltung notwendig sind. Er bewahre uns vor Viehseuchen und vor Mißernten und gewähre uns den gerechten Lohn für unseren Schweiß und unsere durchwachten Nächte. Er möge unsere Häuser vor jeglicher Zerstörung bewahren.

Neben diesen eher allgemeinen Bitten vor Schutz bot sich immer auch die Möglichkeit, direkt Gottes Einwirken auf das Wetter zu provozieren. So war die Vorstellung verbreitet, dass der Herr es auf Wunsch regnen lassen kann, wenn nur die richtigen Rituale angewendet werden. Die konnten durchaus aufwendig sein: Als im 12. Jahrhundert im Westen des Reiches ein Dorf unter Trockenheit litt, mussten die Bewohner unter Führung des örtlichen Klerus in einer Regenprozession immerhin dreimal durch die Felder ziehen. Doch zunächst brachte alles Beten und Singen nicht den erwünschten Erfolg, erst nach einer vierten Prozession und der ausdrücklichen Anrufung der Mutter Gottes gab es schließlich den ersehnten ausdauernden Regen.[10] Ein ausgesprochen anstrengendes, aber – so zumindest die christliche Überlieferung – letztlich wohl erfolgreiches Verfahren.

In diesem Fall scheint der christliche Gott also ein Einsehen mit den Menschen gehabt zu haben. Aber was, wenn er es nicht hatte? Was taten die Bauern, wenn ihre Gebete oder Prozessionen durch die Felder keinen Erfolg hatten und der dringend benötigte Regen weiterhin ausblieb? Wir dürfen rückblickend durchaus davon ausgehen, dass es unter ihnen Verzweifelte und Ungeduldige gab, die womöglich schon nach einer ersten oder zweiten Regenprozession angesichts des ausbleibenden Niederschlags nicht mehr so recht auf den Herrn im Himmel setzen wollten. Stellten sich einige von ihnen vielleicht bereits die Frage, ob womöglich ein anderes, nicht christliches magisches Ritual sinnvoller gewesen wäre? Wie gesagt, der Priester war schließlich nicht die einzige Person mit magischen Kenntnissen und Fähigkeiten in der Umgebung, vielmehr kannten die Menschen ja noch die einen oder anderen zauberkundigen Frauen und Männer. Die konnten schließlich auch Regen machen, oder?

Davon waren offensichtlich auch die Einwohner eines deutschen Dorfes im 11. Jahrhundert überzeugt, deren Felder wegen großer Trockenheit ebenfalls ausgedörrt waren. Auch sie suchten nach einer Lösung und – womöglich hatten ihre Gebete nichts genützt, oder sie wollten sich vom Pfarrer nicht zu einer Regenprozession bewegen lassen – griffen in gewisser Weise zu magischer Selbsthilfe. Mit einem zugegeben etwas komplizierten Ritual wollten sie den Regen herauslocken: Die Frauen des Dorfes versammelten alle kleinen Mädchen um sich, worauf diese sich in einer langen Prozession aufmachten, um Bilsenkraut zu sammeln, dem traditionell Zauberkraft für verschiedene Anwendungen zugesprochen wurde. Dann galt es auf jedes Detail peinlich genau zu achten: War diese Pflanze gefunden, musste ein unbekleidetes Mädchen sie mit dem kleinen Finger der rechten Hand ausreißen, sich die Wurzel des Krautes an die kleine Zehe des rechten Fußes binden lassen und es so zum nächsten Fluss transportieren. Dort bespritzten die übrigen Kinder das Mädchen samt Bilsenkraut mit Wasser und riefen den Regen herbei, ehe das unbekleidete Mädchen abschließend im Krebsgang rückwärts zurück ins Dorf gehen musste.[11]

Es ist zu schade, dass sich heute mit dem Abstand von Jahrhunderten nicht mehr zweifelsfrei überprüfen lässt, ob dieses recht komplizierte Zeremoniell tatsächlich den gewünschten Regen gebracht hat. Und zu gerne wüssten wir, ob es statistisch gesehen im Mittelalter aussichtsreicher war, mithilfe eines Priesters und einer Regenprozession oder mit einer wie auch immer gestalteten Methode »Bilsenkraut« die Ernte vor dem Vertrocknen zu retten. Aber wir können gewiss sein, dass den Menschen in solchen wie anderen Notsituationen immer mehr Wege offen standen, als wir heute zuweilen glauben und wissen – auch wenn einige magische Rituale dabei eher der Belustigung einiger Beteiligter gedient haben mögen: In Tirol wurden zuweilen bei langer Dürre die Mädchen am 1. Mai von den Burschen eingefangen, mit Wasser begossen oder in die Bäche geworfen.[12] Ob das wirklich hilfreich war?

Es gab aber schon im Mittelalter Zeitgenossen, die bei solchen und anderen Vorfällen keinen Spaß verstanden, nämlich die Kleriker. Ihre Kirche fand sich nicht nur bei der Angst vor Dürre und Hungersnot in einer regelrechten Konkurrenzsituation der Glaubensangebote wieder. Sowohl die christliche Religion als auch die unterschiedlichen magischen Praktiken weckten schließlich die Hoffnung, das Leben in gewisser Weise zu »ordnen«, Orientierung zu bieten und nicht hilflos einem Zufall ausgeliefert zu sein. In der christlichen Welt war alles geordnet: So predigten die Pfarrer stets, dass Gott allein die Welt in seinen Händen hält, dass nur er die Macht hat, gestaltend in das Leben der Menschen einzugreifen – und dass er in diesem Fall selbstverständlich auch der alleinige Herr über Regen und Trockenheit ist. Aber offensichtlich war es schon vor Jahrhunderten mit der Disziplin des Kirchenvolkes nicht immer weit her. Das belegen die Strafandrohungen für all diejenigen, die an »abergläubischen« Handlungen teilnahmen, wie die Kirche solche Angebote zu nennen pflegte. So drohte einer der prominentesten Kleriker des frühen 11. Jahrhunderts hierzulande, Bischof Burchard von Worms, allen Christenmenschen mit einer saftigen Bußstrafe, wenn sie beispielsweise an den geschilderten Regenzauber mit den Mädchen und dem Bilsenkraut glaubten: Wer an so einem Ritual teilgenommen habe oder auch nur damit einverstanden gewesen sei, müsse 20 Tage bei Wasser und Brot fasten.[13] Diese damals ausgesprochen harte Strafe stellte der strenge Gottesmann auch all jenen in Aussicht, die sich nur des einfachen Regenzaubers bedienten, bei dem ein Mädchen schlicht mit Wasser begossen wird.[14]

Ob der Bischof tatsächlich glaubte, seine Schäfchen damit wieder auf den rechten christlichen Weg zu bringen? Schließlich wusste er wie seine Amtsbrüder nur zu gut, dass es im Land viele – wie er sie nennt – »ruchlose Leute« gab, die magische Sprüche über Felder oder Lebensmittel sprachen, die Kräuter oder irgendwelche Knoten auf Wegkreuzungen legten, die Tiere angeblich von Krankheiten befreien und andere durch ihre bösen Taten verderben lassen konnten. Ihnen gegenüber war und blieb der Ton der Kirche scharf, denn für sie stand viel auf dem Spiel: Die Kirche wollte gegen alle magischen nichtchristlichen Glaubensangebote ihren Anspruch auf die Interpretation der Welt durchsetzen, sie musste den Beweis erbringen, dass nur ihre religiösen Instrumente wirkten. Verärgert notierte im frühen 9. Jahrhundert der Erzbischof von Lyon:[15]

> Hierzulande glauben fast alle Menschen, Adel und Volk, Stadt und Land, Alt und Jung, dass Hagel und Donner von Menschen gemacht werden können ... Der Sturm habe sich erhoben aufgrund der Zaubersprüche von Leuten, die Wettermacher heißen.

Gegen die Konkurrenz trat die Kirche durchaus aggressiv auf, indem sie alle Menschen mit Strafen bedrohte, die diesen unchristlichen »Schabernack« nutzten. Zugleich denunzierte sie die »Magier«, »Hexen« oder »Zauberer« und forderte ihre Verfolgung und Bestrafung auch durch weltliche Instanzen. Nachträglich ließe sich allerdings sagen, dass diese Konkurrenz auf dem Markt der magischen Möglichkeiten für die Menschen durchaus ihre Vorteile hatte: Die verschiedenen Anbieter mussten sich stets bemühen, wirklich überzeugende oder zumindest vielversprechende, möglichst bessere Angebote zu machen, die in der Not Hilfe versprachen. Und die Menschen hatten dann bis zu einem gewissen Grad den Eindruck, dass es in der Not immer auch Lösungen gab: Es existierte also kaum eine Angst, gegen die es nicht auch das Versprechen eines magischen Mittels oder Rituals gab.

Dadurch verschwanden allerdings die Ängste nicht. Eine konkret bestehende Furcht konnte womöglich überwunden werden, aber neue kamen dafür hinzu – die Geschichte der Angst kennt die Konjunkturen von kollektiven Bedrohungsszenarien. Lange ging die Geschichtsforschung beispielsweise davon aus, dass vor allem die Menschen im späten Mittelalter und in der frühen Neuzeit besonders viele Ängste auszustehen hatten, weil im Zuge der Reformation und der einsetzenden europäischen Glaubenskonflikte oft von einem nahen Weltenende die Rede war.[16] Heute weiß die Forschung, dass auch vorher und später große gesellschaftliche Einschnitte mit entsprechenden Ängsten einhergingen: etwa der Einfall der Wikinger in Mitteleuropa im frühen Mittelalter, die in einem kolossalen Maße Angst und Schrecken verbreiteten, dann ein jeder Krieg, vor allem der Dreißigjährige Krieg mit seiner bis zu dieser Zeit kaum gekannten Gewaltentfesselung, aber auch die »Kleine Eiszeit« zu Beginn der Neuzeit, als sich besonders ab den 1570er-Jahren das Klima über Jahrzehnte hinweg spürbar veränderte und bitterkalte Winter, verregnete Sommer und zerstörerische Hagelstürme in Europa die Ernten vernichteten und unzählige große und kleine Hungersnöte auslösten.[17]

Solche kollektiven Krisen lehrten mit ihren Ängsten nicht nur das Beten, sondern ließen die Menschen auch nach anderen magischen Ritualen greifen. Selbst ernannte Sternkundige, Heilsbringer, angebliche »Hexen«, Okkultisten verschiedenster Couleur oder schlicht Betrüger hatten etwa während der »Kleinen Eiszeit«

nachweislich alle Hände voll zu tun. Und sie dienten dabei keineswegs nur dem so bezeichneten »einfachen Volk«, auch wenn noch heute der Begriff »Volksaberglauben« das suggerieren mag. Tatsächlich zogen selbst gekrönte Häupter wie der Habsburger Kaiser Rudolf II. oder die englische Königin Elisabeth I. in dieser Not Magier zur Hilfe.[18] Sicher ist sicher …

Die Nachfrage nach solcher Hilfe resultierte auch aus der Tatsache, dass die größte aller menschlichen Ängste in dieser Zeit sogar die Regenten umtrieb: die Angst vor dem Weltuntergang. Dass dieser eines Tages kommen werde, davon konnte die Menschheit vor allem im Mittelalter ausgehen. Schließlich stellten ihr dies die Kirche und ihre Kleriker mehr oder weniger permanent in Aussicht. Diese Ankündigung beinhaltete Drohung und Verheißung zugleich: An diesem »Jüngsten Tag« – was sich übrigens deutlich besser anhörte als »Weltuntergang« – werde das irdische Ende anbrechen und Gott als Weltenrichter über das Schicksal der Menschheit und vor allem jedes einzelnen Menschen beim »Jüngsten Gericht« entscheiden. Er werde dann die Gerechten von den Ungerechten scheiden, so heißt es im Neuen Testament, also die Guten von den Bösen. Und die Menschen wussten nur zu gut, dass sie vor diesem göttlichen Gericht, wie vor jedem weltlichen Gericht übrigens auch, besser nicht unvorbereitet erscheinen sollten: Wer also ein gottgefälliges Leben geführt hatte und mit den Sakramenten der Kirche versorgt war, konnte erhoffen, dass auch für ihn mit dem Jüngsten Gericht ein sorgenfreies Leben in Gottes Reich anbrechen würde.

Aber trotz dieser Aussicht auf eine mögliche himmlische Zukunft war die Erwartung des Jüngsten Tages auf Erden alles andere als angenehm, vor allem weil es nun mal zur Natur dieses Weltuntergangs gehört, dass er mit ziemlichen Schrecken und Grauen für die Menschen einhergeht. Erinnert sei nur an die oft genug angekündigten apokalyptischen Reiter, die als Vorboten des Geschehens die Menschheit mit furchtbaren Geißeln plagen würden. Und die Kleriker schürten zuweilen noch die Angst vor dem Weltenende, weil sie sozusagen auch sozialdisziplinierenden Nutzen aus dieser Vorstellung zogen: Sie versprachen den Gläubigen nämlich, dass sie keine Angst vor diesem kolossalen Ereignis haben mussten, wenn sie sich nur treu an ihre Kirche und an die Sakramente hielten. Dann bringe der Jüngste Tag für sie tatsächlich die Befreiung aus aller Not. Aber wehe dem, der ein schlechter und ungehorsamer Christ ist! So warnte ein Geistlicher im Jahr 1681:[19]

> O Mensch, sündige nicht, denn das Jüngste Gericht verdammet … Die Menschen müssen Rechenschaft geben von einem jeden unnützen Wort … Da wird ein jeglicher empfangen, nach dem er gehandelt hat bey Leibes Leben, es sey gut oder böß. Die stinckenden Sünden-Böck zur Lincken wird der Herr verfluchen, verdammen und zum ewigen Feur verweisen und verstossen.

Solange dieses Weltenende irgendwie fern war, mochte sich der Schrecken ob des Geschehens womöglich in Grenzen gehalten haben. Aber das sah schon ganz anders aus, wenn plötzlich die Priester davon sprachen, dass der Jüngste Tag tatsächlich in greifbare Nähe gerückt sei. Entsprechende Ängste wurden vor allem zu Beginn des 16. Jahrhunderts geschürt, als die Reformation und die einsetzende Glaubensspaltung große Teile der europäischen Gesellschaften in Unruhe versetzten. Es waren vor allem die protestantischen Prediger, die ihren Aufrufen zu Umkehr und Reformation mit der Aussicht auf das nahe Weltenende besonderen Nachdruck verleihen wollten. Der Papst sei doch erkennbar jener »Antichrist«, so hieß es etwa, dessen Auftreten nach biblischer Prophezeiung die Wiederkehr des Herrn und damit den Jüngsten Tag ankündigt. Allen voran Martin Luther sprach viel vom Ende der Welt. Er hatte angeblich »viel grewliche schreckliche Treume vom jüngsten Gericht«, und vermutlich ging der Reformator davon aus, dieses welthistorische Ereignis noch selbst zu erleben.[20]

Die Zeit der Reformation zeigt zugleich, wie schwer es war, so geschürte kollektive Ängste wieder einzufangen und die Menschen zu beruhigen. Der wiederkehrende Hinweis von katholischen Klerikern, Martin Luther habe das baldige Weltende sozusagen als geschickte Marketingstrategie nur »erdichtet«, um die Welt »zu erschrecken« und die Menschen »zu seiner neuen Lehre zu ziehen«,[21] dürfte wohl nur den Gläubigen im eigenen konfessionellen Lager überzeugt haben. Die Angst vor der großen Katastrophe war auf jeden Fall in der Welt, Untergangsprophezeiungen hatten Konjunktur, düstere Vorhersagen fanden in der Regel immer ein Publikum, und der kommende Schrecken wurde zuweilen geradezu lustvoll konkret ausgeschmückt. Im Jahr 1550 erklärte der Schweizer Reformator Pierre Viret (1511–1571) kurzerhand:[22]

> Die Welt ist am Ende ... Jetzt aber bestell dein Haus ..., entsage der Verderbtheit ... und, nachdem du einige dir so unangenehme Gedanken an irgendeinen Ort verbannt hast, eile dich, die Welt zu verlassen. Denn es werden andere, schrecklichere Katastrophen, als die du kommen sahst, geschehen.

Die Welt ist am Ende, was für eine furchtbare Vorstellung. Dabei gehörte der Tod selbst ja als Erwartung zum Leben der Christen selbstverständlich dazu, vor ihm fürchteten sich die Gläubigen im Grunde nur, wenn er sie plötzlich und unvorbereitet ereilte und sie nicht mehr rechtzeitig den Segen der Kirche empfangen konnten. Denn nur, wer mit den Sakramenten versehen diese Welt verlässt, wer zuvor noch seine Sünden gebeichtet hat und wer noch ausreichend gute Werke an den Mitmenschen getan hat, darf darauf hoffen, ins himmlische Paradies zu kommen. Aus Angst vor ewiger Verdammnis noch schnell alte Rechnungen begleichen – das wurde zu einem bekannten Verhaltensmuster. So ist überliefert, dass italienische Kaufleute nach einem besonders heftigen Erdbeben im 14. Jahrhundert noch rasch ihrem Schuldner die Zinsen zurückzahlten, um dem Herrn nicht als Wucherer gegenübertreten zu müssen.[23] In diesem Fall profitierten also die Schuldner von der Angst der Christen, in der Regel aber war es die Kirche: Ihr bescherten die von ihr selbst noch weiter geschürten Jenseitsängste der Christen über die Jahrhunderte hinweg eine ungeheure Menge an Spenden und Schenkungen. Nüchtern betrachtet machten die Kleriker mit der Angst vor dem Jüngsten Tag also durchaus ein respektables Geschäft.

Für manche Menschen wurde die Angst allerdings zu groß, sie hielten dieses wiederkehrende Gerede vom Weltuntergang und den möglichen Strafen beim göttlichen Weltgericht nicht mehr aus. Es gibt Berichte von Gläubigen, die aus Furcht vor dem Jüngsten Tag regelrecht krank wurden, einige trieb die Angst vor dem Strafgericht wohl auch in den Selbstmord. Sie mussten zwar wissen, dass sie dafür nach kirchlicher Lehre unweigerlich in der Hölle landen würden – aber sie wählten offensichtlich bewusst diesen Weg, um die schreckliche Zeit des Wartens auf den Tod zu verkürzen.[24] Ihre Angst war schlicht zu groß.

Auf Erden konnte im Prinzip jedes schlimme Ereignis als Vorzeichen der Apokalypse gewertet werden, manchmal reichte da schon ein schweres Gewitter. Aber auch andere Wetterphänomene hatten zumindest das Zeug dazu, Angst vor dem zürnenden und strafenden Gott zu schüren. Sich unvorbereitet in einem Gewitter wiederzufinden und dann Blitz und Donner schutzlos ausgesetzt zu sein, war eine weit verbreitete Furcht. Die verspürte auch der junge Martin Luther, der im Sommer 1505 nördlich von Erfurt auf freiem Feld von einem heftigen Sommergewitter überrascht wurde und dadurch in Todesangst gestürzt wurde. Der 21-Jährige tat ganz offensichtlich, was die meisten Menschen in dieser Not machten: Sie riefen Gott oder einen Heiligen an – in diesem konkreten Falle angeblich die heilige Anna – und boten sozusagen im Tauschhandel für die himmlische Errettung eine Gegenleistung an. Martin Luther soll in seiner Not seinen Eintritt ins Kloster versprochen haben.[25]

Ein Stoßgebet gen Himmel war auf freiem Feld rasch gesprochen, ein Kreuzzeichen schnell geschlagen; zuweilen griffen die

Menschen allerdings zu umfangreicheren religiösen Bekundungen. So glaubten sie, dass mit Inbrunst und Ausdauer geläutete Kirchenglocken auch in dieser Not halfen. Aus Köln wird noch Jahrhunderte später berichtet, dass bei heftigem Gewitter alle Glocken der Stadt läuteten, »deren nicht weniger als 300 waren«, und »so entstand ein solch ohrenbetäubendes Geläut, dass man den Donner nicht vernahm«.[26] Jedes nicht zu verstehende Naturphänomen konnte Angst machen, das galt auch stets für das Erscheinen von Kometen oder die Beobachtung anderer Himmelslichter am Firmament. Als Ende 1680 für mehrere Tage in ganz Europa ein Komet mit einem mächtigen Schweif über dem ganzen Himmel zu sehen war, berichtet ein Beobachter:[27]

> Ich zittere, wenn ich mich an die schreckliche Erscheinung erinnere, die am Samstag Abend im klaren Himmel von allen mit unaussprechlichem Erstaunen beobachtet wurde. Es schien, als würde der Himmel brennen, oder ob die Luft selbst Feuer gefangen hätte.

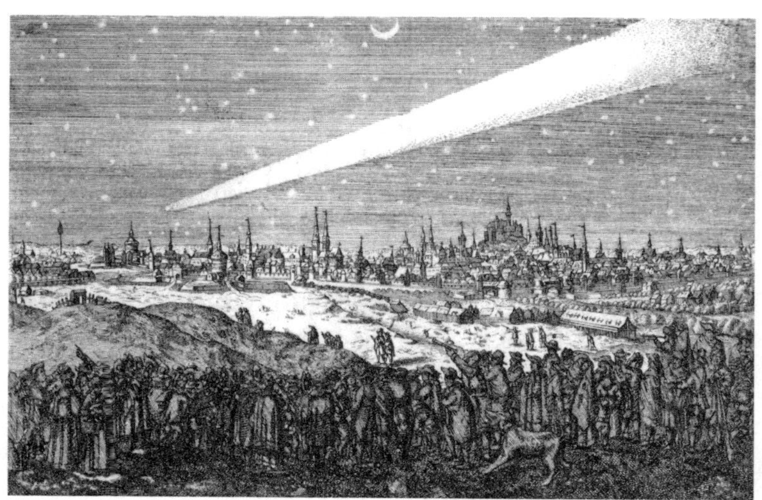

1680 versetzt dieser Komet ganz Europa in Angst und Schrecken, auch wie in dieser zeitgenössischen Abbildung die Menschen in Nürnberg.

Viele Menschen schauten in jenen Tagen ängstlich auf diese »schreckliche Erscheinung«, und die Kleriker nutzten die Gelegenheit erneut, ihnen noch zusätzlich Angst zu machen. In religiösen Schriften wurde der Komet als prophetisches Zeichen eines göttlichen Strafgerichts gewertet und die Menschen zu Beichte, Buße und Umkehr gemahnt:[28]

> Ach es redet ohne Rede Gott durch diesen Straff-Propheten
> Ruthe, Schwerdt, Gifft stehen fertig, dich o böser Mensch zu
> schlagen
> mit Krieg, Armut, Krankheit, Sterben und mit allen Jammer-
> Plagen
> wann du wirst verstockt beharren in den Lastern ohne Scheu;
> wirst du aber dich bekehren … so kannst du Vergebung hoffen.

Womöglich hat so mancher in diesem Winter 1680/81 noch rasch seine Sünden bereut und auch noch ein reichliches Almosen gegeben, aber die Welt ging bekanntlich damals und auch in der Folgezeit nicht unter. Doch das heißt rückblickend nicht, dass die Furcht und die Sorgen der Menschen unbegründet gewesen wären. Heute, mit dem sicheren Abstand von Jahrhunderten, lässt sich immer leicht sagen, dass die ganze Aufregung völlig unnötig gewesen sei – wir sind als Nachgeborene sozusagen automatisch retrospektive Besserwisser. Aber zur historischen Wahrheit gehört, dass diese und andere Ängste die Menschen tatsächlich bewegt und ihr Leben mit geprägt haben. Sie haben deshalb gebetet, womöglich haben sie auch an ihrem Gott gezweifelt, sie haben magische Sprüche gemurmelt oder Zauberer konsultiert und bezahlt. Und vielleicht würden sie uns mit unserer Skepsis auch entgegenhalten, dass sie genau mit diesen Mitteln damals das Schlimmste abwenden konnten …

Es gab schon immer einen Zeitpunkt, der ganz besonders für Ängste prädestiniert war: die Nacht. Was tagsüber womöglich nur für Verwunderung oder einen kurzen Schrecken sorgte, konnte bei Dunkelheit plötzlich bedrohlich erscheinen. Die von Elias Canetti beschriebene Furcht vor der Berührung durch das Unbekannte konnte sich nachts regelrecht »ins Panische steigern«.[29] Heute vielleicht kaum mehr vorstellbar, war die Dunkelheit der Nacht einst tatsächlich eine wahrhaftige Finsternis: Teure Beleuchtungsmöglichkeiten wie Bienenwachskerzen konnten sich bis in die Neuzeit nur wenige leisten, der Feuerschein des Herds in den Häusern, Fackeln oder das offene Feuer draußen waren die einzigen begrenzten Mittel, um künstliches Licht zu erzeugen. Wo dieses Licht nicht mehr hinfiel, herrschte pechschwarze Nacht. Und die war auch deshalb ungeheuer, weil die meisten Menschen lange gar nicht wussten, weshalb es eigentlich dunkel und hoffentlich dann am nächsten Morgen wieder hell wurde: Die wissenschaftliche Erklärung, wonach sich die Erde als Kugel um sich selbst dreht und dabei auch noch die Sonne umkreist, ist als selbstverständliches Wissen erst mit der Neuzeit vorhanden. Die Kirche lieferte noch lange eine andere Antwort auf die Frage, warum nachts die Sonne »untergeht«: weil Gott die Nacht als Beweis für die Existenz der Hölle geschaffen hat.[30]

Über Jahrhunderte hinweg sorgte die Kirche so dafür, dass Sünde und Dunkelheit zusammengedacht wurden, und gerade der Teufel spielt demnach vor allem in diesen schwarzen Stunden sein böses Spiel – kein Wunder, schließlich ist die Hölle als Reich des Teufels angeblich ja auch in ständige Dunkelheit getaucht. Kann es da verwundern, dass einige Menschen aus lauter Angst vor der Dunkelheit nachts gar nicht mehr schlafen konnten? Die Äbtissin eines Klosters berichtet im 15. Jahrhundert über eine ihrer Nonnen:[31]

> Wenn sie einschlief, erschienen ihr sofort die Dämonen in unterschiedlicher Gestalt und ließen sie nicht schlafen. Es war notwendig, daß ich immer an ihrer Seite blieb, wenn sie ein wenig Schlaf haben wollte, denn wenn sie alleine geblieben wäre, verursachten sie derartigen Schrecken und Schläge, daß sie sie halbtot zurückließen.

Die Stunden der Dunkelheit, das wussten viele aus solchen und anderen Erfahrungen, schufen neue Leiden: Nachts verschlimmerten sich oft Krankheiten, so die Beobachtung, das Fieber wurde dann stärker, und bettlägerige Patienten starben dann in den frühen Morgenstunden.[32] Nachts, so der Verdacht, komme der Tod. Oder die »Geister«, die im Schutz der Dunkelheit ihre Opfer suchen. Im Schutz der Dunkelheit, so die bis ins 20. Jahrhundert weit verbreitete Vorstellung, beginnen sie mit ihrem unheimlichen Treiben: die seelenlosen Geister und Zauberwesen, die Gespenster und Werwölfe, Hexen, Untote oder Vampire.

Nachts kommen die Ungeheuer, die Gespenster oder – wie hier im Film »Nosferatu« aus dem Jahr 1922 – die Vampire …

Diese Wesen konnte man hören. Vor allem die Menschen, die nachts nicht schlafen konnten, vernahmen in ihren Häusern und Hütten zuweilen die Geräusche von dem einen oder anderen unheimlichen nächtlichen Treiben draußen vor der Tür; manchmal das Geschrei von Hexen, das schäbige Lachen bösartiger Geister oder sogar die Schritte des Todes, der um das Haus schleicht. Ein Geschichtsschreiber notierte etwa, wie die Kölner im Jahr 870 das nächtliche Heulen und Klagen von Dämonen erschauern ließ, die sich angeblich ausgerechnet auf dem Dom niedergelassen hatten.[33] Waren daheim Fenster und Türen fest verschlossen, kamen diese Dämonen oder Geister vielleicht nicht in die Stube, aber in den nächtlichen Albträumen fanden sie trotzdem stets ihren Weg zu den Menschen. Und darin tauchte oft genug der Teufel auf, etwa im Falle eines Mönches im 11. Jahrhundert:[34]

> Eines Nachts vor dem Morgengottesdienst stand vor mir am Fußende des Bettes eine kleine menschenartige Gestalt von äußerster Häßlichkeit. Sie war nämlich, soweit ich sehen konnte, mittelgroß, mit schmalem Hals, eingefallenem Gesicht, tiefschwarzen Augen … mit abstehenden und wirren Haaren, Hundezähnen, spitzem Hinterkopf, geschwollener Brust, buckligem Rücken, zuckendem Steiß, verschmutzter Kleidung, glühend aufdringlich und mit dem ganzen Körper wie auf dem Sprung.

Anders als in diesem Fall bildete den Höhepunkt des schaurigen Treibens der Überlieferung nach die »Geisterstunde«, die in der Regel um Mitternacht beginnt. In manchen Gegenden hielt sich lange die Vorstellung, zu diesem Zeitpunkt würden die Toten regelrechte »Geistermessen« veranstalten oder auf den Friedhöfen tanzen,[35] und zuweilen wurde erzählt, dass die Hexen dann ihre wahre Gestalt zeigten und sich auf Bergen, Brücken oder bestimmten Bäumen versammelten, um dort ausgelassen zu tanzen.[36] Wer allerdings seine Angst vor Dämonen und Hexen überwinde, könne ausgerechnet die Geisterstunde als geeigneten Moment für eigenes magisches Handeln nutzen. Denn Kräuter und Wurzeln, die just in diesen Minuten ausgegraben werden, galten lange Zeit als besonders zauberkräftig.[37]

Zugleich galt die Nacht auch als jene Zeit, in der spiritistische Kontakte und jede Form von Hellsehen leichter möglich sind.[38]

Die Dunkelheit schützte auch all jene, die sich magische Hilfe holen, dabei aber nicht gesehen werden wollten. Etwa beim heimlichen Besuch bei einem Henker, der oft als zauberkundig galt, mit dem sich aber rechtschaffene Bürger möglichst nicht bei Tageslicht blicken lassen wollten. In einer Novelle des Schriftstellers Wilhelm Raabe (1831–1910) suchen die Menschen einen Scharfrichter auf, den bei Tage »niemand kennen und grüßen wollte«. Das ändert sich abends:[39]

> In der Dämmerung oder in dunkler Nacht erhielt er die gewöhnlichen Besuche von Leuten, die bei Krankheiten von Mensch und Vieh, Liebes- und anderen Sachen die Geheimmittel nöthig hatten, welche seit undenklichen Zeiten der Volksglaube in die Hand des Herrn vom Schwert gelegt.

In ihren Ängsten fanden die Menschen also wahlweise Hilfe im Gebet und den Ritualen der Kirche oder aber in den Angeboten des »Volksaberglaubens«. Aber bei keinem Anbieter war diese Hilfe umsonst zu haben: Die Kirche verlangte Abgaben und Spenden, und jeder »Zauberer« oder »Wunderheiler«, der ein magisches Zeichen zur Abwehr eines bösen Zaubers zeichnen konnte oder eine entsprechende Segensformel wusste, durfte ebenfalls mit einer Entlohnung rechnen. Wenn es um komplexere Methoden oder den Erwerb von womöglich exotischen Amuletten oder Gegengiften ging, floss schnell viel Geld. Kein Wunder also, dass das Geschäft mit den magischen Methoden schon immer auch Scharlatane anlockte, und die Geschichte des Aberglaubens ist damit zugleich eine kleine Wirtschaftsgeschichte von Profiteuren und Betrügern. Die Magie, so formulierte es dementsprechend einmal der Volkskundler Christoph Daxelmüller (1948–2013) treffend, wurde zu einer »nicht ganz ungefährlichen Lebens- und Betrugsstrategie einer sozialen Randgruppe«.[40] Wer damit seinen Lebensunterhalt verdienen wollte, durfte sich bei seinem Betrug besser nicht erwischen lassen …

Der Leipziger Gelehrte Jakob Thomasius (1622–1684) beschrieb einmal beispielhaft das Treiben von herumstreifenden Studenten, die sich einen Spaß mit dem Aberglauben des einfachen Volkes erlaubten und so ihre Börsen füllten. Sie dachten sich offensichtlich eigene magische Rituale aus, erfanden »geheimnisvolle« Rezepturen und boten allerlei Objekte zum Schutz vor Unheil an. Wohl gegen einige Münzen machten sie mit ihren Zaubersprüchen sogar Menschen unverwundbar, sie schützten Feldfrüchte vor Hagel oder das Vieh vor Krankheiten – und zogen dann frohgemut und ein Stückchen reicher weiter. Einem Bauern sollen sie zahlreiche Silbermünzen mit dem Versprechen abgenommen haben, dass sie ihn zu einem verborgenen Schatz führen wollten. Sie veranstalteten einen offensichtlich recht beeindruckenden Bühnenzauber, zogen mit einem Degen einen Kreis um das Haus des Gutgläubigen, hantierten mit angeblich geweihten Gegenständen, mit glühender Kohle und Kräutern, und wiesen ihm schließlich die Stelle eines verborgenen Schatzes. Dann verschwanden sie mit ihren Silbermünzen, während der Bauer wohl noch gleichermaßen lange wie erfolglos den heimischen Boden durchwühlte.[41]

Heute, mit dem Abstand von vier Jahrhunderten, sind wir versucht, uns über diese Leichtgläubigkeit der Menschen zu amüsieren. Ihrem Handeln werden wir allerdings gerechter, wenn wir ihre Ängste ernst nehmen: vor Armut und Hunger, vor Krankheit und Krieg, vor persönlichen Schicksalsschlägen. Und diese historischen Ängste sind uns durchaus noch vertraut, wie auch der französische Historiker Georges Duby erkannte:[42]

> Wie groß auch der Fortschritt des Wissens sein mag, ich habe das Gefühl, in unserer heutigen Zeit glauben noch immer viele Menschen an dämonische Kräfte, selbst unter den Intellektuellen. Die Leute sind angesichts der Unsicherheiten schlechter gewappnet, als man denkt. An dem außerordentlichen Erfolg, den Scharlatane in unserer Gesellschaft haben, die alle möglichen Arten von Talismanen verkaufen, um feindselige Mächte zu

> besiegen, die Zukunft vorauszusehen und sich gegen böse Kräfte zu schützen. Der Erfolg all dieser Leute, die die Heilung körperlicher oder seelischer Leiden versprechen, läßt vermuten, daß die Angst vor dem Unsichtbaren noch ziemlich tief in uns festsitzt.

Auch wenn Georges Duby hier in gewisser Hinsicht alle Formen des Aberglaubens denunzieren will, seine Beobachtung über das Fortbestehen der Ängste als Grundlage allen magischen Denkens ist fraglos zutreffend. Die Furcht vor Berührung durch Unbekanntes, die Angst vor dem Unsichtbaren sind weiterhin feste Bestandteile unseres kollektiven Angstgedächtnisses – diese Vergangenheit ist keineswegs vergangen.[43]

Die konkreten Anlässe und die Kommunikation über diese Ängste haben sich verändert, unsere Gesellschaft hat in den vergangenen Jahren neue Konjunkturen der kollektiven Angst erlebt. Westdeutschland ist etwa geprägt von einer Furcht, die in den 1980er-Jahren angesichts einer alarmierenden Umweltzerstörung, konkret erlebbar am Waldsterben oder auch an der Atomkatastrophe von Tschernobyl, um sich griff. Es war die Zeit der oft dramatischen Zukunftsprognosen, die zuweilen auch von einem finalen Untergangsdenken geprägt waren. International gern spöttisch als »German angst« bezeichnet, verstärkte dieses weitverbreitete Denken über Jahrzehnte hinweg eine kollektive Haltung des technik- und zivilisationskritischen Denkens[44] – und erhöhte wie schon die großen historischen Krisen in den Jahrhunderten zuvor die Nachfrage nach magischen Antworten: Davon profitierten in diesen Jahren allerlei schwärmerische Bewegungen, von christlichen Jugendgruppen bis hin zu allen Schattierungen der Esoterik, die damals ihren entscheidenden und bis heute anhaltenden Aufschwung erlebte und in Milieus mit Neigung zu magischem Denken bis heute Spuren hinterlassen hat.

Auch die Angst vor den großen Seuchen ist seit der Corona-Pandemie wieder da, nicht zufällig erinnern manche Reaktionen der zurückliegenden Jahre an das Verhalten der Menschen während der Pest oder der Cholera. Mystisches Denken und Weltuntergangsszenarien kamen wieder auf, neue und alte Verschwörungstheorien wurden in einigen Milieus populär, magische Angebote zum Schutz vor der Krankheit sind gefragt wie nie zuvor. Wie auch immer die Reaktionen im Einzelnen aussahen: Ängste gab es auf allen Seiten, auch, aber nicht nur, in der sogenannten Querdenker-Szene. Als deren Auftreten Ende 2021 zunehmend mit Gewalt einherging, verwies der Leiter des Verfassungsschutzes in Nordrhein-Westfalen auf die seiner Ansicht nach zentrale Triebfeder dieser Bewegung:[45]

> Da ist vor allem die Angst. Nicht nur die Angst vor der Krankheit, sondern auch existenzielle Nöte, etwa Angst vor Einsamkeit.

Zum Phänomen der Angst gehört auch die zunächst paradox erscheinende Tatsache, dass die Menschen in den westlichen Ländern, auch wenn sie verglichen mit dem Rest der Welt und angesichts ihrer eigenen Geschichte noch nie so sicher gelebt haben wie heute, doch zunehmend unter Ängsten und Gefühlen der Unsicherheit leiden.[46] Ursache dafür war nicht erst die Corona-Pandemie. Schon in den Jahren zuvor weckten vor allem die Selbstmordattentate fundamentalistischer religiöser Fanatiker historische Ängste vor dem Terror. Zudem hat der russische Überfall auf die Ukraine 2022 den Krieg als realen Schrecken erneut nach Europa gebracht. Die Menschen haben wieder konkrete Angst vor einem Krieg, zusätzlich zu den Zukunftssorgen angesichts der fortschreitenden globalen Klimaerwärmung und der Zerstörung der Umwelt, die eine offensichtlich ungeduldige und verärgerte Generation von »Fridays for Future« auf die Straßen treibt.

Das sind die großen kollektiven Ängste, die uns alle heute beschäftigen. Hinzu kommen persönliche Sorgen und individuelle Ängste: vor sozialem Abstieg, vor Armut, vor Krankheit, vor der Einsamkeit oder vor dem Tod. Es sind die Ängste, die uns seit Jahrhunderten begleiten und fest in unserem Angstgedächtnis verankert sind. Seit dem Mittelalter mag sich im Einzelfall vieles verändert haben, und den meisten Kindern flößt heute die Geschichte vom »Butzemann« keine Angst mehr ein. Sie amüsieren sich stattdessen womöglich über die Filmkomödie »Kevin allein zu Haus«, in der sich ein achtjähriger Junge einfallsreich gegen zwei unterbegabte Einbrecher zur Wehr setzt. Und doch, das wissen alle Eltern – wenn der Kinoabend dann vorbei ist, die Nacht anbricht und in der Stille des Hauses plötzlich unerklärliche Geräusche zu hören sind, dann ist sie wieder da: die Angst. Gibt es da draußen womöglich doch den »Schwarzen Mann«, Gespenster oder Hexen? Und was kann ich tun, um mich gegen sie zu wappnen?

Beten hilft bei Angst – der Aberglaube aber auch. Mit magischen Praktiken und Ritualen, so die jahrhundertealte Erfahrung, lässt sich so manches Unheil vermutlich effektiv abwenden. Das können auch die größten Kritiker nicht leugnen, etwa der große Germanist und Forscher Jacob Grimm (1785–1863). Als hochgebildeter Zeitgenosse und angesehener Wissenschaftler distanzierte er sich persönlich zwar wie selbstverständlich von jedwedem Aberglauben, musste aber zugleich eingestehen, dass dieser »das leben unsrer voreltern nicht allein mit furcht, sondern auch mit trost« erfüllte.[47] So war es: Die Furcht ging stets mit dem Trost des Aberglaubens einher und die Angst immer auch mit dem Glauben an die heilbringende Kraft der Magie.

Das galt vor allem für die vielleicht alltäglichste Angst der Menschen, nämlich die Sorge vor einer Erkrankung. Es gab immer schon viele Wege, nicht krank zu werden, und ebenso viele Möglichkeiten, auf eine Erkrankung zu reagieren. Dass dabei stets auch magisches Denken im Spiel war, kann nicht überraschen – und auch nicht, dass dies bis heute so geblieben ist …

Ein aufmerksamer Arzt kann nicht viele Tage mit dem Volke verkehren, ohne Gebräuche zu sehen und Anschauungen zu hören, welche Bezug haben auf Leib und Leben, auf Gesundheit oder Krankheit, und bald wird er … von einem Theile dieser Gebräuche und Anschauungen den Verdacht hegen, daß sie in das Gebiet des Aberglaubens gehören.

Der Arzt Georg Josef Flügel, 1863[1]

Wundersam gesund

Hildegard von Bingen, das Einhorn und das Drachenblut

Das Einhorn ist ein nützliches Tier, und Hildegard von Bingen war eine kluge Frau. Deshalb wusste sie, was gut für die Menschen ist – sowohl in theologischer als auch in medizinischer Hinsicht. Für nahezu jede Krankheit kannte die fromme Benediktinerin, die im Jahr 1098 geboren wurde und schließlich ihr später berühmtes Kloster Rupertsberg bei Bingen am Rhein gründete, ein wirksames Mittel. Schließlich war sie sowohl mit den heimischen Heilkräutern als auch mit exotischen Rezepturen aus fernen Ländern bestens vertraut. Für Letztere waren die Zutaten im Hochmittelalter hierzulande allerdings nicht gerade an jeder Ecke zu haben, vor allem, wenn es um die Behandlung schwerster Krankheiten wie Lepra ging. Sie war eine Geißel der Menschen im europäischen Mittelalter, hilflos waren die Betroffenen dem schauderhaft anzuschauenden körperlichen Verfall und dem qualvollen Sterben ausgesetzt. Wer diese Kranken von Ferne sah, konnte im Grunde nur beten und hoffen, sich nicht selbst anzustecken, denn zu diesem Zeitpunkt war die angsteinflößende Krankheit unheilbar. Aber gerade deswegen war die Sehnsucht nach möglicher Hilfe durch Medikamente besonders groß. Und so konnte Hildegard von Bingen davon ausgehen, dass auch ihr Rezept gegen Lepra Beachtung fand, wenngleich sein zentraler Bestandteil das Organ eines Tieres ist, das entlang des Rheins höchst selten anzutreffen war:[2]

> Pulverisiere … die Leber des Einhorns und schütte dieses Pulver in Fett, das ist Schmalz, von Eidotter bereitet, und mach so eine Salbe, und es gibt keine Lepra, welcher Art sie auch sei, die, wenn du sie mit dieser Salbe salbst, nicht geheilt würde.

Da versprach die kluge Nonne wahrlich eine medizinische Sensation, und zu gerne wollten ihr die Menschen das glauben, auch weil das Einhorn während des gesamten Mittelalters als ein ganz besonderes Tier galt. Das Christentum hatte das Fabelwesen in seine Vorstellungswelt aufgenommen und seine gewaltige körperliche Kraft als Verweis auf Christus und dessen Macht interpretiert. Das Einhorn verlor im christlichen Kontext zugleich jegliche Wildheit, das zeigen die Darstellungen aus jener Zeit, auf denen das Tier friedlich und zutraulich seinen Kopf in den Schoß der Jungfrau Maria bettet – so erschien es fortan gleichermaßen als Symbol für die Keuschheit wie für die Menschwerdung Christi.[3]

Diese religiöse Wertschätzung des Tieres hinderte die Menschen allerdings nicht daran, es zumindest in ihren Fantasien für therapeutische Zwecke auszuweiden. Hildegard von Bingen war dabei mit ihren Rezepten ein Ansporn, schließlich wusste sie um den vielfältigen Nutzen des Einhorns: Wer sich Schuhe aus dessen Haut schustern lasse, habe »immer gesunde Füße und gesunde Beine« und könne sogar – das wird vor allem die Herren in fortgeschrittenem Alter interessiert haben – »innerlich gesunde Lenden haben«. Ein Gürtel aus Einhornleder schütze darüber hinaus gegen jedwedes Fieber, und sogar als Schutz gegen einen möglichen Mordanschlag bietet das Tier wahrlich zauberhafte Kräfte:[4]

> Ein Mensch aber, der fürchtet, er werde durch Gift getötet, der lege den Huf des Einhorns unter die Schüssel, in der die

Speise ist, oder unter den Becher, in dem der Trank ist, und wenn sie warm sind und Gift in ihnen ist, dann bringt [der Einhornhuf] sie in dem Gefäß zum Sieden. Wenn sie aber kalt sind, bringt er sie zum Rauchen, und so kann man wissen, daß Gift vorgesetzt wurde.

Das Einhorn als friedliches Fabelwesen – hier auf dem 1602 entstandenen Fresko von Dominichino (Domenico Zampieri) »Die Jungfrau und das Einhorn« – gehörte schon im Mittelalter zur magischen Vorstellungswelt.

Wie gesagt, Hildegard von Bingen kannte sich gut aus in der Medizin. Und da verwundert es nicht, dass sie auch von den Heilkräften anderer Tiere berichtete. So ziemlich alle Fische, Säugetiere und Reptilien erschienen demnach als heilsame Zutaten, die Palette brauchbarer Körperteile reicht von Lachsknochen (gegen kranke Zähne) über das Fleisch des Kranichs (vertreibt die Gicht) bis hin zum Stirnknochen eines Elefanten, der gegen lästigen

Schnupfen und eine verstopfte Nase hilft. Und neben dem Einhorn taucht auch ein anderes Fabelwesen in den Rezepturen immer wieder auf: der Drache. Er war in der Vorstellungswelt der Menschen in erster Linie ein Unwesen, das es zu bezwingen galt. Vor allem die christlichen Heiligenlegenden berichten von tatsächlichen oder vermeintlichen Drachentötern, allen voran steht der heilige Georg für eine solche mutige Tat.

Doch wenn ein Drache in entsprechenden Erzählungen nicht gerade von einem Helden getötet wird, dient auch er – mehr oder weniger fachmännisch zerlegt – den Menschen zur Linderung bei Schmerz und Krankheit. Sein Blut, so die Vorstellung, macht Helden unverwundbar, fördert aber auch die Fruchtbarkeit der Felder. Pflanzen, die mit diesem Blut getränkt werden, entwickeln Heilkräfte. Aber trotz seiner Nützlichkeit gilt der Drache weiterhin als Gefahr für die Menschen; er verbreitet Angst und Schrecken, tyrannisiert ganze Landstriche, kann Feuer speien, und einige von ihnen können sich mit ihren riesigen Schwingen sogar in die Luft erheben.[5] Das Gift des Drachen gilt als tödlich, sein beim Flug verlorenes Sperma soll Epidemien hervorrufen, sein Hauch macht die Menschen angeblich blind. Wenn er durchs Land fliegt, dann kündet sein Flug von Krieg oder Feuersbrunst, und erblickt ihn eine Sechswöchnerin im Kamin, »so muß sie sterben«.[6]

Dass es Drachen ebenso wie Einhörner tatsächlich gibt, stellten die Menschen während des Mittelalters kaum infrage, auch wenn nie jemand ein solches Exemplar tatsächlich gesehen hatte. Dann erschien das Wesen, so heißt es beispielsweise in den Annalen des Klosters Corvey für das Jahr 1029, wie »eine große Schlange, von der man sagte, daß sie einen Hund, Laemmer und Kaelber verschlungen habe«. Die äußere Gestalt des Drachens blieb in der Vorstellung der Menschen weitgehend unverändert, wie noch Berichte aus dem Jahr 1890 zeigen, als eine ähnlich anmutende Schlange bei Olpe im Sauerland gesichtet wurde, »viele Meter lang und dick wie ein Ofenrohr«, sodass die Bauern der Umgebung um ihr Vieh fürchteten und deshalb die Jäger auf den

Drachen hetzten. Die fanden die Riesenschlange zwar nicht, aber der Aufmarsch der Bewaffneten habe trotzdem seine Wirkung gehabt, denn »seit dem Tag blieb sie weg«.[7] Und auch der Glaube an die Existenz von Einhörnern überdauerte die Zeit der Hildegard von Bingen für Jahrhunderte. Noch 1844 kommt nach dem Fund von Fell und Horn im fernen Asien der naturkundlich ambitionierte deutsche Professor Johannes Leunis (1802–1873) zu der Einschätzung: »Das Einhorn lebt in der Provinz Dzeng in Tibet, ist scheu u. wild, röthlich, unten weißlich u. hat nur ein sehr spitzes, schwarzes, aufrechtes Horn auf der Stirn.« Dass der Mann das fabelhafte Tier selbst nie gesehen hatte, ließ ihn an seiner Aussage übrigens nicht zweifeln.[8]

Dass Tiere, und nicht nur die großen und gefährlichen Exemplare, für die Menschen in Fragen von Krankheit und Gesundheit von allergrößter Bedeutung sein können, hielt sich als Vorstellung bis weit in die Neuzeit hinein. Im Blickpunkt standen stets Tiere, denen selbst magische Kräfte zugeschrieben wurden – das waren vor allem schwarze Exemplare, gleich ob Hund, Katze oder Vogel. Wurden diese frisch geschlachtet zur »medizinischen« Behandlung genutzt, sollten sie bei Berührung beispielsweise gegen Lähmung oder »andere der gewöhnlichen Therapie schwer zugängliche Zustände« helfen.[9] Selbst der unscheinbare, aber dunkelgrau bis schwarz daherkommende Maulwurf schien immer schon von medizinischem Nutzen zu sein. Hildegard von Bingen etwa empfahl das Fleisch des Tieres als Mittel gegen bestimmte Hauterkrankungen. Später galt das Tier als Helfer bei kindlichen Zahnbeschwerden, wobei ein Körperteil von ihm als Amulett getragen werden sollte: So wurde empfohlen, dem lebenden Tier einen Vorderfuß abzubeißen, dann sollte man den verstümmelten Maulwurf wieder frei lassen, »näht aber den abgebissenen Fuß ein und hängt ihn dem Kinde um den Hals«.[10] Und noch im 19. Jahrhundert konstatiert der Zoologe Alfred Brehm (1829–1884), dass dem Maulwurf Zauberkräfte zugeschrieben werden – und dieser darunter zu leiden hat. 1864 schreibt er:[11]

> Heutigen Tages noch besteht an vielen Orten der Aberglaube, daß man von einem Wechselfieber geheilt werde, wenn man einen Maulwurf auf der flachen Hand sterben lasse, und manche alte Weiber sind fest überzeugt, daß sie Krankheiten durch bloßes Auflegen der Hand heilen könnten, wenn sie diese vorher durch einen auf ihr sterbenden Maulwurf geheiligt hätten.

Dieser Hinweis illustriert sehr eindrücklich, wie die reine »Verwertung« eines Tieres und seines Körpers für medizinische Zwecke ergänzt wurde durch magische Handlungen von kundigen »Heilerinnen« oder »Heilern«. Die Kräfte, die von einem sterbenden Maulwurf auf die Hand eines alten Weibes übergehen, sind dann der Schlüssel zum Heilungserfolg. Die hier erwähnte Frau mit dem sterbenden Maulwurf auf der Hand würde deshalb wohl eher als »Wunderheilerin« oder auch als »Zauberin« bezeichnet werden.

Nicht nur in diesem Fall sind es über Jahrhunderte hinweg vor allem die Frauen, denen magische Fähigkeiten zugeschrieben werden. Dabei sind sie gerade bei allen Fragen rund um die Gesundheit offensichtlich die begehrten Expertinnen, wohl auch, weil sie traditionell im Alltag ohnehin diejenigen sind, die für die Pflege der Kranken zuständig sind. Dabei griffen sie zu allen bekannten Mitteln, nutzten also bekannte Heilkräuter ebenso wie überliefertes »abergläubisches« Wissen, wie es einst der Historiker Aaron J. Gurjewitsch beschrieb:[12]

> Viele von ihnen bereiteten Tränke aller Art, die Krankheiten heilten, besprachen oder beschworen, setzten fieberkranke Kinder auf Dächer oder Öfen und verbrannten im Hause eines Verstorbenen Körner, was als wirksames Mittel gegen die Wiederkehr von Krankheiten in einer Familie galt, die eben einen Angehörigen verloren hatte.

Heilkundige Frauen waren den Kranken oft eine willkommene Hilfe, anderen hingegen erschienen sie als Gefahr – vor allem den

Männern der Kirche, die dieses Treiben in der Regel als Zauberei und Hexenwerk verurteilten. Besonders unverständlich erschien ihnen dabei alles, was sich während der Schwangerschaft, bei der Geburt eines Kindes oder in der Zeit des Wochenbetts abspielte. Dann waren kundige Frauen unverzichtbare Vertrauenspersonen der werdenden Mütter. Und bis weit in die Neuzeit hinein taten etwa Hebammen gut daran, auch als versierte Kennerinnen magischer Anwendungen aufzutreten, um von den Frauen als allseits kundige Helferinnen anerkannt zu werden. Sie teilten oft genug die weitverbreitete Überzeugung »einer magischen Beeinflussbarkeit übernatürlicher Mächte durch Gegenzauber« und hatten im besten Falle einen soliden Überblick über die »außerordentliche Fülle an volksmagischen Mitteln« rund um Schwangerschaft und Geburt. Wie verbreitet solches Wissen und Handeln war, spiegeln die Versuche der staatlichen Obrigkeit, den »Aberglauben« auf diesem medizinischen Feld zurückzudrängen: 1574 verlangte eine Anweisung etwa von den Hebammen, »keinerlei Zauberei oder Aberglauben« zu gebrauchen; eine Berufsordnung für das Herzogtum Pfalz-Zweibrücken aus dem Jahr 1632 betont ausdrücklich, dass Geburtshelferinnen weder »gauckeleyen« noch »ungeziemende abergläubische Seegensprüchereyen« anwenden dürften.[13]

Das Wissen um Linderung bei Schmerz und Krankheit wurde allerdings auch weiterhin ergänzt durch magische Praktiken, und so berührten die Angelegenheiten von Gesundheit und Krankheit oft genug Fragen von Hexerei und Zauberei.[14] Sowohl Pflanzen als auch Tiere setzten ihre heilende Wirkung demnach oft erst dann frei, wenn sie unter bestimmten magischen Bedingungen »hergerichtet« wurden. Es kam auf spezielle Sprüche und Gesten an oder auch auf den richtigen Zeitpunkt, zu dem eine Heilpflanze geerntet oder ein Tier gefangen wurde. So gesehen machte zunächst einmal die richtige »magische« Zutat die Medizin, die nach sehr genauen Vorgaben gewonnen werden musste. So wie dem bemitleidenswerten Maulwurf bei lebendigem Leibe ein Fuß abgebissen (und nicht etwa abgeschnitten) werden musste, so sollte eine bestimmte Heilpflanze eben beispielsweise am Tag der Heiligen Peter und Paul geerntet werden, damit sie ihre ganze Kraft für einen Kranken entfalten konnte. Andere Pflanzen mussten wiederum an den Tagen eines bestimmten Sternbilds oder unbedingt nachts, wieder andere zu bestimmten Mondphasen ausgegraben werden, um den erhofften Effekt zu erzielen. Weit verbreitet war auch die Vorstellung, dass die Ernte von Heilpflanzen mit bestimmten Beschwörungsformeln und gebetsähnlichen Sprüchen einhergehen sollte.

Neben Pflanzen und Tieren konnten allerdings unter bestimmten Umständen auch – zumeist tote – Mitmenschen bei Krankheit und Leid als medizinisches Hilfsmittel von Nutzen sein. Lange Zeit waren etwa die Körper von hingerichteten Verbrechern begehrt: Haare, Knochen, Teile ihrer Kleidung oder sogar vom Strick, mit dem jemand am Galgen erhängt wurde. Dass Leichenteilen damit eine ähnliche Wirkung zugeschrieben wurde wie den Reliquien im christlichen Glauben und dass hierin die offizielle Religion und der »Aberglaube« frappierende Ähnlichkeiten aufwiesen, war schon früh eine bekannte Tatsache. Im 19. Jahrhundert kommt ein Beobachter solcher Praktiken in Deutschland zu dem Ergebnis:[15]

> Sonst gebraucht der Aberglaube die Überreste der Heiligen in ganz gleicher Weise und zu denselben Zwecken, wie die der Verbrecher.

Lange wurde eben nicht hinterfragt, dass im Fleisch und im Knochen des Menschen angeblich verborgene Kräfte schlummern und dass Leichenteile nicht nur »zur Behexung von Menschen und Tieren dienen« oder »Dieben und Räubern Glück bringen«, sondern eben auch »vorzügliche Medikamente« sind.[16] Selbst umfassend gebildete Gelehrte waren davon überzeugt, und so zählten im 17. Jahrhundert zahlreiche Ärzte zu den Anhängern der sogenannten Waffensalbe, mit der sich besonders gut Wunden behandeln lassen sollten, die mit einer metallenen Waffe verursacht worden waren. Für die komplizierte Herstellung war unter anderem Moos nötig, das auf der Hirnschale eines Toten gewachsen war, zudem Blut und »Menschenfett«.[17] Die Suche nach solchen und ähnlichen »Zutaten« führte nahezu zwangsläufig immer wieder zu Straftaten: zur Störung der Totenruhe, der Öffnung von Gräbern und zur Verstümmelung der Körper von Verstorbenen.[18] So wurden noch aus der zweiten Hälfte des 19. Jahrhunderts Fälle dokumentiert, in denen Körperteile oder Blut von verstorbenen Säuglingen »als Medikamente zur Heilung von Krankheiten« verwendet werden.[19]

Vor allem menschliches Blut galt lange als probates Heilmittel bei verschiedenen Krankheiten, wobei sich regional höchst verschiedene Vorstellungen darüber entwickelten und hielten, welche konkrete Rezeptur nun gegen welches Leiden die wirksamste sei. Zuweilen mussten erkrankte Kinder selbst das Blut für ihre Genesung zur Verfügung stellen, wie die *Kölnische Zeitung* im Jahr 1892 aus Oberschlesien berichtete. Dort musste sich eine Witwe vor Gericht verantworten, die sich als »weise Frau« einen Namen gemacht hatte und mit einem besonders ausgefallenen Verfahren vorzugsweise Kinder mit Auszehrung behandelte:[20]

> Wie sie vor Gericht erklärte, habe sie von ihrem Vater ein Rasiermesser geerbt, mit welchem sie dem kranken Kinde hinter beiden Ohren Schnittwunden beibringe, sodaß das Blut gehörig fließe. Dann tauche sie den mittleren Finger der linken Hand in das Blut, mache dem kranken Kinde in der Herzgrube drei Kreuze und spreche hierzu einige Worte, die sie nicht verraten dürfe.

Nach Zeugenaussagen starben mindestens drei Kinder kurz nach dieser »Behandlung«, eines davon mutmaßlich an Blutvergiftung – es ist anzunehmen, dass das geerbte Rasiermesser nicht den hygienischen Standards für medizinische Geräte entsprach. Das Gericht beließ es immerhin in diesem Fall bei einer vergleichsweise milden Strafe von 14 Tagen Gefängnis.[21]

Ein zentrales Problem bei der Behandlung mit menschlichem Blut war fraglos seine Beschaffung: Das kleine Kind in diesem Beispiel aus Oberschlesien wurde vermutlich gar nicht erst gefragt, ob es mit diesem Eingriff einverstanden war, und Erwachsene scheinen sich aus nachvollziehbaren Gründen offenbar recht häufig geweigert zu haben, als »Blutspender« wider Willen für solche Behandlungen zu dienen – woraufhin allerdings »Heiler« oder Angehörige von Erkrankten durchaus schon einmal ungeduldig oder sogar gewalttätig reagieren konnten. Von einem entsprechenden Zwischenfall berichtete im Jahr 1891 das *Berliner Tageblatt* aus Pommern:[22]

> In Niederhütte erkrankte plötzlich die Frau des Besitzers G. Die Nachbarn kamen zusammen, vermutheten dieses und jenes über die Ursache der Krankheit und kamen schließlich zu dem Resultate, daß nicht alles mit natürlichen Dingen zugegangen sei, sondern Hexerei im Spiele sein müsse. Sehr bald war auch der Sündenbock in dem Besitzer K., einem Anverwandten der Erkrankten, gefunden. Nichtsahnend trat dieser an das Krankenbett, als er plötzlich von allen Basen und Vettern umringt wurde, die stürmisch Blut von ihm forderten, rothes, warmes Blut.

Der Mann kann sich des kollektiven Ansturms der übelwollenden Verwandtschaft nicht erwehren, muss sich schließlich selbst in den Mittelfinger schneiden und die eingeforderte Blutspende abgeben. Die Zeitung aus Berlin berichtete voller Verachtung über diesen »Volksaberglauben« und beruhigte ihre Leserschaft mit dem Hinweis, dass dieser Vorgang »ein Nachspiel vor dem Strafrichter« haben werde …

Bis ins 19. Jahrhundert hinein hielt sich die Vorstellung, dass – wie andere Körperteile auch – gerade das Blut von hingerichteten Verbrechern ganz außerordentlich heilende Kräfte besitze. Vor allem in Fällen von Epilepsie. Auch wenn längst medizinisch nachgewiesen war, dass dies schlicht Unfug war, bestand die Nachfrage weiter. Da es bei öffentlichen Hinrichtungen kaum möglich war, unbemerkt an das Blut eines Getöteten zu gelangen, wendeten sich Erkrankte, ihre Verwandten oder Freunde zuweilen ganz offiziell an die Obrigkeit, um in den Genuss des vermeintlichen Heilmittels zu kommen. Dies geschah auch wenige Tage vor der für den 6. Juni 1755 in Dresden geplanten Enthauptung von Karl Gottlob Zeibig, der eines Mordes für schuldig gesprochen worden war. Eine rechtshistorische Untersuchung berichtet später:[23]

> Am 3. Juni vor der Exekution baten nun zwei Altgesellen der Schneiderbrüderschaft zu Dresden den Premierminister Reichsgrafen Heinrich von Brühl für ihren Mitgesellen Johann Georg Wiedemann, welcher stark an Epilepsie litt, darum, dass derselbe von dem … Mörder Carl Gottlob Zeibig zu seiner Genesung das Blut trinken dürfe.

Tatsächlich genehmigte die sächsische Regierung gegen alles medizinische Wissen der Zeit diesen Antrag und ließ anschließend in den Akten noch vermerken, dass der erwähnte Schneidergeselle tatsächlich das Blut getrunken habe und danach wie ein völlig Gesunder »fortgelaufen« sei.[24] Auch in anderen Fällen wird von angeblichen Heilungen berichtet, wenngleich der Umgang mit den Kranken dabei zuweilen höchst zweifelhafte Formen annehmen konnte. Entsetzt notierte 1823 der Chronist eines Städtchens im Erzgebirge nach einer Hinrichtung über das magische Treiben:[25]

> Und mit eigenen Augen haben wir es gesehen, wie ein Topf voll Blut des Hingerichteten von Personen ausgetrunken wurde, und wie man diese Personen, meistens Kinder, mit Peitschenhieben zu dem schnellsten Laufe über das Feld trieb.

Die Obrigkeit war gegen das magische Treiben oft machtlos. Aber vielleicht war das geschilderte Vorgehen der sächsischen Regierung im Jahr 1755, das geforderte Blut freiwillig zur Verfügung zu stellen, auch schlicht ein geschickter Beitrag zur Sicherung der öffentlichen Ordnung. Denn wenn verzweifelte Angehörige unbedingt an das Blut von Hingerichteten kommen wollten, holten sie es sich offensichtlich notfalls auch mit Gewalt. Als beispielsweise 1859 in Göttingen eine als Giftmischerin verurteilte Frau hingerichtet wurde, durchbrachen die Menschen die Absperrung der Soldaten und stürmten das Schafott, um dort das Blut der Toten zu sammeln und es mit Tüchern aufzusaugen.[26]

Es ist offensichtlich, welche sozialen und politischen Folgen die Gier nach menschlichem Blut haben konnte. Besondere Brutalität setzte dieses Denken traditionell im Umgang der Christen mit den Juden frei – wer selbst dem Blut magische Fähigkeiten zuschrieb und entsprechende Rituale befürwortete, der unterstellte anderen eben Ähnliches, allerdings in diesem Fall mit böser Absicht. So wurde es im Mittelalter fester Bestandteil antisemitischer Wahnvorstellungen, Juden des Mordes vor allem an Kindern zu beschuldigen, weil sie angeblich deren Blut für Heilzwecke oder für religiöse Riten nutzen wollten.

Solche Fantasien führten über Jahrhunderte hinweg zu regelrechten Gewaltorgien, immer wieder überzogen Christen unter Berufung auf angebliche Ritualmorde an Kindern die Juden mit Pogromen. Wie sehr solche Untaten aber auch mit eigenen christlichen Blutfantasien im »Volksaberglauben« verknüpft waren, zeigen jene Übergriffe, denen Juden deshalb zum Opfer fielen, weil ihr »Blut« oder auch andere Teile ihres Körpers »zur Bannung des Teufels und anderer Hexereien« – so die Begründung in einem spektakulären Fall in Hamburg im Jahr 1784 – genutzt werden sollten. Zwei Frauen hatten zu diesem Zweck einen 18-Jährigen ermordet und wurden anschließend vor Gericht zum Tode verurteilt und öffentlich gerädert.[27] Auch diese Gewalttat war eine unmittelbare Folge der magischen Vorstellung von der Zauberkraft des Blutes …

Dieses Denken warf übrigens auch lange Schatten in der Geschichte des Rassismus, weil jede rassistische Ideologie stets von einer angeblichen Besonderheit des Blutes unterschiedlicher

»Rassen« ausging. Im völkischen Denken ist der Einzelne schicksalhaft an seine »blutsmäßigen« Eigenschaften gebunden,[28] und dieses gemeinsame »Blut« wird zugleich verstanden als Grundlage für die jeweilige »Gemeinschaft«. Diese im 19. Jahrhundert immer populärer gewordene Vorstellung führte unter anderem dazu, dass für die meisten Deutschen während des »Dritten Reichs« die Aussage durchaus akzeptabel erschien, wonach das wahre deutsche Volkstum »eben nicht in der Sprache liegt, sondern im Blute«. Dementsprechend, so hatte es Adolf Hitler schon in *Mein Kampf* geschrieben, gebe es »das Blut der Unterlegenen« und »das bessere Blut« einer vermeintlich höherwertigen Rasse, die deshalb unbedingt vor einer »Blutvermischung« bewahrt werden müsse, wolle sie ihre Überlegenheit nicht gefährden.[29]

Das ist fraglos magisches Denken, schlicht »Aberglauben«. Denn die abstrusen Vorstellungen vom »jüdischen Blut« und vom »germanischen Blut« profitierten auch von jahrhundertealten Vorstellungen von der »Kraft« des Blutes, und sie blieben deshalb in der NS-Zeit auch keineswegs auf einen kleinen Kreis von fanatischen NSDAP-Funktionären beschränkt. Sie wurden vielmehr von einem erheblichen Teil der Deutschen tatsächlich geteilt. Und die Vorstellung von der Macht des Blutes und der »Abstammung« stabilisierte über Jahrhunderte hinweg übrigens auch die Unrechtsherrschaft des Adels: Ihre Mitglieder fühlten sich dem »gemeinen« Volk und den »normalen« Leuten überlegen, weil sie sich von »edlem Blut« wähnten. Heute ist weithin nur noch spöttisch von »blauem Blut« die Rede. Ein Vorrecht adeliger Zeitgenossen von Bluts wegen wird kaum noch akzeptiert – wenngleich es immer noch erschreckend viele Nostalgiker einer angeblich »guten alten Zeit« gibt.

Aber ob nun das Blut vom Menschen, die Pfote eines Maulwurfs oder die Leber des Einhorns in einem magischen Sinne zur Heilung eingesetzt wurden – oft ging es bei dem Glauben an übernatürliche Kräfte zunächst einmal darum, gar nicht erst krank zu werden. So vielfältig wie die Rituale zur Gesundung waren auch die vermeintlichen Techniken, Krankheit vorzubeugen und Gefahren abzuwehren. Beispielhaft dafür ist etwa der Brauch, ein Feuer zu überspringen, um sich ganz generell vor Krankheit zu schützen (auch ganze Viehherden konnten an einem Feuer vorbeigetrieben werden, um mögliche Seuchen abzuwehren).[30] Auf den ersten Blick scheinen es zuweilen kleine Dinge zu sein, die eine spätere gesundheitliche Not abwenden. Etwa wenn es um den Hunger geht, gegen den Eltern schon bei ihren Kindern einen recht einfachen Zauber anwenden konnten:[31]

> Bei der Taufe eines Kindes muß man ein Stück Schwarzbrot nehmen und zusammen mit Salz und einem Geldstücke für den Täufling beiseitelegen; dann braucht es nie zu hungern.

Diese Vorstellung existierte einst in Norddeutschland, ähnliche Praktiken zum Schutz der Kinder waren auch in anderen Regionen weit verbreitet. Das Wissen um solche Verfahren gab den Eltern fraglos Sicherheit. Allerdings zeigt sich immer auch die Kehrseite dieses Denkens, denn so, wie es Sicherheit für die Not verspricht, verursacht es zugleich Unsicherheit und neue Ängste, wenn nämlich auf die vermeintlich richtigen Vorzeichen nicht geachtet und entsprechende »Sicherheitsmaßnahmen« absichtlich oder versehentlich ignoriert werden: Was geschieht mit einem Kind, wenn die Eltern Schwarzbrot, Salz und Münzen nicht zum Täufling legen? Machen sie sich dann schuldig, wenn der Nachwuchs später Hunger leiden muss? Auch eine andere Unachtsamkeit kann demnach fatale Folgen haben, etwa Kleinwüchsigkeit:[32]

> Wenn ein kleines Kind in einen Spiegel sieht, so bleibt es klein.

Also alle Spiegel im Haus entfernen oder sie zumindest verdecken? Es ist beängstigend, auf was die Eltern nach weit verbreiteten »abergläubischen« Vorstellungen schon in den ersten Lebensjahren eines Kindes alles achten müssen, um es gesund zu erhalten und Schaden von ihm abzuwenden. »Kinder unter einem Jahr darf man nicht durch das Fenster heben, sonst droht ihnen Unglück«, heißt es an anderer Stelle. Ebenso können andere Handlungen späteres Glück provozieren: »Ehe das Kind aus der Stube getragen wird«, so hieß es im Fränkischen, »legt man ein Gebetbuch auf die Türschwelle, so wird das Kind klug.« Sonst blieb es eben dumm. Auch späterer Reichtum ließ sich angeblich durch ein magisches Ritual frühzeitig provozieren:[33]

> Hebt man den abgefallenen Nabelschnurrest auf, bis das Kind sieben Jahre alt ist, und knüpft es dann den Knoten des Bändchens selber auf, so wird es reich.

Ob die Eltern nicht aufgepasst haben? Ein kleines Mädchen betrachtet sich im Spiegel – wird es nun zeit seines Lebens kleinwüchsig bleiben? Kupferstich von 1857.

Diese Vielzahl an Verhaltensempfehlungen zeigt, wie sehr magisches Denken »eng« machen kann: Es bindet die Menschen an ein System von Furcht und ständigen Handlungszwängen. Weil in dieser Vorstellungswelt nichts einfach zufällig geschieht und weil der Mensch somit zumindest in weiten Teilen dem Schicksal ausgeliefert ist, muss er geradezu zwanghaft zu den vorgeschlagenen Ritualen greifen. So macht magisches Denken all denjenigen zusätzliche Angst vor einem Unheil, die womöglich nicht auf Vorzeichen geachtet oder wichtige »prophylaktische« Handlungen unterlassen haben.

Wer also anfängt, sich auf magische Praktiken einzulassen, hat letztlich immer seltener die Wahl, ob er nun an ihnen teilnimmt oder nicht. Das »Wissen« um ein gutes oder ein schlechtes Vorzeichen, ein böses Omen, die Kraft des eigenen Sternzeichens oder die Furcht vor Zauber und Gegenzauber lassen letztlich immer weniger Handlungsoptionen zu. Ein »Aussteigen« aus dieser Gedankenwelt gibt es nur, wenn die Angst vor dem Nichtbeachten angeblicher Vorzeichen überwunden wird – etwa durch die Einsicht, dass die Kleinwüchsigkeit eines Menschen nicht dadurch verursacht wurde, dass er als kleines Kind in einen Spiegel geschaut hat. Solche Einsichten gelangen und gelingen indes offensichtlich nicht jedem, vor allem nicht, wenn es um die eigene Gesundheit geht. In der Not einer Erkrankung war stets jedes magische Mittel recht; ein bayerischer Arzt hat dies Mitte des 19. Jahrhunderts aufgrund eigener Beschäftigung mit regionalen Sitten und Gebräuchen treffend beschrieben:[34]

> Kein Ding ist so geringfügig oder zufällig, daß es sich abergläubischer Deutung entziehen konnte. Ist der erste Schmetterling, den man im Frühjahre zu Gesicht bekommt, gelb, so ißt man in diesem Jahre viele Eier, ist er schwarz, so kommt Unglück und Trauer …

Dieser Blick in die Welt mit ihren Gefahren und Unwägbarkeiten machte es durchaus plausibel, dass Krankheiten nicht einfach

»von selbst« entstanden, sondern durch übernatürliche Kräfte herbeigeführt wurden. Jedwede Form von sogenanntem bösem Zauber galt dafür als eine wiederkehrende Ursache. Es sind vor allem die Hexen, die immer wieder beschuldigt wurden, mit ihrem Schadenzauber plötzlich auftretende und oft auch sehr schwer zu diagnostizierende Krankheiten zu verursachen. Im Mittelpunkt stand dabei das Phänomen des »bösen Blicks«, der übrigens gleichermaßen Menschen wie Tiere treffen konnte. Im Grunde, so die Vorstellung, konnte jede Krankheit auf diesem Wege ausgelöst werden. Noch im 20. Jahrhundert findet sich – in diesem Fall in Süddeutschland – die Vorstellung von der verheerenden Wirkung dieses angeblich durch Hexen verursachten Schadenzaubers:[35]

> Im einzelnen werden etwa Gesichtsrose, Magenleiden, Abmagerung, Herzanfälle, Tuberkulose, Blindheit, Wochenbettfieber mit nachfolgendem Tod, ›Ischias‹, Furunkel und ausfallende Zähne genannt.

So ein »böser Blick« ist also eine schlimme Sache, vor allem, weil ihm angeblich vorzugsweise kleine Kinder zum Opfer fallen. Die Furcht vor einer »Behexung im Kinderwagen« scheint geradezu eine zeitlose Angst von Eltern zu sein.[36] Noch unheimlicher wird die Sache mit dem »bösen Blick«, weil es offensichtlich auch Menschen gab, die damit *unwissend* Schaden anrichten – »das sind gute Menschen, die mit dieser entsetzlichen Eigenschaft behaftet sind und sie, ohne ihr Wollen und oft ohne ihr Wissen, ausüben«.[37] Auch in diesem Fall produziert magisches Denken weitere Ängste, die sich zu einer regelrechten Panik steigern können, wenn beispielsweise Eltern plötzlich der Meinung sind, dass wegen eines unbeabsichtigten »bösen Blicks« sicherheitshalber niemand mehr ihr Kind anschauen darf.

Gegen Magie half zuweilen wieder nur Magie, auch gegen den »bösen Blick«. Mal waren es Heilkräuter, denen »Gegen«-Zauberkräfte zugeschrieben wurden, mal mussten komplizierte Rituale aufgeführt werden, um einen Zauber zu bannen. Dafür schien es immer eine Hilfe zu sein, den Urheber des »bösen Blicks« selbst ausfindig zu machen und auszuschalten. Vor allem wenn Kinder von diesem angeblichen »Zauber« betroffen waren, fielen die Reaktionen der erbosten Angehörigen zuweilen sehr drastisch aus. Aus Slowenien berichtet 1875 eine bayerische Zeitung, dass in einem kleinen Dorf eine Bettlerin verdächtigt wurde, ein kleines Kind krank gemacht zu haben. Kurzerhand machte sich der Vater des Kindes mit zwei Nachbarn auf den Weg zur Verdächtigen:[38]

> Sie trugen einen langen Strick und ein Küchenmesser in Händen und befahlen der 82jährigen Alten, ihnen ohne zu zögern … zu folgen und das verhexte Kind augenblicklich wieder gesund zu machen; die Alte erklärte zwar, sie sei unschuldig, könne dem Kind nicht helfen und es wäre daher überflüssig, daß sie mitgehe. Allein man schenkte ihrem Einwenden kein Gehör, brachte sie mit Gewalt auf die Füße und schleppte sie mit sich fort.

Die alte Frau wurde in den folgenden Stunden schwer misshandelt, und nur das Einschreiten des örtlichen Gemeindevorstehers konnte letztlich verhindern, dass sie gelyncht wurde.

So wie ein böser Zauber zum Schutz der eigenen Gesundheit abgewehrt oder bekämpft werden konnte, so gab es auch viele Möglichkeiten, sich in einem Krieg auf magische Weise vor Verwundung und Tod zu schützen. Dazu zählen vor allem die verschiedenen Schutzbriefe mit einem entsprechenden Text zur Abwehr feindlicher Kugeln und Granaten. Der eingangs erwähnte »Ölbergspruch« (»So wie Christus im Ölgarten stille stand, so sollen alle Geschütze stille stehen«) war bereits im Deutsch-Französischen Krieg 1870/71 bei Soldaten populär, wobei die Wirkung des Textes noch durch zusätzliche Handlungen verstärkt werden konnte. So gab es beispielsweise die Praxis, einen Zettel mit dem Ölbergspruch einem Hund anzubinden und anschließend auf das Tier zu schießen.[39]

Ob nun unter Hinzuziehung eines Hundes oder auch nicht – die richtigen Worte im Krieg zu finden, um selbst unversehrt zu bleiben, fußte auf der Vorstellung, dass bestimmte Worte selbst eine magische Kraft besitzen. So schien es ja auch bei christlichen Gebeten mehr oder weniger zweifelsfrei zu funktionieren. Weil aber der Schutzsuchende nicht ständig diese Worte aussprechen konnte – schließlich musste er kämpfen –, griff er womöglich zum »Schutzbrief«, den er bei sich trug oder in besonderer Not zwecks besserer Wirkung zuweilen sogar verschluckte. Es ging dabei in diesen Briefen entweder konkret um Schutz im Gefecht oder generell vor jedweder Gewaltanwendung. In einem Exemplar aus dem Jahr 1875 heißt es:[40]

> Wer diesen Brief bei sich trägt dem wird nichts schaden u. ihn auch beschützen vor Dieben [und] Mördern. Es müssen still stehen alle sicht bahren und unsicht bahren Geister auf den Befehl des Erzengel Michael. + Im Namen des Vaters und des Sohnes und des heiligen Geistes. Es sollen ihm nichts schaden Geschütze, Pistolen, alle Waffen müssen still stehen wenn man auf ihn hält, durch den Befehl Jesus Christus.

Wer im Besitz dieses Briefes sei, so das weitere Versprechen, werde vom Feind auch nicht gefangen genommen. Im Ersten Weltkrieg, so zeigen zeitgenössische Berichte, scheint der Alltag der Soldaten von magischem Denken regelrecht durchzogen gewesen zu sein. 1916 schreibt der Schriftsteller und Volkskundler Karl Prümer (1846–1933) über die Praxis bei den deutschen Soldaten:[41]

> In Flandern, inmitten des Granatfeuers, konnte man gewahren, wie Soldaten in ihrer Angst ein Kettchen hervorzogen mit einer Art Münze, einem Heiligenbild, Herz, Kreuz oder Reliquienstück, und dieses flehentlich anschauten … In einem Beutel um den Hals getragen, werden … Schutz- oder Himmelsbriefe nur im Augenblick der höchsten Gefahr hervorgeholt. Ein derartiger

Schutzbrief wurde bei einem Verwundeten gefunden, der ihn zum Munde oder zur Wunde führte und ihn nicht aus der Hand ließ.

Populär waren auch Kettengebete, die um die Zahl Neun kreisten: Neun Tage lang sollten diese Briefe täglich abgeschrieben und an neun weitere Personen weitergegeben werden, die alle am neunten Tag Glück haben würden – vorausgesetzt, sie hatten den Brief ebenfalls neunmal kopiert und weitergegeben. Auch Schutzhemden und Schutzsalben waren beliebt, ebenso alle erdenklichen Formen von Glücksbringern und Amuletten.[42] Solches Verhalten kann nicht verwundern – schließlich soll doch im Schützengraben helfen, was daheim auch bei Erkrankungen oder in anderen Notsituationen empfohlen wurde und also über Generationen hinweg erprobt war. Pflanzen wie beispielsweise der Wegwarte wurde in einigen Regionen die Kraft zugestanden, unverwundbar gegen feindliche Waffen zu machen:[43]

> Wie dieses Gewächs in ihrer Kraft und Wirkung gegraben wird, so kann sich darmit verwahret werden wider alle seine Feinde, es seye im Sturm oder ansonsten in einer Action, du kannst alle Kugeln abweisen, und wann dich einer gleich mit dem Degen wollte hauen oder stechen, so wird ihm sein Schwert oder Degen in Stücken zerspringen, da sie entzwei gehen wie ein Faden.

In den Schützengräben lebte dieses magische Denken wie selbstverständlich fort. Einige Soldaten hatten ebenso wie ihre Angehörigen für die einen oder anderen Zaubermittel auch Geld bezahlt – hier sei nur an das Angebot eines Berliner Kaufhauses für Glücksbringer aus der Alraune erinnert (1,75 Reichsmark). Auch an den Geschichten rund um diese sagenumwobene Pflanze zeigt sich, welche finanziellen Möglichkeiten der Markt für magisches Denken über Jahrhunderte hinweg eröffnete. Als die Nachfrage nach Figuren aus der Alraune am Ende des Mittelalters wieder einmal besonders groß, die Wurzeln aber nur schwer zu bekommen waren, schnitzten findige Geschäftemacher kurzerhand entsprechende Exemplare aus einer heimischen Rübenart und verkauften sie gewinnbringend. Diese und andere Schwindeleien nötigten zuweilen die Obrigkeit, gegen solche Umtriebe vorzugehen: So wurden 1570 in Schaffhausen drei Männer gehängt, weil sie angeblich gelbe Rüben als Alraune verkauft hatten. Und noch im Jahr 1955 kauften deutsche Bäuerinnen von durchreisenden Frauen »echte Alraunwurzeln«, die sie zum Schutz gegen böse Geister in Blumentöpfe pflanzten. Pro Stück zahlten sie 30 bis 50 DM – um nach einiger Zeit dann mit Schrecken zu erleben, wie sich aus der angeblichen Alraune profane Kopfsalatpflänzchen entwickelten.[44]

Auch wenn es sich in diesem Fall offensichtlich um dreisten Betrug handelte, mit dem leichtgläubigen Bäuerinnen das Geld aus der Tasche gezogen wurde, so war und blieb das Wirken zauberkundiger Mitmenschen in der Regel wie selbstverständlich kostenpflichtig. Selbst wenn es keine festen Gebührenordnungen im heutigen Sinne gab, so erwarteten diese Zeitgenossen für ihre magischen Praktiken selbstverständlich eine Entlohnung. So gab im Jahr 1834 ein Tagelöhner am Niederrhein zu Protokoll, dass er mithilfe des »Hubertusschlüssels«, eines dem heiligen Hubertus geweihten eisernen Gegenstands, Hunde vor der Tollwut bewahren könne, indem er ihnen ein Schutzmal auf die Stirn brenne. Und das sei eben kostenpflichtig:[45]

> Da es nun seit vielen Jahren her hier in der Gegend bekannt ist, daß ich in dem Besitz dieses Schlüssels bin, so kamen neulich ohne jede andere Veranlassung mehrere Bewohner aus benachbarten Gemeinden … zu mir, und haben ihre Hunde brennen lassen … Für das Brennen eines Hundes mit dem Hubertus-Schlüssel bin ich befugt zwei Groschen zu nehmen.

Auch wenn der Mann keine staatliche Zulassung für dieses Vorgehen hatte und die Kirche das ganze Procedere untersagte, so hielt er es doch offensichtlich schlicht für eine Selbstverständlichkeit, dass er für seine Künste entlohnt wurde, und seine »Kunden« sahen das wohl auch so. Zu den traditionell kostenpflichtigen magischen Praktiken gehörte übrigens auch das weit verbreitete »Besprechen«. Dieses kam ebenfalls bei Krankheiten aller Art zum Einsatz, zudem bei Verletzungen von Tieren und Viehseuchen, aber auch zum Schutz der Felder vor Schädlingen. Die Schriftstellerin Annette von Droste-Hülshoff beobachtete in der ersten Hälfte des 19. Jahrhunderts in ländlichen Regionen dieses magische Verfahren, »dessen wirklich seltsame Erfolge sich durch bloßes Hinwegläugnen keineswegs beseitigen« ließen. Die sensible Lyrikerin zeigte sich offensichtlich beeindruckt von den »Besprechern« und ihren Erfolgen, vor allem nachdem sie selbst Zeugin solcher Vorgänge geworden war: »Auf die Felder, die der Besprecher mit seinem weißen Stäbchen umschritten« habe, wagte sich fortan kein Schädling mehr. Und ein vom Tierarzt bereits aufgegebenes Pferd sei über Nacht wieder gesund geworden, nachdem einem weit entfernt lebenden Besprecher »ein von dem Blut des Thieres beflecktes Tuch« für seine »Behandlung« geschickt worden war.[46]

Die offensichtliche Verwunderung der Dichterin aus dem Münsterland ist durchaus eine wiederkehrende Reaktion auf die zahlreichen magischen Angebote, die es immer schon auf dem Markt der Gesundheit gab: Im Grunde könnten diese doch nicht funktionieren, weil es eben keine »Beweise« für ihre Wirksamkeit gebe, sondern nur die Berichte und Wahrnehmungen der Beteiligten. So blieben magische und »alternative« Heilverfahren immer von zum Teil heftiger Kritik begleitet, ursprünglich vor allem seitens der Kirche, zunehmend aber auch seitens der Vertreter der Medizin. Oft war es auch nur ein kleiner Schritt zum Vorwurf der Scharlatanerie. Auch das ist bis heute geblieben, wenn Menschen in ihrer Sorge um ihre Gesundheit etwa auf alte Rezepte der Hildegard von Bingen vertrauen, auf die Heilkräfte von Edelsteinen setzen oder die vermeintliche sanfte Kraft des Handauflegens der so bezeichneten »Schulmedizin« vorziehen. Und um kein Verfahren wird in diesem Zusammenhang seit Jahren so lebhaft und heftig debattiert wie um Nutzen und Nachteil der Homöopathie, die vom deutschen Arzt Samuel Hahnemann (1755–1843) entwickelt wurde. Dieses Heilverfahren, in dem Gleiches mit Gleichem behandelt wird, war ein Kind seiner Zeit, in der Schriftsteller wie Novalis, Heinrich von Kleist oder Johann Gottlieb Fichte lebten und schrieben – und deshalb ist die Homöopathie auch zu Recht als »eine romantische Medizin« bezeichnet worden.[47]

So ist das Romantische auch ein Grund dafür, warum die Homöopathie heute zu den erfolgreichsten neueren Heilmethoden gehört. Ihre Globuli sind heute hierzulande aus der Behandlung gerade von Kindern kaum mehr wegzudenken. Auch wenn wissenschaftliche Studien immer wieder darauf verweisen, dass in den dabei verwendeten Präparaten keine messbaren Wirkstoffe vorhanden seien und die ganze Behandlung ausschließlich auf einem Placebo-Effekt beruhe, traut inzwischen ein Großteil der Deutschen diesem Heilverfahren wirklich etwas zu: In einer 2014 veröffentlichten Umfrage gaben 60 Prozent der Befragten an, bereits homöopathische Präparate eingenommen zu haben, rund die Hälfte berichtete dabei über ausschließlich positive Erfahrungen.[48] Keine Frage also: Globuli helfen.

Bei der Homöopathie wie bei anderen Formen heutiger Alternativmedizin – ein Begriff, der allerdings zumeist sehr unscharf verwendet wird – scheint für eine Linderung von Beschwerden oder eine Heilung von einer Krankheit die »Macht der Erwartung« eine besondere Rolle zu spielen. Die Erwartungshaltung der Patienten setzt offensichtlich enorme Selbstheilungskräfte frei und weckt damit »das unglaublich große therapeutische Potential«, das in jedem Menschen selbst steckt. Gerade bei Kindern, so der Mediziner und populäre Sachbuchautor Sven Gottschling, die seiner Ansicht nach »bekanntlich mystische und magische Wesen« seien, könnten die stärksten Placebo-Effekte beobachtet werden, aber auch bei Erwachsenen seien diese gut nachweisbar.[49] Ist es wichtig, warum ein Mensch wieder gesund wird? Auf dem heutigen Markt der Gesundheit scheint die Ursache für eine erfolgreiche Behandlung doch nach wie vor tendenziell zweitrangig zu sein – es gilt noch immer: Wer heilt, hat recht. Und wenn es – wie dies aktuell im Trend liegt – einen »natürlichen«, »sanften« und »alternativen« Weg zum Gesundsein und Gesundbleiben gibt, umso besser!

Diese »Macht der Erwartung«, die heute alternativen Heilverfahren offensichtlich als wirksame Kraft innewohnt, war immer auch ein zentrales Element des magischen Denkens: die Vorstellung, dass etwas eintritt, wenn keine Abwehrrituale genutzt werden, dass positiver Zauber bei Krankheiten gegen negativen Zauber helfen kann, dass Unerklärliches geschehen kann, wenn wundertätige heilkundige Mitmenschen ihre womöglich geheimen Techniken anwenden – und dass Dinge geschehen, für die es in einem wissenschaftlichen Sinn keine Belege gibt.

Das ist sozusagen seit den Tagen Hildegards von Bingen ein unzweifelhaft positiver Effekt des magischen Denkens. Doch dieses spendet in Fragen von Gesundheit und Krankheit nicht nur Trost oder ermöglicht im besten Falle sogar Heilung, sondern setzt zugleich auch Ängste frei: So wie übernatürliche Kräfte bei alternativen oder »ungewöhnlichen« Therapien wirken, so wirken sie in dieser Vorstellungswelt dann auch bei der Entstehung von Krankheiten: Einst waren das der »böse Blick« einer Bettlerin, der Fluch eines Nachbarn, eine Strafe Gottes für sündhaftes Leben oder das Werk einer Zauberers – Krankheiten konnten eben nicht nur auf magische Weise kuriert werden, sondern entstanden auch auf diese Weise. Dazu passen während der Corona-Pandemie wieder attraktiv gewordene Vorstellungen etwa in anthroposophischen Kreisen, wonach die Fähigkeit zum magischen Denken schon bei der Vorbeugung gegen Krankheiten einen unmittelbaren praktischen Nutzen habe. Wer »richtig« denkt, bleibt in dieser Logik gesund. Alle anderen – werden krank. So findet sich im einschlägigen digitalen Nachschlagewerk »Anthrowiki« im Eintrag über »Covid-19« die Versicherung:[50]

> Spirituelle Gedanken, die sich der materialistischen Gesinnung entgegenstellen, sind ein wesentlicher Faktor zur Abwehr infektiöser Erkrankungen. Entscheidend ist dabei nicht nur der Gedankeninhalt, sondern mehr noch die Art des Denkens. Ein ausschließlich starres verstandesmäßiges Denken wirkt ertötend auf den Organismus.

Spirituelle Gedanken, hier verstanden als Einsicht in eine wie auch immer definierte geistige Welt, werden den Mechanismen und den Instrumenten der modernen Medizin entgegengestellt. Das steht in der Tradition des magischen Denkens in Bezug auf Gesundheit und Krankheit – und Entsprechendes gilt für die Abwehrhaltung gegenüber dem so bezeichneten »verstandesmäßigen Denken«. In der Gegenwart ist daraus zuweilen eine rustikale antiintellektuelle Haltung erwachsen, die nicht nur in anthroposophischen Kreisen verbreitet ist und während der Corona-Pandemie wieder sehr virulent wurde: Mit der Ablehnung einer evidenzbasierten Medizin und jeglicher (natur-)wissenschaftlichen Methode war und ist weiterhin die Kritik des »Verstandesgemäßen« verbunden.

Kein Wunder: In der Geschichte des »Aberglaubens« war es schließlich nie der »Verstand«, der heilte, sondern die magische Tat: der sterbende Maulwurf auf der Hand einer Heilerin, das Gebet zu Gott, das Handauflegen, ein geschickter Gegenzauber oder eben »spirituelle Gedanken«. Das mag auch die ungebrochene Attraktivität des Wünschelrutengehens illustrieren. Bis hinein in die verschiedenartigen »Wissenschaftsmagazine« in Zeitschriften, im Fernsehen und in den sozialen Medien finden sich Berichte vom heilsamen Einsatz dieses Rituals, begleitet von einer generellen Wertschätzung alternativer Heilverfahren und dem Glauben an die Existenz so bezeichneter, aber wissenschaftlich nicht definierter »Erdstrahlen«.[51]

Auch Hildegard von Bingen und ihre Zeit sind nicht vergessen. Die Rezepturen der klugen Nonne sind dank deren profunder Kenntnisse in der Kräuterkunde auch heute noch attraktive Alternativen oder zumindest willkommene Begleiter herkömmlicher Therapien. Da sich mit ihr zugleich Spiritualität und Gesunderhaltung verbinden lassen und in ihrem Denken körperliche und seelische Gesundheit stets zusammengedacht werden, passen ihre Rezepte und Vorschläge gut in unsere Zeit, in der »ganzheitliche« Medizin und esoterische und spirituelle Vorstellungen oft ineinandergehen. Ein Teil ihrer heutigen Anhängerschaft hat längst akzeptiert, dass für die Entstehung von Krankheiten nicht nur körperliche und seelische, sondern auch göttliche und kosmische Aspekte von Bedeutung sind. Wenn die Beziehung eines Menschen zu Gott gestört ist, so heißt es, können Krankheiten entstehen. Hier liegt dann auch die Hoffnung auf Heilung: Die »Rückbesinnung auf Gott« biete ungeahnte Chancen, »und es fließen Energien, die eine Wende im Heilungsgeschehen auszulösen vermögen«.[52]

Können wir davon ausgehen, dass die Rückbesinnung auf diese Tradition ihre Grenzen hat? Sicher: Niemand würde heute öffentlich die Verwendung der Einhornleber gegen eine hoch ansteckende Krankheit wie die Lepra empfehlen. Und doch hat uns die Corona-Pandemie auch gelehrt, dass längst überholt geglaubte Denkmuster auf ganz erstaunliche Weise wiederbelebbar sind und Eingang in bunt schillernde Verschwörungsfantasien finden können. Die jahrhundertealte kulturelle Erfahrung mit dem magischen Denken in Fragen von Gesundheit und Krankheit ist fraglos ein kollektives Erbe, das noch immer als Reservoir für »alternative« Behandlungsmethoden taugt. Und wenn wir ehrlich zu uns sind, müssen wir uns wohl fast alle eingestehen, dass wir in Zeiten gesundheitlicher Krisen durchaus geneigt sind, notfalls auch zu übernatürlichen und unerklärlichen Dingen zu greifen. So viel magisches Denken wird doch wohl noch möglich sein …

Ich hatte nie an Geister geglaubt, in diesem Augenblick war es wie eine Offenbarung: Das gibt es! Die Gestalt war nicht groß und machte den Eindruck eines jungen, schlanken, anmutigen Wesens; sie war deutlich und plastisch, aber doch duftiger und ihr Gang schwebender, als bei einer wirklichen Person. Die ganze Gestalt war in einen feinen weißen Schleier gehüllt, ich sah keine weiteren Details. Nirgends an der Gestalt oder Wand war ein Schatten, alles Licht in Licht, am leuchtendsten die Figur.

Bericht über eine Erscheinung im Juni 1912 auf einem Schloss[1]

Die Geister bitten zu Tisch

Der Apotheker Karl Lotz macht gespenstische Erfahrungen

Es war an einem Winterabend des Jahres 1854, als der Apotheker Karl Lotz aus Homburg gemeinsam mit einigen Familienmitgliedern wieder einmal um ein Tischchen herum Platz nahm. Schon seit zwei Monaten versuchten sie, das Möbelstück aus Nussbaum in Bewegung zu versetzen, indem sie mit den Geistern Verstorbener in Kontakt traten. Dieses magische Verfahren war vor allem in den bürgerlichen Kreisen Deutschlands in Mode gekommen, weil Berichte über gelungene und besonders spektakuläre Fälle des sogenannten Tischrückens aus den USA auch hierzulande bekannt geworden waren.[2] So wollte eben auch Karl Lotz sein Glück versuchen. Auch wenn sich in den ersten Wochen seiner Kontaktbemühungen bislang kein Geist bei ihm gemeldet hatte, blieb er hartnäckig. Und an diesem Abend war es dann tatsächlich endlich so weit – der Tisch reagierte auf die aufgelegten Hände:[3]

> Seine Platte erwärmte sich und in seinem Innern begann es wie Herzschlag zu hämmern. Dieses Erwachen aus Todesschlafe mochte etwa fünf Minuten gedauert haben, als ein leichter, schnellverrauchender Schwindel uns erfaßte, worauf der Tisch sich unter Aechzen und Knarren nach rechts und links drehte.

Der kleine Tisch, einmal in Bewegung versetzt, ließ sich anfangs kaum bändigen. Mit großer Wucht schlug er nach allen Seiten aus, der Apotheker und seine Mitstreiter übten »nicht unerheblichen Druck« auf ihn aus, setzten sogar »der Gewalt Gewalt entgegen«, mussten aber schließlich einräumen, dass »wir es mit einer Kraft zu thun hatten, welche der unserigen überlegen« war. Wer genau hinter dieser Kraft steckte, sollte der Tisch dann selbst notieren: Eines der drei Tischbeine hatte der kluge Apotheker zuvor vorausschauend mit einem Bleistift versehen, falls der Geist eine Nachricht notieren wollte. Und tatsächlich hinterließ das Möbelstück mit seinen Bewegungen zwar anfangs noch ungelenke, aber durchaus erkennbare Zeichnungen auf dem ausgelegten Papier. Schon bald lagen Skizzen mit dem Motiv einer jungen Frau und ihres Bruders auf dem Boden, dann die eines »namenlosen Kindes«.[4]

Diese Zeichnungen, so erklärte der Apotheker Karl Lotz, habe der von ihm gerufene Geist nach seinen Besuchen mittels eines Bleistifts erstellt, der an einem der Tischbeine befestigt war.

Gut acht Minuten brauchte der Tisch für so eine Zeichnung, für Karl Lotz ein Zeichen dafür, dass der herbeigerufene Geist offensichtlich »kein Fauler« war. Immerhin. Aber mehr Gutes ließ sich über den Verstorbenen auch nicht sagen, denn er dürfte zu Lebzeiten niemand gewesen sein, den der Herr Apotheker freiwillig zu sich nach Hause eingeladen hätte: Der Geist, so stellte sich rasch heraus, gehörte nämlich zu einem Räuber aus dem Spessart, der einst unter dem Namen »Emfort« geraubt und gemordet hatte und der vor mehr als einhundert Jahren einen schrecklichen Tod fand, weil er sich nämlich selbst erhängte.[5] Seine schlimmen Taten und sein furchtbares Ende haben wohl dafür gesorgt, dass »Emfort« nach seinem Tod keine Ruhe fand. Er müsse für seine Taten büßen, erklärte er Karl Lotz bei einem der nachfolgenden Treffen. Da das Tischchen inzwischen bereits ganze leserliche Sätze schreiben konnte, wurden sogar kurze Dialoge mit dem Geist möglich. Auf des Apothekers mitfühlende Frage »Warum weinst Du?« entspinnt sich etwa folgendes »Gespräch«:[6]

»O Gott, wie elend bin ich! Ich leide sehr.«
»In was bestehen deine Leiden?«
»Ich sehe meine Verbrechen.«
»Können wir etwas thun, um deine Leiden zu mildern?«
»Nein, nur Gott kann es.«

Wo genau sich »Emfort« seit mehr als einem Jahrhundert nun genau befand, konnte Karl Lotz indes nicht wirklich klären. »In der Erdenluft«, so antwortete ihm der Geist mittels des dreibeinigen Tischchens auf entsprechende Nachfrage immerhin. Vielleicht wollte der Apotheker bei den abendlichen und nächtlichen Sitzungen einfach auch nicht mehr weiterfragen, was dies genau für ein Ort sei, an dem sich die Geister aufhielten. Denn schon die ersten Informationen darüber waren denkbar unheimlich: Viele Verbrecher hausten dort, erklärte

»Emfort«, und er nannte sogar einige der besonders üblen Gesellen seiner Umgebung mit Namen: den Mädchenmörder Karl Lehmann aus Wien, den Meineidigen Georg Plank aus der Schweiz oder die Kindsmörderin Lottchen Schmelzer aus Brüssel. So erschreckend diese Details waren, sie eigneten sich fraglos für gepflegte gruselige Stunden in trauter bürgerlicher Runde – ein wenig Schauder durfte bei solcher Unterhaltung offensichtlich nicht fehlen. Und so lud Apotheker Lotz wohl mehr als einmal Freunde und ihm bekannte Honoratioren der Stadt ein, um gemeinsam die eine oder andere spektakuläre Stunde mit dem Geist zu verbringen. Schließlich war der zwar oft genug »finster wie die Nacht« und sorgte für Momente des Erschreckens, aber dann zeigte er sich auch wieder »aufgelegt zu Scherz und Laune« und sorgte bei der bürgerlichen Gesellschaft mit seinem »geheimen Wissen« auch schon mal für große Heiterkeit.[7]

Aber der Geist des Spessart-Räubers verlor offensichtlich das Interesse an Karl Lotz und seinem Kreis, jedenfalls zog er schließlich weiter, wie Karl Lotz noch notierte. Emfort »verkehrt jetzt mit einem vierzehnjährigen Mädchen«, so habe er ihm selbst zum Abschied noch mitgeteilt, den der Apotheker offensichtlich ein wenig verschnupft kommentiert – »eine Veredelung seines Wesens« ließen die Äußerungen dieses Verstorbenen nicht annehmen. Aber die Geisterbesuche im Hause Lotz gingen trotzdem weiter, wobei Mädchen und junge Frauen nun offensichtlich maßgeblich die Funktion übernahmen, als Medium für die Schreib- und Zeichenwünsche der Verstorbenen zu dienen. Die Fähigkeiten des einen oder anderen Mediums schienen allein schon so wunderlich wie die Geistererscheinungen selbst. Von der 17-jährigen »Sophie« berichtet Lotz:[8]

> Legt Sophie z. B. die flache Hand auf die Lehne eines Stuhles, so wird derselbe nach Verlauf weniger Minuten heftig hin- und herbewegt und zuletzt, ohne daß sie wissentlich einen Muskel regte, mit einem gewaltigen Rucke vor- oder seitwärts geworfen.

> Große Tische, wenn sie dieselben berührt, werden mit starkem Geräusche und unaufhaltsamer Gewalt gerüttelt und geschüttelt, gehoben und fortgerückt.

Es ging also schließlich hoch her im Hause des braven Apothekers – und der teilte seine persönlichen Geistererlebnisse schließlich nicht nur mit Freunden, Angehörigen und Honoratioren der Stadt, sondern auch mit einem interessierten Lesepublikum: Karl Lotz veröffentlichte ein kleines Büchlein mit dem Titel *Das sogenannte Tischrücken, oder: Der Verkehr mit Verstorbenen*. Sogar einige durch Geisterhand entstandene Zeichnungen wurden mit abgedruckt, und so trug diese Schrift zu einer wahren Flut von Publikationen bei, die in diesen Jahren Deutschland geradezu überschwemmte. Längst war eine hitzige Debatte entfacht: Können wirklich Geister auf diese Weise zu Tisch gebeten werden? Oder ist das alles erfunden und erlogen? Unversöhnlich standen sich die Positionen gegenüber. Von Hokuspokus geht ganz offensichtlich ein Autor im *Kurier für Niederbayern* aus Landshut im Jahr 1853 aus:[9]

> Das Tischrücken scheint die Leute noch alle verrückt zu machen. Ein so außerordentliches Sitzleder, eine so staunenswerthe Geduld und Ausdauer haben die Leute noch nie an den Tag gelegt. Stundenlang sitzen bei Tag und Nacht »Rucker« um die Tische herum und schmelzen den Lack auf der Tischplatte.

Andere Zeitgenossen wollten hingegen nicht in Abrede stellen, dass die neue Mode womöglich doch einen bislang unbekannten Weg in die Welt der Geister geöffnet haben könnte. Ebenfalls 1853 gab die *Westricher Zeitung* aus Germersheim zu bedenken:[10] »Wie jetzt wohl allenthalben, so ist auch hier das Tischrücken allgemeines Tagesgespräch und der Gegenstand vieler, häufig mißlungener Versuche. Indessen liegen doch auch so viele Beispiele des Gelingens vor, daß diese Erscheinungen als eine Thatsache sich nicht mehr wegraisonniren lassen.«

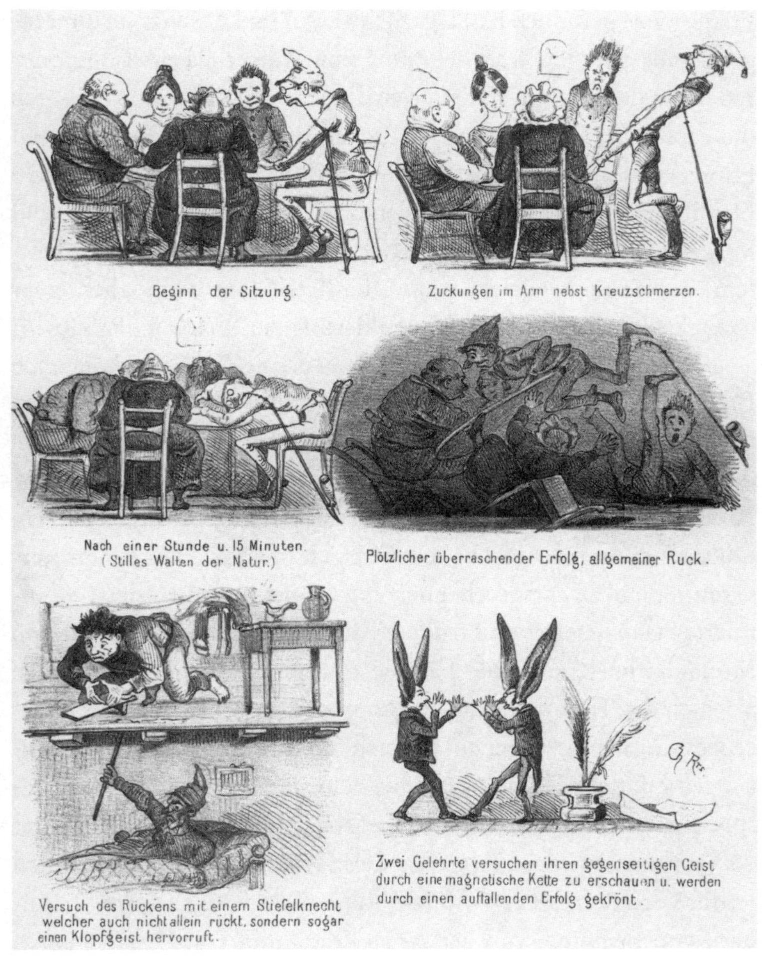

Spott über den »Hokuspokus« des Tischrückens – hier in einer Karikatur aus dem Jahr 1853.

Was geschieht also wirklich beim Tischrücken? Ist bei solchen Ereignissen etwa Magnetismus im Spiel? Oder eine bislang unentdeckte Energie? Die Meldungen von solchen Vorgängen fallen Mitte des 19. Jahrhunderts in eine Zeit, in der die Welt neue naturwissenschaftliche Erklärungen für bislang nicht erklärbare

Phänomene gefunden hat. Die Elektrizität und das Wissen um Magnetismus oder die Wahrnehmung von Wärme als einer besonderen Form der Energie veränderten die Sicht auf die Natur. Könnten die zahlreiche Belege für Tischrücken und -klopfen da nicht ein Hinweis auf eine weitere, bislang unentdeckte Naturkraft sein?[11] Damit war sozusagen die Neugier einer ganzen Zeit geweckt – und Vorgänge wie beim Apotheker Lotz waren durchaus von »gelehrtem« Interesse: Vielleicht waren die Beteiligten womöglich einer ganz neuen wissenschaftlichen Erklärung der Welt auf der Spur!

Und somit war der Geisterglaube zu dieser Zeit keineswegs eine Erscheinung in sozialen Randgruppen – von »Volks«-Aberglauben in einem abwertenden Sinn konnte also nicht die Rede sein. Mitte des 19. Jahrhunderts sind es eben auch die viel zitierten »besseren« Kreise der Gesellschaft, die gespannt im spiritistischen Kreis sitzen, um Geister zu rufen. So versuchten sich Heidelberger Juraprofessoren an einem entsprechenden Experiment, ebenso der renommierte Staatsrechtler und frühere Reichsjustizminister Robert von Mohl, der im Kreis seiner Familie an einem angeblich gelungenen Versuch des Tischrückens teilgenommen hatte.[12] Auch zwei angesehene Germanisten bekannten sich öffentlich zu positiven Erfahrungen mit dem Tischklopfen, bei dem sich die Geister durch entsprechende Geräusche zu Wort melden. Aus Tirol wurde Mitte des 19. Jahrhunderts berichtet, dass diese Kontaktaufnahme mit dem Jenseits »stark betrieben« werde, »aber nicht vom Landvolke, sondern von Beamten, von der Aristokratie und von Geistlichen«.[13] Der Hinweis auf die Pfarrer ist pikant – denn diese sollten sich bei diesen spiritistischen Versuchen besser nicht von ihrem Bischof erwischen lassen, weil die kirchliche Lehre diese Art des Verkehrs mit Geistern scharf verurteilte.

Auch der Dichter des Deutschlandlieds, August Heinrich Hoffmann von Fallersleben (1798–1874), nahm an solchen Sitzungen offensichtlich mit Freude teil – er sei dabei »zwischen Kindern, Mädchen und Damen als der munterste aufgefallen«, wie es anschließend in einem Bericht hieß. Diese Bemerkung verweist darauf, dass das

Tischrücken und -klopfen eben auch eine unterhaltsame und zuweilen fröhliche Gesellschaftsbeschäftigung war. Alt und Jung hatten augenscheinlich ihren Spaß, und gemeinsam mit Freunden und Verwandten wurde die Begegnung mit den Geistern zu einem regelrechten Salonvergnügen.[14] Übrigens verlieh Hoffmann von Fallersleben – ganz zur Freude des Gastgebers – dem ganzen spiritistischen Geschehen anschließend noch das Siegel der Glaubwürdigkeit. Für eine Veröffentlichung gab er zu Protokoll:[15]

> Dass ich Alles, was hier Herr Dr. Schauenburg vom Tischrücken und Tischklopfen im Neusser'schen Hause zu Bonn … erzählt, ebenso geschehen und gehört, ferner durch Handauflegen und Fragen an den Tisch selbst mitgewirkt habe, bescheinige ich hiermit.

Auch wenn das Tischrücken als bürgerliche Freizeitbeschäftigung schon nach einigen Jahren viel von seiner anfänglichen Attraktivität verlor, so wurde der schon lange vorhandene Glaube an die Existenz von Geistern und an die Chance auf eine Kontaktaufnahme mit ihnen durch diese zwischenzeitliche Begeisterung auf hohem Niveau stabilisiert. Ende des 19. Jahrhunderts stöhnte der angesehene Zoologe und Naturphilosoph Ernst Haeckel (1834–1919) entnervt, dass an das Tischrücken und Geisterklopfen »noch heute von Millionen ›gebildeter‹ Spiritisten fest geglaubt wird«.[16] Die Mode des Tischrückens hatte also mittelfristige Folgen für das magische Denken im Land, und sie stand ihrerseits in einer Tradition des jahrhundertealten Geisterglaubens. Dieser basierte auf der Vorstellung, dass es grundsätzlich immer möglich ist, in Kontakt mit Verstorbenen zu treten. Die Trennung zwischen dem Reich der Lebenden und dem Reich der Toten war nämlich nie so scharf, wie das aus heutiger Sicht zuweilen erscheinen mag.

Dass Freunden und Angehörigen ein Verstorbener als Geist wieder erscheinen konnte, galt somit lange Zeit als absolut plausible Möglichkeit. Noch im Jahr 1805 publizierte der sächsische Gelehrte

Johann Karl Wötzel eine Schrift über *Meiner Gattin wirkliche Erscheinung nach ihrem Tode*. Darin beschrieb er eindrücklich, wie seine früh verstorbene Gattin ihr auf dem Sterbebett gemachtes Versprechen einlöste, ihrem Gemahl nach dem Tod zu erscheinen, um ihm einen Beweis für die Fortexistenz ihrer Seele zu liefern.[17] Und so trat sie tatsächlich nach einiger Zeit lautlos an das Sofa, auf dem der brave Mann gerade ahnungslos seine Mittagsruhe hielt, und sprach ihn an:[18]

> Karl! Beruhige dich! Ich bin unsterblich. Mehr vermag ich dir nicht zu offenbaren. Bis auf einstiges Wiedersehen, lebe wohl!

Johann Karl Wötzel fand mit seinen Erlebnissen ein aufgeschlossenes Publikum – immerhin erlebte sein bald darauf erscheinendes Buch binnen kurzer Zeit drei Auflagen.[19] Kritiker warfen ihm hingegen vor, sein Bericht sei »eine Erfindung der Gewinnsucht«, die ganze Sache mit der Frau Gemahlin also reine Beutelschneiderei.[20] Zudem wurden Wötzel »Träumereien des selbstgetäuschten Aberglaubens« unterstellt. Seine Geschichte sei »eine ganze gewöhnliche Rockenstubengeschichte«, »wie sie Liebhaber des abergläubischen Umgangs mit der Geisterwelt zu hunderten von jeder alten Kinderfrau hören können«,[21] so hieß es zuweilen. Diese Kritik erinnert zugleich dran, wie lebendig diese »alten« Geschichten tatsächlich noch waren: Geister gehörten eben zu Beginn des 19. Jahrhunderts zum weit verbreiteten kulturellen Erzählschatz, aus dem nicht nur die erwähnten alten Kinderfrauen schöpften. Dass es Gespenster und Geister gibt, war und blieb über Jahrhunderte hinweg eine Grundtatsache deutschen Lebens.

Was eigentlich ein »Geist« und was ein »Gespenst« ist, war dabei nie ganz trennscharf zu unterscheiden. Die Erscheinungen bilden zusammengenommen ein gemeinsames Phänomen: Mal nehmen diese Wesen die konkrete Gestalt von bestimmten Verstorbenen an, dann wieder sind sie unkenntlich und nur schemenhaft zu erkennen, beispielsweise als eine alte Frau oder ein Kind, dann wieder nur als reine Lichterscheinung. Doch bei aller Verschiedenheit lassen sich dabei zumindest zwei wichtige Gemeinsamkeiten erkennen: Die Geister oder Gespenster erscheinen erstens vorzugsweise nachts oder zumindest in den Stunden der Dämmerung, und zweitens gibt es Orte, die sie traditionell bevorzugen. So galten vor allem Burgen und Schlösser lange als ihre natürliche Heimat, gerade bei besonders großen und für unüberwindlich gehaltenen Anlagen gingen die Menschen bis weit in das 18. Jahrhundert hinein davon aus, dass sie »von Gespenstern sehr incommodiret« werden.[22] Ein typisches Schlossgespenst wird in einer Sage aus Schleswig-Holstein beschrieben:[23]

> Um Mitternacht wird im Schlosse eine schöne Frauengestalt in schneeweißem Kleide gesehen, die händeringend mit gesenktem ängstlichen Blick und angehaltenen Schritten von einem Zimmer zum anderen wandelt, und zuletzt sich in den obern Saal des Mittelgebäudes begiebt, wo sie vor die Ofennische tretend, einige Minuten … unbeweglich hinstarrt und dann wehklagend verschwindet.

Die sogenannte weiße Frau wird zu einem wiederkehrenden Motiv dieser Geistererscheinungen, und einer der bekanntesten Orte solcher Spukgeschichten ist das Schloss Bernstein im österreichischen Burgenland. Noch im 20. Jahrhundert wurden Berichte publiziert, in denen sich verschiedene Zeugen zu ihren Erlebnissen mit dem dort auftauchenden Wesen äußern. Wiederholt wird eine schwebende, feinstoffliche Frau geschildert, die wortlos durch die Räume zieht. Ein französischer Verwandter des Schlossbesitzers gab 1925 seine Erlebnisse zu Protokoll, die er 15 Jahre zuvor in dem mittelalterlichen Gemäuer gemacht hatte:[24]

> Die »Weiße Frau« … schien mir keinen Astralkörper zu haben. Sie machte vielmehr den Eindruck einer dreidimensionalen Realität unter einer Form von Schleier, der eine Frau von

> kleiner Taille zu verhüllen schien. Ihr Gang, sowie die Art, wie sie den Schleier trug, gaben ihr den Anschein einer Erstkommunikantin auf dem Rückweg vom Altar. Sie schien unter dem Schleier die Hände zu falten wie im Gebet. Die Erscheinung ist von einem fluoreszierenden Lichtphänomen begleitet.

Doch Gespenster wählten für ihr Auftreten nicht nur herrschaftliche Schlösser. Sie tauchten ebenso in armen Bauernhäusern oder Pfarrhäusern auf, an abgelegenen Wegkreuzungen oder mitten im Wald. Diese Erfahrung machte an einem kalten Januartag des Jahres 1826 auch ein Maurer namens Leibfriz aus dem Dörfchen Schwaikheim nahe Stuttgart. Zwischen den Bäumen sah er unvermittelt[25]

> eine nebelhafte, jedoch helle Gestalt, welche anfangs einer Dunstsäule glich, allmählich aber menschliche Form erhielt. Langsam schwebte sie auf ihn zu, und nun unterschied er deutlich ein faltenreiches, langes Gewand, den obern Theil des Kopfes verhüllt, und er konnte nicht mehr zweifeln, daß es eine Frauengestalt war. Leibfriz war ganz ohne Furcht, und betrachtete daher, stille stehend, die wunderbare Erscheinung recht genau, welche, als sie sich ihm bis auf einen Schritt genähert hatte, gleichfalls stille stand, und ihn zu beobachten schien.

Was der brave Maurer in diesem Moment nicht ahnen konnte: Das Gespenst war eine unerlöste Seele einer Selbstmörderin – so zumindest die spätere Erklärung des zurate gezogenen Pfarrers –, die erst durch das Gebet eines Lebenden ihren Frieden finden und dann endgültig verschwinden werde.

Andere Gespenster erschienen hingegen offensichtlich ohne klaren Auftrag, sie spukten einfach umher und traten dabei in unterschiedlichster Form auf. Dabei zeigten zumindest einige Spukgestalten eine erstaunlich freundliche Gesinnung. Zu Beginn des 19. Jahrhunderts wird von einem Hausgespenst berichtet, das

Gespenster können überall lauern – in diesem Fall mitten im Wald. Zeichnung von Frederic Simpson Coburn aus dem Jahr 1899.

zwar dann und wann die Lebenden erschreckte, sich aber ansonsten durch Nachsicht und sogar Hilfsbereitschaft auszeichnete: Als ein Diener einmal nachts von einem unerlaubten Ausflug zu einem Tanzvergnügen wieder heimkam, erschien ihm zwar das Gespenst, verriet ihn aber nicht bei der Herrschaft. In einem anderen Fall half dieser Geist am Weihnachtsabend heimlich der Frau des Hauses und der Magd bei der Hausarbeit, sodass die Familie ein glückliches Weihnachtsfest feiern konnte.[26]

Die Menschenfreundlichkeit mancher Gespenster ging angeblich so weit, dass sie auserwählte Personen zu reichen Leuten machten: Im 18. Jahrhundert wurde das Auftreten eines weißen und eines schwarzen Geistes kolportiert – ein Gespensterduo, bei dem es sich um ein Ehepaar aus der Zeit des Dreißigjährigen Krieges handeln sollte, das die Bewohner eines Ortes auf verborgene Schätze hinwies.[27] Das war wohl kein Einzelfall. So wurde auch von der Nordseeinsel Amrum berichtet, dass ein Gespenst »in seinem Sterbekleid« jede Nacht umherwanderte, bis endlich einer der Bewohner den Mut hatte, es zu fragen, »was ihm fehle«. Die Antwort des geheimnisvollen Wesens fiel verheißungsvoll aus:[28]

> Da gab er zur Antwort, daß er in seinen letzten Jahren die meisten seiner Schätze, die er aus dem Türkenlande mitgebracht, unter der Thürschwelle seines Hauses … vergraben hätte, ohne seinen Erben davon zu sagen; das ließe ihm nun keine Ruhe. Als man darauf unter der Thürschwelle nachgrub, fand man einen großen, ganz mit Geld gefüllten Topf, der Schatz ward gehoben und alles unter die Erben verteilt. Und von da an hatte der Geist Ruhe und man sah ihn nicht wieder.

Solche Glücksfälle und auch spätere romantische Beschreibungen sollten allerdings nicht vergessen lassen, dass das Erscheinen eines Gespenstes zumeist etwas Erschreckendes und Grauenhaftes war. Diese Erfahrungen machten die einfachen Leute auf dem Land ebenso wie die vornehmen Bürger in den Städten, regierende

Fürsten ebenso wie gebildete Theologen. Von Martin Luther und Philipp Melanchthon wird berichtet, sie hätten am Todestag des von ihnen nicht sehr geschätzten Reformators Karlstadt ein Gespenst gesehen – was sie umgehend als Beleg für dessen schlechten und also unchristlichen Tod werten durften.[29] Das war über Jahrhunderte hinweg eine durchaus übliche Interpretation von Gespenstererscheinungen: Oft überbrachten diese Gestalten eine Todesbotschaft, in vielen deutschen Regionen soll eine »Klagemutter« aufgetreten sein, die nachts ihre winselnde oder heulende Stimme hören ließ – und vom nahen oder bereits eingetretenen Tod eines Menschen kündete.[30] Sie erschien oft als alte Frau in schwarzem Kleid, strich um die Häuser und kündigte mit ihrem eigentümlichen Klagegeheul (»uuh-uuh-uuh«) den Tod an.[31]

Diese Gespenster konnten zugleich äußerst unansehnlich sein, zumeist waren ihre Gesichter bleich, sie hatten eingefallene Wangen, ihr Sprechen ähnelte manchmal einem leisen Summen, sie konnten aber auch unheimlich und laut heulen. Sie traten sowohl allein als auch in kleinen Gruppen auf, zuweilen waren sie mit einem »Geisterfuhrwerk« unterwegs, wie dies in Bayern und Österreich überliefert wurde:[32]

> Der schwere oder schwarze Wagen ist ein Geisterfuhrwerk, welches vor dem ersten Morgengrauen unter einem markdurchfrostenden Windzug durch die Strassen rasselt. Gewöhnlich ist er kohlschwarz, mit 4 Rappen bespannt und führt entweder den Teufel allein oder auch in Gesellschaft, oder die Fahrenden werden nur als schwarz gekleidete, bisweilen kopflose Gespenster bezeichnet.

Auch nahmen die Gespenster selbst Tiergestalt an, wurden beispielsweise als kopflose Pferde oder Schafe gesichtet;[33] selbst Friedrich der Große soll sich nach seinem Tod als Geist eines kopflosen Pferdes bedient haben: Auf diesem ritt er demnach aus seiner früheren Gruft in der Potsdamer Garnisonkirche heraus, um zur mitternächtlichen Geisterstunde seine Runden durch seine ehemalige Residenzstadt zu drehen.[34] Wer den »Alten Fritz« nachts auf diesem verstümmelten Pferd gesehen hat, dürfte zu Tode erschrocken gewesen sein. Denn wohl jedes Gespenst – kam es nun auf einem verstümmelten Pferd daher oder in Gestalt einer weißen Frau – versetzte die Menschen zunächst einmal in Angst.

Das musste auch der Philosoph Georg Friedrich Meier (1718–1777) konstatieren, als er im Jahr 1747 zugestand, dass beinahe alle Zeitgenossen »sich entsetzlich für den Gespenstern fürchten«. Doch da könne Abhilfe geschaffen werden, glaubte der Gelehrte. Da helfe zunächst die Einsicht, dass es in Wirklichkeit gar keine Gespenster gebe – denn dann sei es schlicht »lächerlich und unvernünftig sich zu fürchten, weil nichts vorhanden ist, so uns ein Uebel droht«. Auch wenn es den Begriff des »positiven Denkens« im 18. Jahrhundert noch nicht gab, so empfahl der Philosoph für diese Fälle ganz in diesem Sinne, sich generell gegen jedwede Furcht mit guten Gedanken zu stärken und so selbst »Herr über die Leidenschaft der Furcht zu werden«. Es bringe nichts, »sich alle Nächte für Gespenstern zu fürchten«, die es eigentlich nicht gebe.[35] Und wenn es sie doch gibt? Auch das sei nach Ansicht des Philosophen im Grunde kein Grund zur Beunruhigung, vielmehr könnten die Menschen die Sache mit den Gespenstern ganz entspannt betrachten:[36]

> Es gibt tausend Dinge, die einem Menschen schädlicher seyn können, als die Gespenster. Es ist also unvernünftig, wenn man sich für den Gespenstern sehr fürchtet … Wenn auch die Gespenster ausser uns vorhanden sind, so hat man doch nie gehört, daß sie einem Menschen viel Leides zufügen.

Es bleibt offen, ob Georg Friedrich Meier selbst Erfahrungen mit solchen Erscheinungen gemacht hatte, jedenfalls wusste er offensichtlich ziemlich genau, was Gespenster so tun, wenn sie einem Lebenden entgegentreten: Bei ihrem Erscheinen umgibt sie zumeist

»eine große Stille«, sie »schleichen um einen herum, schneiden Gesichter, gaffen einen an«, sind aber von »so schwachen Gliedmaßen«, dass sie niemandem körperlich etwas antun können. Aber ob der Philosoph damit den Menschen wirklich die Angst nehmen konnte? Es ist ein wenig wie mit ängstlichen Kindern in der Dunkelheit: Die Eltern können noch so eindrücklich »vernünftig« erklären, dass kein schwarzer Mann durchs Haus schleicht – diese Beruhigung funktioniert nur so lange, bis das nächste unheimliche Knarzen aus dem Treppenhaus die Angst umgehend wiederkommen lässt. Und Philosoph Meier mag ja ein furchtloser Mann gewesen sein, aber die allermeisten Menschen im 18. Jahrhundert wurden fraglos in Angst und Schrecken versetzt, wenn ein Gespenst sie »angaffte« und um sie »herumschlich«. Das muss auch der Gelehrte gewusst haben, denn am Ende seiner *Gedancken über Gespenster* bleibt ihm eigentlich nur noch ein theologisches Totschlagargument, um jegliche Furcht vor solchen Erscheinungen endgültig als unbegründet zu bezeichnen:[37]

> Ein Gespenst sey endlich was es wolle, so hanget es von der Vorsehung Gottes ab, und was die über uns verhenget, ist jederzeit mehr gut als böse.

Damit ist jegliche Argumentation beendet: Alles kommt eben von Gott, auch was die Menschen so »Gespenster« zu nennen pflegen, selbst wenn es sie gar nicht gibt. Gott allein steht hinter allen »Erscheinungen«, die den Menschen ungewöhnlich, unnormal, gespenstisch erscheinen. Auch beim Thema Gespenster wird die Kirche wieder zur Gegenspielerin des vermeintlichen »Aberglaubens«, was gerade in diesem Fall durchaus pikant ist. Denn die christliche Kirche hat über Jahrhunderte gerade deshalb ihre liebe Not mit den Gespenstern, weil sie diese zu einem gewissen Teil doch selber gerufen hatte: Geister und Erscheinungen gehören zur christlichen Erzählung – besonders spektakulär laut Neuem Testament bei den Christuserscheinungen vor und nach der Himmelfahrt. Damals, so steht dort geschrieben, haben verschiedene Menschen Jesus – oder ein Gespenst? – wiedergesehen. Etwa die verzweifelte Maria Magdalena vor dem leeren Grab des zuvor hingerichteten und beigesetzten Messias. Im Johannes-Evangelium heißt es:[38]

> Jesus sagte zu ihr: Halte mich nicht fest; denn ich bin noch nicht zum Vater hinaufgegangen. Geh aber zu meinen Brüdern und sag ihnen: Ich gehe hinauf zu meinem Vater und zu eurem Vater, zu meinem Gott und zu eurem Gott. Maria von Magdala ging zu den Jüngern und verkündete ihnen: Ich habe den Herrn gesehen. Und sie richtete aus, was er ihr gesagt hatte.

Die Evangelien des Neuen Testaments berichten nichts darüber, ob die erstaunte Maria Magdalena bezichtigt worden war, einem Gespenst aufgesessen zu sein, aber Kritiker mag es gegeben haben. Auch die Jünger selbst mussten anschließend ihre Zweifel überwinden, als sich ihnen ihr Heiland nach seinem Tod noch mehrfach zeigte. Der Auferstandene zeigte ihnen als Beweis sogar seine Wundmale, die ihn zweifellos als Jesus von Nazareth identifizieren sollten. Den sprichwörtlich gewordenen ungläubigen Thomas forderte er sogar auf, seine Wunden zu berühren. Auch nach seiner Himmelfahrt zeigte sich Jesus noch den Menschen – die Wandlung des Saulus zum Paulus bewirkte »ein Licht vom Himmel« und eine »Stimme«, die zu ihm sprach.[39] Jesus erschien den Menschen in unterschiedlicher Gestalt, an unterschiedlichen Orten, er gab ihnen allgemeine Botschaften oder sogar konkrete Handlungsanweisungen. Sind das nicht alles auch Merkmale eines Gespenstes? Für die Kirche eine höchst lästerliche Vorstellung, die für einen wahren Christenmenschen völlig undenkbar ist. Ein Kritiker des Gespensterglaubens erklärte Ende des 18. Jahrhunderts:[40]

> Christus der Herr ist zehnmal nach seinem Tode erschienen; wer wird aber den Erlöser, der von sich selbst sagt: Ich bin kein Gespenst, in die Reihe der Gespenster setzen?

Gott kann also kein Gespenst sein – das klingt in der Theorie zunächst einmal sehr klar. Aber es lässt sich vermuten, dass die Menschen im Mittelalter wie noch in der Neuzeit mit dieser Eindeutigkeit zuweilen ihre Probleme hatten. Wenn Gott tatsächlich die Fähigkeit besitzt, sich den Menschen zu zeigen, warum kann dies von Fall zu Fall nicht auch einmal geschehen – auch wenn er wie ein Gespenst aussah? Die Kirche als Institution musste die Erwartungen hier dämpfen: Gott erscheint aus theologischer Perspektive nicht einfach Hinz und Kunz, spricht keineswegs hier und da ein paar tröstende oder auch mahnende Worte, lässt dort ein Wunder geschehen oder verteilt mal eben Anweisungen zur Rettung des Christentums. Die Kirche allein stellt klar, wo und wann es wirklich Gott ist, der da erscheint. Erst mit ihrem Segen wird eine Gotteserscheinung zu einem offiziellen Wunder, das als solches von allen Christen ehrfürchtig bestaunt werden kann.

Gleichwohl räumte die Kirche die Existenz von Gespenstern durchaus ein. Sie musste allerdings erklären, wer oder was denn nun dahintersteckte, wenn nicht Christus der Herr in Person. Die Antwort: In der Regel handelte es sich um göttliche Zeichen, so wie ja auch Kometen oder Erdbeben dies sein können. Diese galten schließlich als Ausdruck des göttlichen Zorns und wurden als Aufruf zur Umkehr gedeutet – das konnte auch für das Auftreten von Gespenstern gelten.[41] Ansonsten dürfte es sich bei den Geistern um die Seelen von Verstorbenen handeln. Sie, so die Kleriker, wandten sich mit ihrem Erscheinen aus dem Fegefeuer heraus an die Lebenden, um von ihnen Gebete, Messen, die Zahlung eines Ablasses oder eine großzügige Gabe für die heilige Kirche zu erbitten.

Doch mit dieser Erklärung für die Existenz der Geister war es mit der Reformation zunächst in den protestantischen Ländern vorbei: Weil die Reformatoren das Fegefeuer samt Ablasspraxis verwarfen, konnten also die Gespenster und Geister nicht mehr aus dem Fegefeuer stammen. In der Konsequenz bedeutete das eine neuartige Dämonisierung der Gespenster aus theologischer Sicht: Hinter den Geistererscheinungen steckten nämlich fortan nicht mehr bemitleidenswerte arme Seelen, sondern der Satan selbst. Die allermeisten Gespenster, so hieß es nun, seien also Teufelsgespenster.[42]

In gewisser Weise wurden die Gespenster damit Opfer der deutschen Glaubensspaltung in Katholiken und Protestanten – im Grunde konnte ein furchtsamer Zeitgenosse nach der Reformation nur hoffen, einem »katholischen« Gespenst zu begegnen: Das wollte im Zweifelsfall ein Gebet oder ein Almosen für die römische Kirche und verschwand nach erfüllter Bitte wieder, ohne großen Schaden anzurichten. Die Protestanten mussten hingegen mit Schlimmerem rechnen – so stand es auch im 1743 erschienenen Band von Zedlers *Universal-Lexicon*, dem großen enzyklopädischen europäischen Werk des 18. Jahrhunderts:[43]

> Da es also Gespenster giebt, so steckt dahinter niemand als der Teufel.

Nun zeichnete sich allerdings der deutsche Protestantismus schon damals durch seine Vielstimmigkeit aus. Und so stellten einige seiner Gelehrten zu Beginn des 18. Jahrhunderts die Macht des Teufels auf Erden infrage. Sie glaubten nicht mehr an die Fähigkeit des Teufels, als Geist auf menschliche Körper und auf Materie einwirken zu können.[44] Das hätte dann das Aus für die teuflischen Gespenster bedeutet. Doch die konnten schließlich weiterexistieren, weil sich die Herren damals dann doch nicht einig wurden, was die Kraft und die irdische Reichweite des Teufels anging …[45]

Ohnehin waren für die meisten Menschen auch im 18. Jahrhundert solche feinsinnigen theologischen Debatten nicht entscheidend, wenn es um ein Gespenst am Waldrand oder die »weiße Frau« im Kaminzimmer ging. Für sie blieb es eine Grundtatsache ihres Lebens, dass es Gespenster mit ziemlicher Sicherheit tatsächlich gab und dass sie eines Tages auch einmal eines zu Gesicht bekommen würden – wenn dies nicht sogar schon einmal geschehen war. Und ob nun jedes Mal tatsächlich der Teufel dahintersteckte oder nur die verstorbene böse Stiefmutter (die unter Umständen auch deckungsgleich mit dem Satan sein konnte) oder vielleicht ein übelwollender Nachbar, das entschied sich im Zweifel von Fall zu Fall.

An diesem weit verbreiteten Glauben konnte übrigens auch die zunehmende Kritik der Aufklärung substanziell kaum etwas ändern. Es fehlte nicht an Versuchen, Gespenstererscheinungen in das Reich der Legenden, Lügen und Einbildung zu verweisen. Durch »natürliche Ereignisse lassen sich hundert unglaubliche Gespenster- und Erscheinungsgeschichten erklären«, stellte etwa der Schriftsteller Georg Adam Keyser 1785 klar.[46] Es sei ganz einfach: Was dann aussieht wie ein Gespenst, ist in Wirklichkeit halt etwas anderes, urteilte das katholische Herder-Lexikon 1855. Die allermeisten Fälle könnten eben »durch die Annahme eines Licht- oder Auferstehungsleibes der Abgeschiedenen« erklärt werden.[47] Wer dennoch Sorge vor Gespenstererscheinungen hat, dem empfiehlt ein Autor 1841 prophylaktisch einen ordentlichen Lebensstil:[48]

> Man halte sich geistig und körperlich gesund und rein, erziehe die Kinder nicht mit Gespenstergeschichten, sey gut und brav und thätig, so wird sich keine Spur zeigen von dem Teufel und seiner graulichen Sippschaft.

Wenn es doch nur so leicht gewesen wäre. Tatsächlich blieben die Gespenster, sie existierten für die Menschen im Mittelalter ebenso wie in der Frühen Neuzeit, und auch in der Moderne sollten sie nicht aussterben.[49] Und statt auf Tipps zu geistiger und körperlicher Gesundheit zu vertrauen, setzte man lieber auf erprobte Abwehrmittel, wenn sie eine Gespensterbegegnung unbedingt vermeiden wollten. Das naheliegende Mittel war auch hier das Gebet. Vor dem Einschlafen, so eine Vorlage aus der Mitte des 18. Jahrhunderts, lässt sich Gott bestens um eine ruhige Nacht bitten:[50]

> Behüte mich vor schrecklichen Träumen, vor Gespenstern und Nacht-Geistern, vor dem Einbruch der Feinde, vor Feuer und Wasser.

Wer schon bei Tage vorgesorgt hatte, dem half womöglich auch ein am Haus angebrachtes Kreuz. Gegen akut drohende Heimsuchung von Geistern war man ebenso durch ein rasch geschlagenes Kreuzzeichen oder ein »Vaterunser« gefeit. Zudem galt gezielter Lärm, gerade das Abfeuern von Schüssen, als probates Mittel der Abwehr. Auch magische Beschwörungen, von Kundigen ersonnen und dann persönlich nachgesprochen, sollten gegen Geister helfen. In einer entsprechenden Vorlage heißt es im 19. Jahrhundert:[51]

> Allen bösen Geister, Menschengeister Luft, Wasser, Feuer Samen, Erd und alle Geister, ich N.[ame] verbiethe euch mein und meiner Kinder Bettstädte, ich verbiethe euch im Namen Gottes mein Haus Ställe Scheuer, mein, meiner Frau und meinen Kindern Blut und Fleisch, unser Leiber und Seelen.

In besonderen Fällen halfen auch Geisterjäger, denen es zuweilen offenbar gelang, so ein Wesen einzufangen, in einen Behälter zu sperren und dann wegzuschaffen. 1805 erinnert sich ein Autor:[52]

> Ich erinnere mich noch recht gut, wie in meinen Jugendjahren der Geist eines auf öffentlicher Heerstraße verunglückten Menschen spukte, und von einem angeblichen Teufelsbanner in einen Sack gefangen, und nach einem entlegenen Walde getragen wurde.

Vor allem einer besonderen Gruppe von Erscheinungen galt es unbedingt aus dem Weg zu gehen – den »Untoten«. Diese, so die weit verbreitete Vorstellung, lebten nach ihrem Tod in den Gräbern fort und tauchten unvermittelt beispielsweise bei den noch lebenden Angehörigen auf, vorzugsweise auch noch nachts. In einer archäologischen Zeitschrift heißt es zutreffend:[53]

> Einer der schlimmsten Albträume, der die Menschheit schon von Anbeginn verfolgt, ist der von den wiederkehrenden Toten. Wohl immer und überall haben Menschen an Untote

geglaubt: Von der Steinzeit bis heute, von den chinesischen Jiang Shi bis zu den »draugar« Skandinaviens wimmelt unsere Geschichte von Vampiren, Wiedergängern und Nachzehrern.

Gerade in gesellschaftlichen Krisenzeiten, angesichts von Seuchen und Kriegen, waren offensichtlich viele »Untote« unterwegs. Vor allem bei Krankheiten hatten die Menschen Angst, diese Verstorbenen könnten wiederkommen und Angehörige, Freunde oder Nachbarn ins Verderben »nachziehen«. Und so kann es nicht verwundern, dass diese Vorstellung vor allem während der Zeit der Pest, die die Menschen bei der ersten großen Krankheitswelle im 14. Jahrhundert in ganz Europa in schier grenzenlosen Schrecken versetzte, eine besondere Konjunktur erlebte. Die Toten schienen in unterschiedlicher Form aufzutreten: entweder nur schemenhaft oder auch unsichtbar, in anderen Fällen aber auch in Gestalt von Menschen, oft in ihrem ursprünglichen Aussehen vor ihrem Tod. Aber auch als Tiere oder Fabelwesen konnten sie in das Reich der Lebenden zurückkehren.

Mit großer Furcht verbunden war stets eine Begegnung mit den sogenannten »Wiedergängern«, denn das waren Tote, die wie echte Lebewesen aus Fleisch und Blut auftraten, die sprechen und umhergehen konnten, Gefühle hatten und mit ihrem Auftreten persönliche Ziele verfolgten. Zumeist tauchten sie auf, weil sie offensichtlich mit bestimmten Lebenden noch eine Rechnung zu begleichen hatten – Rache für vermeintlich begangenes Unrecht schien da ein zentrales Motiv zu sein. Aber auch ein Verbrechen konnte ein Grund für das Wiedergehen sein, vor allem Mörder, Betrüger und Wucherer liefen Gefahr, nicht in Frieden ruhen zu können, wenn sie zu Lebzeiten nicht ihre schweren Sünden gebüßt hatten. Auch Selbstmörder schienen unter den Wiedergängern besonders zahlreich vertreten zu sein – angeblich gab es sogar »rachsüchtige Menschen oder verlassene Mädchen, die sich selbst töten, um sich als Wiedergänger zu rächen«.[54] Ein wahrlich perfider Plan!

Das wollte niemand sehen: Ein Untoter erhebt sich aus seinem Grab – hier auf einer Darstellung aus dem 16. Jahrhundert.

Das Auftreten von Wiedergängern war meistens ein Ereignis, das nur einen kleineren Familienkreis betraf, zuweilen aber auch ein öffentliches und politisches Spektakel. So etwa im Jahr 1285, als die Deutschen mit der vermeintlichen Wiederkehr des Stauferkaisers Friedrich II. (1194–1250) konfrontiert wurden: In der hessischen Stadt Wetzlar wurde ein Mann ergriffen, der behauptete, der verstorbene Kaiser zu sein, obwohl dessen Tod schon 35 Jahre zurücklag. War dieser Mann schlicht ein Betrüger oder ein gefürchteter Wiedergänger, ein Untoter? In Wetzlar jedenfalls machte die Obrigkeit kurzen Prozess mit dem Mann und ließ ihn vor den Toren der Stadt verbrennen. Aber er prophezeite noch, dass er wieder auftauchen werde – und tatsächlich erschien bald darauf in Frankfurt am Main wieder ein »Friedrich II.«, der ebenfalls verfolgt und diesmal in Gent gehängt wurde. Doch schon im folgenden Jahr trat in Lübeck der angebliche Kaiser erneut an die Öffentlichkeit (dieser wurde kurzerhand in einen Sack gesteckt und im Fluss versenkt), zehn Jahre später dann in Süddeutschland (er endete in Esslingen wiederum auf dem Scheiterhaufen).[55] Nach diesen Hinrichtungen war tatsächlich erst einmal weitgehend Schluss mit den wiederkehrenden »Friedrichen« …

Gegen Wiedergänger waren die Lebenden also nicht machtlos, wenngleich es regelrechte Kämpfe gab, bis diese endlich Ruhe gaben und für immer im Reich der Toten verschwanden. Und die Instrumente zu ihrer Abwehr waren bekannt. Weil sich die »Untoten« in der Vorstellung der Menschen von Geistern hinsichtlich des nicht ganz unbedeutenden Umstands unterscheiden, dass sie mit ihrem Körper, also mit ihrem beigesetzten Leichnam, wiederkehren – während Geister entweder nur als Schattenwesen auftauchten oder unsichtbar, lediglich mit ihrer Stimme wahrnehmbar waren –, ließen sie sich durch geschickte Manipulationen an ihrem toten Körper gezielt bannen. Noch Jahrhunderte später stießen Archäologen auf entsprechende Funde, wenn sie alte Gräber untersuchten. Selbst an besonders religiösen Orten machten sie dabei zuweilen überraschende Funde. So ging es etwa den

Wissenschaftlern im niedersächsischen Harsefeld nahe des Städtchens Stade, wo sich im Mittelalter ein bedeutendes Benediktinerkloster befand. Als dort in den 1960er-Jahren die Klosterkirche renoviert und dabei auch die Bodenfliesen entfernt wurden, stießen sie im Altarraum, dem fraglos heiligsten Ort einer Kirche, unvermutet auf Gräber:[56]

> Hier durfte nur ruhen, wer zu Lebzeiten besonders wichtig für die Gemeinschaft gewesen war: die Äbte. Alle lagen so in ihren Gräbern, wie es sich für gute Benediktineräbte gehörte – den Kopf im Westen, die Füße im Osten und ohne jede Beigabe. Alle bis auf einen. Zwischen den Unterschenkeln eines Abtes lag ein großes eisernes Vorhängeschloss. Man hatte seine Beine gefesselt, um sicherzugehen, dass er nicht wieder aus dem Grab aufstehen würde.

Tatsächlich müssen vor Jahrhunderten einige Menschen – womöglich die Benediktinermönche selbst – die allergrößte Sorge darum gehabt haben, dass dieser Abt ein Wiedergänger ist. Dem Toten wurden also die Füße gefesselt, damit er nicht wieder aufsteht und umhergeht. Und dies war kein Einzelfall. Im Kloster Harsefeld fanden sich nach sorgfältiger Prüfung auch an anderen Stellen Spuren ähnlicher »Sicherheitsmaßnahmen«: In einem Grab im Kreuzgang lag ein mächtiger Findling auf dem Schädel des Skeletts – dieser sollte ebenfalls einen Untoten an diesem Ort festhalten. In einem weiteren Grab fehlten dem Toten offensichtlich Kopf und Füße – ohne Füße kann ein »Untoter« nicht umhergehen und ohne Kopf vermutlich nicht sprechen. Insgesamt zeigte sich, dass beim Umgang mit den Toten in diesem Kloster zuweilen nicht alles mit rechten Dingen zugegangen war: Einige Gräber und Skelette waren gründlich verwüstet, weil vermutlich einst jemand nach den Herzen der Toten gesucht hat, um sie endgültig zu vernichten. Ein anderer Toter trug ein kleines Bronzeglöckchen um das Handgelenk. »Sollte es«, so fragten sich die

Archäologen, »vielleicht als akustische Warnung dienen, falls der Tote doch nicht ganz so tot war und sich in seinem Grab rührte?«[57]

Allen »Sicherheitsvorkehrungen« zum Trotz: Der Albtraum von der Wiederkehr der Toten blieb bis in die Neuzeit bestehen, und augenscheinlich halfen auch die genannten Abwehrmaßnahmen nicht wirklich weiter. In Konjunkturen lebte auch die Angst vor Vampiren fort, die angeblich nachts als lebende Leichname über ihre Opfer herfallen, um ihnen Blut auszusaugen. Im 17. und 18. Jahrhundert tauchten erste Berichte über angeblichen Vampirismus auf, sie stammten aus Schlesien und Böhmen, aus Polen und Ungarn. Der Vampir erschien vor allem als Wiedergänger osteuropäischer Adelsherrschaft, wobei in den fast schon literarischen Darstellungen immer auch seine geradezu morbide und unersättliche Libido für zusätzlichen Schrecken sorgte.[58] Auch im 19. Jahrhundert, noch bevor im Jahr 1897 der irische Schriftsteller Abraham »Bram« Stoker die Romanfigur des Grafen Dracula schuf, sind beispielsweise für das Königreich Preußen Fälle dokumentiert, in denen besorgte Menschen zu durchaus drastischen Abwehrmaßnahmen gegen vermeintliche Blutsauger griffen. Im Jahr 1872 beschäftigten sich preußische Gerichte mit so einem Fall: Gleich mehrere Angeklagte hatten »in dem Glauben«, dass ein Verstorbener »ein Vampyr sei und sie beunruhige, auf dem Kirchhofe dessen Grab aufgegraben, den Sarg geöffnet und der Leiche den Kopf abgeschlagen«.[59]

Wer von einem Vampir gebissen wurde, so die Annahme, musste aber nicht zwangsläufig für immer und ewig verloren sein. Auch das zeigt ein Blick in die Gerichtsakten, denn in ihnen sind ebenfalls noch für das 19. Jahrhundert Fälle von Leichenschändungen dokumentiert. Schließlich waren viele Menschen in ihren magischen Vorstellungen der Annahme, dass ein Vampirbiss mit dem Blut oder Fleisch von Verstorbenen »geheilt« werden könne. 1877 wurde im westpreußischen Schlochau die Leiche eines kurz vorher verstorbenen Kindes »im Grabe verstümmelt«: Ein Stückchen

Fleisch des toten Körpers wurde anschließend einem anderen Kind verabreicht, das angeblich unter den Folgen eines Vampirbisses litt.[60] Auch wenn heute innerhalb der sogenannten Gothic- und der Dark-Wave-Subkultur eine nur schwer zu quantifizierende Gruppe noch immer an den Vampirismus glaubt, so leben Vampire doch vorwiegend in der Literatur und der Kunst weiter. Geblieben ist aber der Schauer, der die Lebenden erfasst, wenn sie an die Untoten denken. Auch dieser Schrecken ist weiterhin nicht gebannt.[61]

So vielfältig die Erscheinungen aus dem Reich zwischen Lebenden und Toten über Jahrhunderte hinweg waren – ob sie als »Geister« oder »Gespenster«, als »Wiedergänger« oder »Vampire« wahrgenommen wurden, ob hinter ihnen tatsächlich ein freundliches Wesen oder aber Gott oder der Teufel steckte –, so sehr wurden und werden damit stets die großen Fragen von Leben und Tod berührt: Was geschieht wirklich nach dem Tod? Bleiben Seele und Körper eines Menschen bei der versprochenen Auferstehung der Toten untrennbar vereint? Oder kann sich dann die Seele vom Körper trennen und so als Geist oder Gespenst erscheinen? Können die Toten umhergehen und den Lebenden Böses antun? Solange diese Fragen den Menschen beschäftigen, wird er sein Leben wohl nie ganz ohne das Erscheinen »seines unheimlichen Gegenspielers, des Untoten«, leben.[62]

Vergessen werden dürfen in diesem Zusammenhang aber auch nicht die Wesen, bei denen es sich nicht um Verstorbene handelt, die aber als Geistwesen treue – und stets willkommene – Begleiter der Menschen sind: die Engel. Sie sind die freundlichsten aller Erscheinungen, sie führen in den ganz überwiegenden Fällen keineswegs Böses im Schilde, sind gut zu den Menschen und halten schützend ihre Hand über sie. Engel werden traditionell verstanden als Mittler zwischen Gott und den Menschen und spielen in der christlichen Religion traditionell eine große Rolle. Während Engel heute in den protestantischen Kirchen weithin als mythische Vorstellungen verstanden werden, haben sie im katholischen

Glauben weiterhin ihren festen Platz. In vielen Beschreibungen erscheinen sie als ein gar nicht menschliches, sondern ganz eigenes Wesen. In einer katholischen Schrift aus dem Jahr 1850 heißt es dazu:[63]

> Der Engel ist … ein purer, reiner Geist, ohne alle Vermengungen des Leibes, ohne Zusammenfügung einiger Glieder; gänzlich befreit von aller Bürde des Leibes, er ist unsterblich, … er ist keinem Durst, keinem Hunger, keiner Müdigkeit und Krankheit unterworfen; er wird nicht beschwert von der Kälte noch von der Hitze oder andern Unannehmlichkeiten; er ist frei von all den Widerwärtigkeiten, denen wir armselige Menschen allhier unterworfen sind.

Gleichwohl sind Engel nicht vor allen Anfeindungen gefeit – immerhin gibt es auch gefallene Engel, allen voran Luzifer, der sich nach kirchlicher Überlieferung der göttlichen Ordnung widersetzte und nun, in Ungnade gefallen, als Teufel sein Unwesen treibt. Aber zum Glück blieben die allermeisten Engel offensichtlich der göttlichen Sache treu und sind den Menschen gute und treue Begleiter. Besondere Wertschätzung genießen dabei traditionell die Schutzengel – und nicht nur ein Theologe am Ende des 18. Jahrhunderts feiert es als einen »der größten Vorzüge, dessen der Mensch gewürdigt wird, daß er unter dem Dienste und der Beschützung der Engel Gottes in der Welt wandelt«.[64] Diese Engel sind bis heute fraglos die beliebtesten und am meisten verbreiteten Geistwesen, an die hierzulande geglaubt wird. Im Jahr 2005 ergab eine Umfrage des Meinungsforschungsinstituts Forsa, dass 66 Prozent der Deutschen überzeugt davon sind, dass es Schutzengel gibt.[65]

Aber längst – das ließe sich für diese himmlischen Wesen durchaus als Erfolg werten – haben die Engel den eigentlichen Raum der christlichen Kirche verlassen, sie sind sozusagen säkularisiert. Denn auch wer nicht mehr an Gott glaubt, kann sich der Existenz seiner Engel weiter sicher sein. Gerade in esoterischen Kreisen sind diese Geistwesen heute unverzichtbar. Sie erscheinen als Helfer in allen Lebenslagen, sie können seelische und körperliche Wunden heilen und führen Menschen aus jeder Krise. Außerdem warten die Engel nur darauf, dass die Menschen mit ihnen in Kontakt treten – sie wollen dazu eingeladen werden, ihren Schutz und ihre Energie all jenen zur Verfügung zu stellen, die sich danach sehnen.[66] Kaum eine esoterische Gruppe kommt ohne diese Engel aus. Ob innerhalb der christlichen Kirche oder in esoterischen Milieus: Hierzulande wird also auch heute noch mit Engeln gesprochen und an sie geglaubt. Es gibt sie also für viele Menschen. Damit gehören sie zu jenen Erscheinungen, die seit Jahrhunderten die Menschen in ihrer Wahrnehmung der Welt begleiten – als Geister oder Gespenster, als Wiedergänger, als teuflische Dämonen oder eben als himmlische Sendboten.

Die Astrologen behaupten, daß zwischen den Gestirnkonstellationen im Augenblick einer Geburt und dem Wesen und Schicksal des Geborenen eine Relation besteht. Trifft dies zu, so kann man natürlich einem Geborenen »das Horoskop stellen«, also auf Grund durch Erfahrung gewonnene Lehrsätze Wesen und Schicksal bestimmen.

Der deutsche Astrologe Johannes Lang 1928[1]

Es steht doch in den Sternen

Das Horoskop des Reichsbankpräsidenten und der Börsenkrach

Es gibt Momente im Leben, da wäre es nur allzu schön, ein wenig in die Zukunft schauen zu können. Dieses Bedürfnis kennen auch all jene, die schon einmal ihr Glück an der Börse versucht haben. Ob die Kurse steigen oder fallen, ob sagenhafte Gewinne anstehen oder womöglich ein Bankrott droht: Das wüsste gern so mancher vorher. Am 13. Mai 1927 wäre das für viele Anleger fraglos eine hilfreiche Sache gewesen, denn an diesem Freitag stürzten an der Berliner Börse unerwartet die Aktien ab. Die Kurse gaben um elf Prozent nach, rasch war von einer regelrechten »Börsenpanik« die Rede. Für die noch junge Weimarer Republik, deren Wirtschaft sich nach dem verlorenen Weltkrieg und der Hyperinflation des Jahres 1923 erst mühsam wieder erholte, war ein solches Ereignis auch ein politisches Desaster. Die Reichsregierung musste sich ebenso Kritik gefallen lassen wie der schillernde Präsident der Reichsbank, Hjalmar Schacht, ein Mann mit demonstrativem und schier grenzenlosem Selbstbewusstsein in Sachen Geldpolitik. Und er war ganz offensichtlich durch sein Einschreiten mit verantwortlich für das Börsengeschehen am 13. Mai 1927 – und damit für die fallenden Aktienkurse. Aber das, so glaubten manche Zeitgenossen, hätte sich mit einem Blick in die Sterne ja leicht voraussagen lassen …

Denn im Grunde ist das mit dem Blick in die Zukunft vergleichsweise einfach – wenn man sich denn auskennt mit den Sternen: Über das Leben eines jeden Menschen entscheidet, so die dahinterliegende Annahme, bis zu einem gewissen Grad die Stellung der Planeten und das Sternbild im Moment seiner Geburt. Deshalb ist in der Astrologie auch der genaue Geburtstermin so außerordentlich wichtig. Bei Hjalmar Schacht, dem mächtigen Chef der Reichsbank, ließ sich demnach ein Großteil seines Wesens und eben auch seines politischen Handelns auf just diese Konstellation am Tag seiner Geburt zurückführen. Am 22. Januar 1877 wurde er in dem kleinen Örtchen Tingleff – oder »Tinglev«, wie das einst dänische Fleckchen bis zur preußischen Annexion der Region 1864 noch hieß – als zweiter Sohn des Ehepaars Constanze und William Schacht geboren. Es ist »10 Uhr 55 Min.«, wie der Astrologe Johannes Lang später aufgrund eigener Berechnungen feststellte, und aus dieser Datierung glaubte er das Horoskop dieses Menschen recht genau erstellen zu können. In einem Aufsatz über »Astrologie und Börse« schrieb Lang 1928:[2]

> Im Horoskop Dr. Schacht's steht auf 5° 15' Schütze der Planet Mars im sogenannten 3. Felde des Horoskops. Auf 6° 18' Fische im 5. Felde steht Saturn. Dem 5. Felde des Horoskopes ordnet man in der Astrologie u. a. Unternehmungen, Spekulationen zu, dem 3. Felde Ideen, Gedanken, Pläne. Mars und Saturn sind in diesem Horoskop ca. 90 ° von einander entfernt, stehen also – wie die Astrologen zu sagen pflegen – im Quadrat. Mars und Saturn sind seit altersher als »Malefiz-Planeten« bekannt. Das Quadrat ist ein sehr ungünstiger Aspekt und es sind dadurch zeitlebens starke Tendenzen zu einer ungünstigen Auswirkung der Dinge gegeben, die oben als dem 3. und 5. Felde zugeordnet angegeben sind.

Für Laien mag das verwirrend klingen, doch für den Astrologen Johannes Lang ließ sich daraus recht deutlich ersehen, was das weitere Leben Hjalmar Schachts bestimmen wird:[3]

> Es ist aus dem Horoskope Dr. Schacht's einwandfrei zu ersehen, daß er von einmal gefaßten Ideen nur schwer abzubringen ist und sie, allen Widerständen zum Trotz, durchzusetzen bemüht ist, wenn auch oft erst nach längerer Zeit. (Stand der Sonne im Wassermann.)

Für Eltern hätten ein solches Horoskop und eine solche Deutung nach viel Arbeit geklungen. Ein Kind, das von einmal gefassten Ideen nicht abzubringen ist und sie unbedingt durchsetzen will – das riecht nach reichlich Konflikt und Krawall. Wie die Kindheit des kleinen Hjalmar tatsächlich verlaufen ist, lässt sich nicht mehr sicher rekonstruieren, aber erfolgreich war der Bursche zumindest in beruflicher Hinsicht schon. Als Sohn eines erfolgreichen und international erfahrenen Kaufmanns und einer adeligen dänischen Mutter wurde er mit hierzulande ausgefallenen Vornamen ausgestattet: Horace Greeley Hjalmar. Die ersten beiden Vornamen erhielt er wohl nach dem US-amerikanischen Zeitungsverleger Horace Greeley (die Eltern waren gerade erst nach einem längeren Amerikaaufenthalt heimgekehrt), Hjalmar hingegen ist ein skandinavischer Männervorname. War es die im zitierten Horoskop genannte Durchsetzungsfähigkeit oder schlicht Begabung und Interesse – jedenfalls machte Schacht nach dem Studium der Volkswirtschaft und der Finanzwissenschaften rasch Karriere im Bankensektor. Auch die Politik wurde bald auf den Mann aufmerksam, und Ende 1923 wurde der 46-jährige Schacht schließlich zum Reichsbankpräsidenten ernannt, ein herausfordernder und einflussreicher Posten in ökonomisch turbulenten Zeiten. Nach der katastrophalen Inflationszeit stabilisierte er die deutsche Währung, wobei er mit seiner Geldpolitik in Öffentlichkeit und Politik gleichermaßen Lob wie Kritik erntete.

Hjalmar Schacht war im persönlichen Umgang ein anstrengender Zeitgenosse: Ganz offensichtlich mangelte es ihm an der Fähigkeit zur Selbstkritik, er hielt sich selbst für einen im Grunde unfehlbaren und von seinen Kritikern unverstandenen Experten, Kritik an seiner Amtsführung nahm er persönlich und reagierte entsprechend dünnhäutig. Sein Auftreten sorgte zuweilen auch für Verstimmung mit der Reichsregierung, wo seine Kritik an der Finanzpolitik oft genug als anmaßend und »unerträglich« bezeichnet wurde.[4] Allerdings ging es Deutschland nach einigen Jahren der ökonomischen Krise bald besser, was Schacht auch seiner eigenen Arbeit zuschrieb. Als mit dem Sommer 1926 allerdings die Spekulationsgeschäfte an der Börse immer weiter zunahmen und die Banken ihren Kunden immer mehr Geld für den Kauf von Wertpapieren liehen, griff der Reichsbankpräsident ein: Er forderte von den Banken, ihren Kunden weniger Geld für Aktienkäufe zu leihen und stattdessen größere Reserven an flüssigen Mitteln vorzuhalten. Das taten die Banken umgehend, und Schacht konnte sich darüber freuen, dass damit die spekulativen Käufe von Aktien zurückgingen. Allerdings fielen zugleich die Aktienkurse dramatisch – und Deutschland erlebte am 13. Mai 1927 erstmals einen »Schwarzen Freitag« an der Börse.[5] Nach Schachts Horoskop, so der Astrologe Johannes Lang, hätte man dies kommen sehen müssen:[6]

> Saturn stand … am 14. Mai 1927, einen Tag nach dem »Schwarzen Freitag« … auf 5 ° 16' Schütze, also in exakter Konjunktion zum Mars radix. Die ungünstige Wirkung dieser Konstellation ist ja in weiten Kreisen zur Genüge bekannt. Dr. Schacht veranlaßte unter ihrer Wirkung die Einschränkung der sogenannten Reportgelder, eine Maßnahme, die die katastrophalen Kursrückgänge zur Folge hatte.

Der 1899 geborene Astrologe Johannes Lang, der sich hier so kenntnisreich gab, war zu diesem Zeitpunkt noch keine dreißig Jahre alt. Gleichwohl hatte der junge Mann mit der professionellen

Sterndeuterei bereits einen gewissen wirtschaftlichen Erfolg. Denn nach eigenen Angaben war er auch mit den Gesetzen der Finanzwelt bestens vertraut. Er konnte demnach die aktuelle Währungspolitik sicher einschätzen. Und so habe er mithilfe seiner astrologischen Fähigkeiten selbst enorme Spekulationsgewinne an der Börse gemacht. In der Werbung für sein 1928 erschienenes Buch *Astrologie und Börse* heißt es über Lang:[7]

> Es gelang ihm, in der Zeit vom 23. September 1927 bis 7. November 1927 bei einem Umsatz von 2,2 Millionen das von ihm angelegte Kapital mehr als zu verdreifachen. Ein Werk, das bei Befolgung der Ratschläge die Möglichkeit gibt, Tausende und Millionen zu verdienen.

Keine Frage: Mit seiner Anleitung für »vorteilhafte Börsen- und Wirtschaftsspekulationen«, wie es im Untertitel dieses Werkes heißt, traf Johannes Lang in einer Zeit der ökonomischen Krise einen Nerv. Doch sosehr er grundsätzlich darauf abzielte, dass jeder Geschäftsmann im Land »die guten Konjunkturen viel besser ausnutzen und die Folgen der schlechten Konjunkturen« möglichst abwenden könne, so sehr rückte er auch immer wieder die Figur des Reichsbankpräsidenten in den Mittelpunkt seiner Betrachtung: Hjalmar Schacht mache nun einmal mit seiner Geldpolitik in Deutschland »Krise und Konjunktur«. Sein Kurs sei schädlich für Deutschland, erklärte Lang in einem 1926 erschienenen Buch über das Horoskop des obersten Währungshüters der Republik, und er fühle sich selbst als »Opfer« dieser Währungspolitik.[8] Bei seinen Veröffentlichungen handelte es sich deshalb – und dies räumt der Astrologe mehr oder weniger offen ein – um eine persönliche Abrechnung mit dem ungeliebten Finanzfachmann an der Reichsbankspitze. Aber, so versprach Johannes Lang zugleich: Die Astrologie sei als exakte Wissenschaft völlig unabhängig davon, ob der Horoskopsteller nun das Objekt seiner astrologischen Begierde schätzt oder nicht.[9]

Trotzdem war offensichtlich in diesem Falle ein Horoskop ein Instrument der politischen Agitation.

Dass jemand in den Jahren der Weimarer Republik mit seinen Vorhersagen in Sachen Finanz- und Geldpolitik von einem breiteren Publikum überhaupt gehört wurde, resultierte aus der großen Wertschätzung der Astrologie. Dass die Sterne Einfluss auf das Leben haben, dass Horoskope Sinn ergeben und dass sich bei professioneller Begleitung einige Dinge tatsächlich – mal mehr, mal weniger konkret – voraussagen lassen, war als Grundannahme zu Beginn des 20. Jahrhunderts weit verbreitet. Astrologen wie Johannes Lang stellten sich bewusst in eine lange Tradition in der Kunst des Sternedeutens, die in nahezu allen menschlichen Kulturen existierte. In Europa war das Mittelalter die Epoche, in der das astrologische Denken der Menschen am stärksten ausgeprägt war. Dabei war es keineswegs nur das »einfache Volk«, das an den Einfluss von Himmelskörpern auf das Leben glaubte. Auch viele Gebildete taten dies, denn die Astrologie war von der Astronomie noch nicht getrennt. Sonne, Mond und Sterne gehörten zur unmittelbaren Umwelt der Menschen im Mittelalter, deren Einfluss auf Körper, Geist und Seele war auch in wissenschaftlicher Hinsicht noch Gemeingut.[10]

Wer die Gestirne lesen und deuten kann, so die herrschende Vorstellung, könne Erkenntnisse über das Leben eines jeden einzelnen Menschen, über seinen Charakter und sein Schicksal gewinnen – und ihm zugleich bis zu einem gewissen Grad prognostizieren, was das Leben für ihn bereithält. Und auch für ganze Völker schien die Astrologie eine lohnenswerte Sache zu sein: Richtig angewendet sollte sie für diese nicht nur Glück oder Unglück verheißende Tage voraussagen, sondern auch die Vorzeichen für drohende Kriege oder Unglücksfälle erkennen und die Menschen dementsprechend rechtzeitig warnen. Das machte die Astrologie zwangsläufig immer zu einer politischen Angelegenheit: Sowohl optimistische als auch pessimistische Vorhersagen wurden von Regierenden wie Öffentlichkeit gerade in Krisenzeiten sehr genau wahrgenommen und führten oft zu heftigen Reaktionen.

So bildeten astrologische Vorhersagen einer ungeahnten Naturkatastrophe im Jahr 1524 die Grundlage für eine weit verbreitete Furcht und Panik in Europa, wo die Stimmung angesichts von Reformation und anhaltender Weltuntergangserwartung ohnehin mehr als angespannt war. Als dann im Laufe des Jahres noch Unwetter niedergingen, war das für viele das Zeichen, dass sich nun finstere Prognosen erfüllen würden. Die kollektive Aufregung trug in dieser instabilen Lage erheblich zu den wachsenden sozialen Unruhen bei, die in diesem Jahr zum Ausbruch des sogenannten Bauernkriegs in Deutschland führten.[11] Dass dann die von Astrologen mehrfach für dieses Jahr vorhergesagte große Flut ausblieb, konnte die Situation auch nicht mehr entspannen …

Auch die Herrschenden wollten selbstverständlich stets wissen, ob die Sterne für sie günstig stehen. Noch in der frühen Neuzeit kam keine Hofgesellschaft ohne einen eigenen Astrologen aus. Kaiser Maximilian I. (1459–1519) ließ sich von einem persönlichen Sternendeuter ebenso beraten wie die englische Königin Elisabeth I. (1533–1603). Aber nicht nur mächtige Regenten setzten auf solche kundigen Berater, auch deutlich weniger einflussreiche Fürsten taten dies – sofern sie es sich denn leisten konnten. Im Alltag ging es für diese Astrologen nicht nur um Krieg und Frieden oder die Warnung vor möglichen Missernten im Land, sondern auch um die Einschätzung von geplanten Eheverbindungen innerhalb der fürstlichen Familie, um die Deutung von Geburten und damit die Erhaltung der Dynastie oder um ganz praktische Hinweise für die Leibärzte, um ihnen Diagnose und Behandlung von Krankheitsfällen am Hofe zu erleichtern.[12]

Dass sich auch angesehene Hofastrologen von Fall zu Fall spektakulär irrten, konnte ihrem Ansehen in aller Regel nicht nachhaltig schaden. Das galt etwa für den einflussreichen Johannes Carion (1499–1538), der als Mathematiker und Astrologe am Hofe des brandenburgischen Markgrafen und Kurfürsten Joachim I. (1484–1535) wirkte und auch zahlreiche astrologische Kalender verfasste. Kein Wunder also, dass der Kurfürst es ernst nahm, als Carion im Jahr 1521 ein Büchlein drucken ließ, mit dem er unter anderem vor einer gewaltigen Sintflut vier Jahre später warnte. Allein schon dessen Titel konnte Schrecken auslösen:[13]

> Prognosticatio und Erklerung der grossen Wesserung, Auch anderer erschrockenlichen würckungen, so sich begeben nach Christi unseres lieben herrn geburt Funfftzehenhundert und XXiiij. Jar. Durch mich … mit fleysiiger arbayt zusamen gebracht. Ganz erbermlich zu lesen in nutz und warnung aller Christglaubigen menschen.

Geglaubt hat die Warnung vor dem erbärmlichen zukünftigen Geschehen vor allem der Kurfürst selbst: Als Joachim I. am 15. Juli 1525 tatsächlich starken Regen niedergehen sah, wollte er Carions Warnung, dass an diesem Tage ein sintflutartiges Wetter die Städte Berlin und Cölln heimsuchen werde, beim besten Willen nicht ignorieren. Kurz entschlossen verließ er samt Familie und Gesinde seine Schlossresidenz, um sich auf dem nahen Kreuzberg in Sicherheit zu bringen. Dort wartete er – für ihn letztlich glücklicherweise vergebens – auf die Überflutung und kehrte schließlich erleichtert und unversehrt wieder heim.[14] Die Glaubwürdigkeit des Hofastrologen scheint unter dem letztlich überflüssigen Ausflug nicht gelitten zu haben – das Grundvertrauen in ihn und die Macht der Sterne war wohl größer.

Eine der Hauptbeschäftigungen der Sternenkundigen war die Erstellung von Horoskopen. Selbst der berühmte Astronom Johannes Kepler (1571–1630), der diese Technik während seines Mathematikstudiums an der Tübinger Universität erlernt hatte, erstellte wohl mehr als 1100 Horoskope für Kunden aus nah und fern.[15] Mithilfe der sogenannten zwölf Häuser des Tierkreises machte die Astrologie vielerlei Vorhersagen über alle möglichen Ereignisse in der Zukunft. Eine Kepler-Biografin schildert die Nachfrage nach solchen Prognosen zu Beginn der Neuzeit:[16]

> Wenn ein Kind geboren wurde, zahlten die Eltern gewöhnlich für ein Horoskop und gaben dem Astrologen eine Liste von Fragen, die diese Aspekte der Zukunft des Kindes betrafen. Bestimmte Krankheiten wurden für präzise Jahre vorhergesagt, genauso wie der Beruf des zukünftigen Ehemanns vorherbestimmt schien.

Die Eltern erhielten oft genug vage gehaltene Horoskope eines Astrologen, doch zuweilen legten sie sich wie Kepler auch fest. So etwa in seinem Horoskop für ein Mädchen namens Eleonora, das im Jahr 1571 geboren wurde:[17]

> Sie würdt fridlich rhuewig, und in Ehren und hohheitt leben, vil kinder und grosses guett bekhommen. Aber Ich mein Ihr Her werden kheins Natürlichen Tods sterben, sondern ein Kriegsman sein. Auch sollt sie nicht allerdings ein guett gesicht haben und Ihr ein schad an Augen widerfahren.

Das waren schon vergleichsweise konkrete Vorhersagen, obwohl sich Kepler selbst zunehmend gegen die populäre Praxis wandte, die Astrologie vor allem als Werkzeug für Vorhersagen zu nutzen. Schließlich sei es doch im Grunde töricht, sein Leben von solchen Prognosen abhängig zu machen.[18] Kepler wollte mehr Wissenschaftlichkeit in die Angelegenheit bringen, denn er wusste nur zu gut um die Komplexität der Sternenkunde. Er wetterte sogar zuweilen gegen einen regelrechten »astrologischen Aberglauben« und verwies darauf, dass Vertreter der Sternendeutung bei »dingen, die ihrer Aussag nach geschehen sollten«, himmlische Ursachen unterstellten, obwohl diese doch ganz irdischer Natur seien.[19] Das habe mit seriöser Wissenschaft nichts zu tun, rasche Diagnosen seien etwas für Quacksalber.[20] Aber sosehr sich der große Astronom über die schlecht qualifizierten und verantwortungslosen Sterndeuter seiner Zeit aufregte – die Nachfrage nach Horoskopen konnte er nicht eindämmen. Und die Astrologie blieb bis zum 17. Jahrhundert eine anerkannte wissenschaftliche Disziplin.

Johannes Kepler erstellte zwar selbst Horoskope, schimpfte aber zugleich über den »astrologischen Aberglauben«. Kritik übte er auch an Kaiser Rudolf II. (mit dem zusammen er auf diesem Holzstich aus dem Jahr 1600 dargestellt ist), der von dem Gelehrten wissen wollte, ob die Sterne günstig für ihn stehen.

Da Kepler selbst als einer der größten Gelehrten in Sachen Himmelskunde galt, suchten auch die Großen aus dem Militär seinen Rat. Zu seinen vermutlich durchaus zahlungskräftigen Kunden zählte etwa Gottfried Heinrich zu Pappenheim (1594–1632), einer der berüchtigtsten Generäle des Dreißigjährigen Krieges.[21] Und selbst Kaiser Rudolf II. (1552–1612), der als hochgebildeter Mann allen Fragen von Wissenschaftlichkeit offen gegenüberstand, erwartete von ihm in einem astrologischen Gutachten Rat. Doch versteifte sich der Regent offensichtlich so sehr auf die Vorzeichen des Himmels, dass Kepler wiederholt die allzu hohen Erwartungen dämpfen musste: »Ich habe Seiner Majestät oft alleruntertänigst berichtet«, so schrieb er dem Kaiser erkennbar ungeduldig, »dass der Himmel allein nichts vermöchte.«[22] Der Regent müsse schon noch seine Entscheidungen alleine treffen und letztlich selbstverantwortlich herrschen.

Johannes Kepler hatte in seinen astrologischen Gutachten einen erkennbar hohen Anspruch an die Kunst des Sterndeutens. Andere vor und nach ihm hatten da deutlich weniger Skrupel. Schon im Mittelalter war den Menschen klar, dass sich die Astrologen nach Ausbildung, Kenntnisstand und Honorarhöhe sehr wohl beträchtlich voneinander unterschieden und sich unter ihnen zugleich jede Menge Scharlatane und Schwindler tummelten.[23] Aber diese fanden trotz aller Warnungen weiterhin ihre Kundschaft. So ist inzwischen von dem Franzosen Michel de Notredame (1503–1566), der unter dem Namen Nostradamus bekannt und durch seine dunklen Prophezeiungen berühmt geworden ist, überliefert, dass er die zu seiner Zeit üblichen Techniken für das Erstellen eines Horoskops wohl nicht vollständig beherrschte, aber sein Geschäft gleichwohl damit betrieb.[24]

Der Glaube, dass die Planeten das irdische Leben beeinflussen, blieb auch in der Neuzeit erhalten, wenngleich die Aufklärung versuchte, den »abergläubischen« Teil der Himmelskunde zurückzudrängen. Ende des 18. Jahrhunderts konstatierte der Ökonom und Technologe Johann Beckmann (1739–1811), dass zwar die vermeintliche »Kunst, aus den Gestirnen künftige Dinge vorherzusagen«, inzwischen an Einfluss verloren habe, dass sie aber »dem ungeachtet noch hin und wieder heimliche Verehrer« findet. Mag die Kundschaft auch »heimlich« zum Horoskopsteller gekommen sein – dieses Geschäft lohnte sich offensichtlich weiterhin. Denn Beckmann als aufgeklärter Kritiker der Astrologie erwähnt an anderer Stelle, dass »die Planetenleser, die Kaffeesybillen, die Zigeuner in unseren erleuchteten Zeiten gut bezahlt« würden.[25]

Der Begriff »Planetenleser« war zu einem Schimpfwort geworden und die Astrologie zumindest aus der Perspektive ihrer Kritiker in den Dunstkreis der allgemeinen Wahrsagerei gerückt. Die gelehrten Geister der Aufklärung waren entsetzt, wie viele

Menschen auf diesen – in ihren Augen – Schwindel hereinfielen. 1784 entrüstete sich ein Autor in der *Berlinischen Monatsschrift* über die Bewohner Berlins:[26]

> Unter mehrerem Aberglauben hierselbst ist auch das Wahrsagen in vollem Gange. Verschiedne Menschen beiderlei Geschlechts erwerben sich ihr Geld damit, daß sie es andern Menschen nicht (welches viel unschädlicher wäre) geradezu rauben, oder künstlich stehlen, sondern es ihnen selbst freiwillig aus der Tasche locken, indem sie ihnen dafür den Kopf mit ungeheuren Grillen, schädlichen Aberglauben, und ungereimter Meinung einer Art Allwissenheit ihrer Betrüger, anfüllen.

Im Mittelpunkt dieser Entrüstung stand in den 1780er-Jahren vor allem ein Planetenleser in Berlin, der sich »Erdmann Paul« nannte. Dieser musste sich zwar zuweilen wegen angeblicher Betrügereien vor Gericht verantworten, konnte aber sein höchst einträgliches Geschäft mit seinen Prophezeiungen dennoch weiterbetreiben. Er ließ sich, so hieß es, das Geburtsdatum seiner Kunden sagen, schlug dann in verschiedenen Planeten- und Kometenbüchern nach, legte vermutlich auch noch einige Karten, um schließlich individuelles Glück oder Unglück vorauszusagen. Dabei, so warf ihm sein Kritiker in der *Berlinischen Monatsschrift* vor, verursachte er bei den Ratsuchenden »oft Wahnsinn im Kopfe und Unmoralität im Herzen«. So soll er aufgrund der Planetenkonstellation angeblich sogar einigen »Mädchen Unzucht als ein einträgliches Erwerbsmittel angerathen«, sie also in die Prostitution getrieben haben. Aber so amoralisch und wider alle Vernunft dieser »Erdmann Paul« laut diesen Vorwürfen auch agierte: Besonders erschrocken zeigten sich seine Kritiker von der Tatsache, dass ganz offensichtlich nicht nur »dumme« Leute seinen Rat suchten, sondern nach Auskunft des »Planentenlesers« eben auch die so bezeichneten besseren Leute: »viele von der Bürgerschaft, und selbst die vornehmsten hiesigen Standespersonen«.[27]

Der »Berlinische Planetenleser« erfreute sich großer Beliebtheit – und verdiente mit seinen Fähigkeiten offensichtlich viel Geld. Darüber mokierte sich 1784 auch die *Berlinische Monatsschrift*, aus der diese Zeichnung von Daniel Chodowiecki stammt.

Auch bei der Kritik an diesem Berliner Planetenleser geht der Vorwurf des abergläubischen Unfugs mit dem der Beutelschneiderei einher: Da verdient sich ein Betrüger mit dem magischen Glauben anderer Leute eine goldene Nase. Es sind die Folgen dieser vermeintlichen »Dummheit«, die den aufgeklärten Kritiker in der *Berlinischen Monatsschrift* mit Blick auf »Erdmann Paul« auf die Palme bringen:[28]

> Seit 24 Jahren, gesteht er, die Kunst aus Planeten und Karten zu prophezeihn, hier getrieben zu haben, und mit so gutem Erfolge, daß er vor 12 Jahren sich ein eigenes recht gutes Haus … kaufen konnte. Man kann denken, welch

> eine unzählige Menge Menschen hier in den 24 Jahren ihm ihr Scherflein (6 Groschen ist das Geringste was er fordert) gebracht haben.

Für die aufgeklärten Köpfe war es wie verhext – der Glaube an die Macht der Sterne ließ sich also trotz der Fortschritte der modernen Astronomie offensichtlich nicht recht eindämmen. Attraktiv erschienen dabei offensichtlich gerade die banalsten Prophezeiungen, die unkonkreten, schnell dahingeschriebenen oder -gesprochenen Vorhersagen. Je einfacher und je verständlicher, desto besser. Und den einfachsten Weg, sich an dem Einfluss der Planeten auf das eigene Leben zu orientieren, boten dabei stets die Tierkreiszeichen. Da waren Verbindungen zwischen kosmischen Konstellationen und eigenem Lebensschicksal zuweilen schnell gezogen. Mitte des 19. Jahrhunderts beobachtete ein Mediziner, wie Eltern in Franken schon bei der Geburt eines Kindes rasch die Himmelszeichen zu diesem Zeitpunkt notieren ließen – »weil man daraus leicht ersehen kann, was aus dem Kinde werden mag«:[29]

> So werden die in der Jungfrau geborenen Kinder lose, verliebt, auch im Zeichen der Zwillinge, und da bekommen die Mädchen überdieß gerne viele Kinder. Die im Widder und Skorpion Geborenen neigen zum Ungehorsam, im Krebs haben sie kein Glück, es gehen ihre Angelegenheiten immer weniger vor, als hinter sich. Die im Fisch und Wassermann Geborenen verunglücken leicht, oder kommen gar ums Leben. Dagegen bringen die im Stier, Löwe, Schütze, Wag und Steinbock Geborenen verschiedene gute Eigenschaften des Körpers und des Geistes mit zur Welt, und lacht ihnen leicht eine frohe Zukunft.

Diese Vorstellung von der Wirksamkeit der Sternzeichen jenseits exakter astrologischer Bemühungen hat sich bis heute gehalten. Dabei sind spielerische Varianten, vor allem die offensichtlich beliebten knappen Horoskope etwa in Tageszeitungen, ebenso vertreten wie ein manifester Glaube an die Kraft der Vorsehung aufgrund der Planetenkonstellation zum Zeitpunkt der Geburt. Das belanglose Plaudern über Zwillinge, Widder und Co. gehört heute fraglos zum zeitgenössischen Small Talk, wie es ein Friseur im Jahr 2014 einmal niederschrieb:[30] »Ich fing an, Menschen nach ihrem Sternzeichen zu fragen. Und ich stellte fest, dass ich viel schneller Zugang zu ihnen fand, dass wir leichter ins Gespräch kamen und ich ihnen zeigen konnte, dass ich an ihnen interessiert bin.«

Dieses Phänomen kennen die meisten Menschen – immer mal wieder kommt unverhofft die Frage nach dem Sternzeichen. Und es gilt in solchen Fällen noch immer als unhöflich, darauf mit Skepsis und Unverständnis zu antworten, denn der Gesprächspartner könnte sich vor den Kopf gestoßen fühlen. Selbst Partnerbörsen verzichten heute nicht auf die Angabe des Sternzeichens, und zahlreich sind im Internet auch die Seiten, auf denen die Frage nach den kosmischen Voraussetzungen für das wahre zwischenmenschliche Glück beantwortet wird: »Welche Sternzeichen passen zu mir?«[31] Auch wenn keine wissenschaftlichen Belege für den Zusammenhang von Sternzeichen und einer glücklichen Beziehung existieren, so gibt es offensichtlich doch ein Publikum für solche Spekulationen. Darüber hinaus werden heute bis hinein in den Alltag fröhlich-verspielte Varianten einer profanen Astrologie praktiziert, etwa wenn der erwähnte Friseur in einem Büchlein mit dem Titel *Der Astro-Friseur* die perfekte Frisur für jedes Sternzeichen erläutert:[32]

> Natürlich gibt es nicht die eine Frisur, die alle Vertreter eines Sternzeichens tragen müssen. Aber mit der Zeit fiel mir auf: Eine Krebsfrau, die Dauerwelle und Löwenmähne trug – alles bombastisch nach oben toupiert – fühlte sich damit eigentlich nicht richtig wohl … Für eine Löwin hingegen war das genau das Richtige, denn sie liebte es, aufzufallen und ihre Mähne zu präsentieren.

Eine solche Idee, Frisuren entsprechend den Sternzeichen anzubieten, wäre auch in der Weimarer Republik fraglos eine profitable Geschäftsidee gewesen. Denn nach dem Ersten Weltkrieg öffnete sich die deutsche Gesellschaft in ganz neuer Weise nicht nur neuen weltanschaulichen und gesellschaftlichen, sondern auch allen möglichen esoterischen, okkulten und »abergläubischen« Ideen und Angeboten.[33] So erlebte auch die Astrologie hierzulande einen regelrechten Boom. Vor allem aus Großbritannien kamen starke Impulse, es bildeten sich zahlreiche neue »Schulen« der Astrologie im deutschsprachigen Raum. Das führte einerseits zu einer Blütezeit der anspruchsvollen Sternkunde, andererseits bedienten sich jetzt auch mehr und mehr esoterische und okkulte Gruppen der alten Sterndeuterkunst.[34] In Berlin tummelten sich Wahrsager und Hellseher, und »an den Zeitungsständen gab es jetzt Wochenzeitschriften, die sich ausschließlich mit Astrologie befaßten«.[35] Und in Kleinanzeigen wurde für astrologische Literatur oder Schulungskurse geworben, wie hier in der *Fürstenfeldbrucker Zeitung* vom April 1928:[36]

> Wer interessiert sich für Astrologie? Leichtfaßlicher Kurs in 12 Lehrbriefen, Preis 20.– Mark. Evtl. Teilzahlung.

Der Hinweis mit der Teilzahlung war offensichtlich angemessen, denn 20 Mark stellten zu dieser Zeit eine beachtliche Investition dar: Dafür ließen sich beispielsweise zehn Flaschen hochwertiger Weine kaufen, und für das Doppelte gab es schon ein neues Fahrrad. Wer sich auf diesem Weg mit den Sternen vertraut machen wollte, musste also zu finanziellen Investitionen bereit sein …

Die neue Popularität der Astrologie sorgte zuweilen aber auch für Verwunderung und Heiterkeit. Es lässt sich fast voraussehen, heißt es im November 1924 spöttisch im *Rosenheimer Anzeiger*, »daß man im kommenden Winter nicht mehr gesellschaftsfähig sein wird, wenn man nicht sachverständig über Horoskope mitzureden imstande ist und nicht in allen Tierkreiszeichen, Aszendenten, Himmelshäusern usw. vollkommen Bescheid weiß«.[37] Doch dieser

Spott kann nicht darüber hinwegtäuschen, dass die Nachfrage nach Prognosen für die Zukunft gerade in einer Zeit, die als krisenhafter denn je empfunden wurde, immer weiter stieg. Selbst renommierte Tageszeitungen druckten Berichte aus okkultistischen Zeitschriften ab, wenn es um Prognosen für Deutschlands Zukunft geht. Im April 1924 heißt es in einer dieser Vorhersagen:[38]

> Dämonenfackeln flammen auf. Falscher Geist weht durch die Lande, bringt falsche Bestimmungen: Gerüchte und Lügenmärchen machen sich breit … Im Lande Hindernisse im Gelderwerb – Verrat – Prozesse – Widersprüche von Anfang bis Ende. Städte werden feindlicher Ungnade geopfert; Großmächte stiften Vorteile! – Tränen der Trauer um verlorene Vorteile! Zum Ende des Jahres ist Deutschland jedoch unvermuteter Gewinn an Land, Hilfe von Freundeshand sicher.

Das ist tröstlich und vage zugleich, was wohl im Wesen einer politischen Prognose begründet liegt. Denn diese liefert oft genug genau das, was sich das Publikum wünscht: Trost und Zuversicht. Ganz in diesem Sinne schrieb etwa 1923 ein ehemaliger Pfarrer und Lehrer in einer Zeitschrift für Okkultismus, dass er viele Hellseher über die Zukunft Deutschlands befragt habe. Und auch wenn sich deren Aussagen zuweilen widersprachen, so zog sich nach seiner Darstellung doch wie ein roter Faden durch alle ihm gemachten Prophezeiungen der Trost: »Deutschland kommt wieder hoch!«[39]

Die Ausweitung des astrologischen Marktes ging für einige Vertreter einer wissenschaftlich interessierten Astrologie allerdings einher mit einer unerwünschten Profanisierung der Sterndeuterei. Bei der Astrologie handle es sich ursprünglich um eine »königliche Kunst«, die mehr Kenntnisse und Fähigkeiten verlange als »alle die okkulten Künste wie Kristallsehen, Handlesen, Kartenaufschlagen usw.«, hieß es beispielsweise.[40] Der Arzt und Astrologe Herbert Freiherr von Klöckler (1896–1950) wollte die Astrologie nicht einfach als abergläubisches und überholtes

Denken abtun, warnte aber gerade deshalb vor unprofessionellen Zeitgenossen, die einer »grassierenden Scharlatanerie« Vorschub leisteten:[41]

> Die Pfuscherei auf astrologischem Gebiet beruht vornehmlich darin, daß gänzlich unvorgebildete Persönlichkeiten auf Grund des Sonnenstandes ihren Klienten Abschriften und vervielfältigte Darstellungen aus Lehrbüchern geben. »Bessere« Pfuscher berücksichtigen noch den Stand der übrigen Gestirne am Tage der Geburt, indem sie aber auch in diesem Falle ganz schablonenhafte Aussagen liefern.

Die seriöse deutschsprachige Astrologie war in der Weimarer Republik also bemüht, wissenschaftliche Nachweise für den Zusammenhang zwischen der kosmischen und der irdischen Welt zu finden. Auch dafür findet sie in der öffentlichen Wahrnehmung Beachtung und Anerkennung. 1925 stellt in diesem Sinne ein Autor in einer Münchner Tageszeitung fest, dass die Astrologie durch einige tatsächliche oder vermeintliche Achtungserfolge eine gewisse »Rehabilitation« erfahren habe. Das gelte besonders für das »Horoskopstellen«. Auf diese Weise hätten Astrologen »in zutreffender Weise auf kollektive Unglücksfälle wie Erdbeben, Grubenkatastrophen und dergleichen hingewiesen«:[42]

> Es handelte sich, was am wichtigsten ist, um Detailangaben, nicht um allgemeine Begebenheiten, zu deren Voraussage es keiner Sterndeuterkunst bedurfte. Der Probierstein auf die Verläßlichkeit einer Wissenschaft oder technischen Kunst ist die Uebereinstimmung mit der Wirklichkeit. Die Astrologen können nunmehr auf eine Reihe solcher bestandener Proben hinweisen.

Aus solchen Erfahrungen erwächst auch ein neues Selbstvertrauen innerhalb der Astrologie. Wenn sie denn tatsächlich in einigen Fällen mit ihren Aussagen eine »Übereinstimmung mit der Wirklichkeit« aufweisen kann, weshalb werde sie dann beispielsweise nicht segensreich in der Verbrechensbekämpfung eingesetzt? Eine Frage, die in der Weimarer Republik vermehrt diskutiert wurde. Selbstbewusst propagierte etwa der Astrologe Holger Stenson-Raché (1902–1985) den Nutzen »kriminalpsychologischer Astrologie«:[43]

> Leider wird heute noch immer von vielen Seiten der praktische Wert der wissenschaftlichen Astrologie angezweifelt, obwohl der Öffentlichkeit jetzt mehr denn je durch astrologische Kalender und Broschüren Gelegenheit gegeben ist, auch ohne Kenntnis der Technik und Materie die täglichen und monatlichen Prognosen nachzuprüfen, sich also von der Zweckmäßigkeit und nicht zu unterschätzenden Bedeutung der Astrologie zu überzeugen.

Der Astrologe Stenson-Raché ärgert sich darüber, dass in Deutschland die Kunst des Sterndeutens noch immer mit »unberechtigten Vorurteilen« zu kämpfen habe und deshalb nicht bei der Aufklärung von Mordfällen oder auch spektakulären Verkehrsunfällen zurate gezogen werde. Aus diesem Grund unternahm er erstmals den Versuch, einer breiteren Öffentlichkeit seine Fähigkeiten am Beispiel eines besonders spektakulären Mordfalls zu demonstrieren: In Berlin war 1925 ein 15-Jähriger verschwunden und später tot aufgefunden worden. Wurde er Opfer eines Verbrechens? Der Astrologe glaubte, allein schon aufgrund des Wissens um die exakte Geburtsstunde des Toten helfen zu können: Unglücksfall oder Selbstmord schieden demnach aus, »im Lebenshoroskop künden schon Saturn und Mars im Todeshause den gewaltsamen, plötzlichen Tod an«. Und gerade der Tag seines Verschwindens deute aufgrund der Planetenkonstellationen auf einen »unehrenhaften, frühen Tode« hin. Daran schloss der Astrologe seine Erkenntnis an, dass das junge Opfer homosexuell gewesen sei – denn es »läßt sich natürlich eine angeborene Anlage aus jedem Horoskop sofort erkennen«.[44] Allerdings machte Stenson-Raché der Polizei nur wenig Hoffnung auf baldige Aufklärung des Verbrechens: Das Jahreshoroskop zeige ihm, dass es bei der Aufklärung »eine gewisse Verzögerung« geben werde. Und tatsächlich: Als der Tod des Jugendlichen auch drei Jahre später noch immer ungeklärt war, konstatierte der Astrologe zufrieden: »Damit ist also meine Prognose, daß der Fall vorläufig nicht geklärt werden könne, bestätigt«, und also der »nutzbringende Wert« der Astrologie auch für die Kriminalistik erwiesen.[45] Ob dieses »Ergebnis« aber Kritiker überzeugen konnte?

Womöglich ein gutes Geschäft in Krisenzeiten: Ein Straßenastrologe bietet in Berlin seine Dienste an.

Tatsächlich tummelten sich auf dem Markt der Kriminalistik nach dem Ersten Weltkrieg viele magische Anbieter. Bis 1922 befand sich in einer der Haupteinkaufsstraßen Berlins ein Detektivbüro, »dessen Inhaber sich mit einem in demselben Hause wohnenden Astrologen, Kartenleger und Hellseher verband und sein Institut seitdem ›Okkultische Detektei‹ nannte«.[46] Und auch die Strafverfolgungsbehörden stellten sich ernsthaft der Frage, ob sie nicht Menschen mit übersinnlichen Fähigkeiten für die Aufklärung von Verbrechen hinzuziehen sollten. Die Nachfrage, so konstatierte im Jahr 1924 ein Potsdamer Landgerichtsdirektor, sei doch ganz offensichtlich vorhanden:[47]

> Wenn nicht nur Privatpersonen Hellseher hinzuziehen, um ihre Unschuld nachzuweisen oder um den wirklichen Täter zu entlarven, sondern auch Anwälte, Polizeibeamte, Staatsanwälte und Richter, wenn auch nur vereinzelt, sich nicht scheuen, sich okkultistischer Methoden bei der Lösung der praktischen Aufgaben der Strafrechtspflege zu bedienen, so ist das unter allen Umständen eine Erscheinung, die der ernsten Beachtung wert ist.

Allerdings kommt der Autor bei aller Aufgeschlossenheit für okkulte Künste letztlich zu dem Ergebnis, dass vor allem das Hellsehen und andere telepathische Fähigkeiten noch keine bewiesenen Tatsachen seien. Deshalb solle sich die Strafrechtspflege »von allen derartigen sehr bedenklichen Mitteln der Wahrheitsermittlung« fernhalten.[48]

Derweil scheuten sich einige Astrologen nicht davor, hemmungslos in aktuelle Debatten einzugreifen. Sie sagten auch die Zukunft prominenter Vertreter der Weimarer Republik voraus und machten damit ihre astrologische »Kunst« zu einer politischen Angelegenheit. In einem Zeitungsbericht von 1925 wurde etwa behauptet, dass Astrologen die Ermordung des Zentrumspolitikers und ehemaligen Reichsfinanzministers Matthias Erzberger sowie des liberalen Außenministers Walther Rathenau vorausgesagt hätten. Sogar der Todestag des Reichspräsidenten Friedrich Ebert sei mithilfe der Sterndeutung prognostiziert worden, denn ein Astrologe habe diesen 28. Februar 1925 »als kritischsten Tag seines Lebens vorausverkündet«.[49] Waren politische Morde wie an Erzberger und Rathenau etwa von den Sternen vorherbestimmt und also letztlich nicht abwendbar? War Friedrich Ebert nicht nur von der fortgesetzten politischen Hetze zermürbt worden, sondern starb schlicht deshalb unerwartet, weil es ihm sozusagen von Geburt an in die Wiege gelegt worden war? Kein astrologisches Gerücht war in diesen Jahren politisch unschuldig …

Derweil strömte im ganzen Land ein interessiertes Publikum zu zahlreichen Vorträgen über die Macht der Sterne – auch weil dabei oft genug das Horoskop der geschichtlichen und politischen Größen präsentiert wurde. Solche Abende versprachen stets die allerbeste Unterhaltung: Wird es spektakuläre Neuigkeiten über die Vergangenheit oder die Zukunft des Landes geben? Eine Tageszeitung in Coburg berichtet von einem solchen »astrologischen Lichtbildervortrag« im April 1927, bei dem der Referent mit Vorhersagen glänzte:[50]

> Für Deutschland werde sich 1927 wieder zu einem Jahr schwerer Ereignisse gestalten. Ein gleiches Horoskop stellt der Vortragende dem Reichspräsidenten. Nachdem der Redner an Hand einer Reihe von Lichtbildern aufgrund genauer mathematisch-astrologischer Berechnung die Horoskope von verschiedenen Männern der Zeitgeschichte, so von Wilhelm II., Mussolini, Hitler, Stresemann, Hindenburg etc. stellt, finden die interessanten Ausführungen unter großem Beifall … ihr Ende.

Es gibt keine politische Frage, die in diesen Jahren nicht astrologisch behandelt wurde. Und da eines der zentralen politischen Konfliktthemen in der Weimarer Republik der Versailler Vertrag war, verwundert es nicht, dass dieser – aus deutscher Perspektive – ebenfalls unter einem schlechten Stern stand. Jedenfalls zitieren Tageszeitungen im Jahr 1925 gern die Einschätzung eines Astrologen zum Friedensvertrag und seinen Folgen:[51]

> [Das Resultat] stellt zunächst die unbezweifelbare Tatsache fest, daß der Vertrag sich für alle Beteiligten als wenig vorteilhaft darstellt und überall Schwierigkeiten und Konflikte hervorruft.

> Dann wird mitgeteilt, daß der Versailler Vertrag um 1927 herum die unumgänglich notwendige Revision erfahren wird.

Vor diesem Hintergrund kann es nicht überraschen, dass auch das Geschehen an der Börse ins Visier der Astrologie geriet und damit auch Reichsbankpräsident Hjalmar Schacht. Seine politischen Gegner nutzten den weit verbreiteten Glauben an solche Horoskope gezielt aus, indem sie entsprechende Vorhersagen lancierten, wenn sie in ihrem Sinne ausfielen. So tat es auch der Politiker Gustav Winter, der in diesen Jahren mit einem besonders waghalsigen geldpolitischen Plan auffiel: Er unterbreitete den absurden Vorschlag, die Vorkriegs-Tausendmarknoten aufzuwerten – was ihm den Spitznamen »Tausendmarkschein-Winter« einbrachte. Winter geriet wegen seiner zuweilen spektakulären Auftritte wiederholt mit der Justiz in Konflikt. Bei einer Verhandlung im Jahr 1928, als er wieder einmal vor Gericht stand, kam auch seine Gegnerschaft zum Reichsbankpräsidenten zur Sprache. Ein Mitarbeiter der Reichsbank hatte eine Veranstaltung Winters in Chemnitz besucht und gab zu Protokoll:[52]

> In den Versammlungen in Chemnitz hat Winter seinen Anhängern erzählt, er habe ein Horoskop des Reichsbankpräsidenten Schacht stellen lassen. Dieses Horoskop sage ihm, daß Schacht bald eine längere Freiheitsstrafe verbüßen müsse und bald einen unnatürlichen Tod sterben werde.

Astrologie als politische Waffe – auch dies ein Signum der politischen Kultur in der Weimarer Republik. Angesichts der möglichen Wirkungen solcher Vorhersagen ist es fast zweitrangig, dass sie letztlich nicht mit der Wirklichkeit übereinstimmten. Aber Agitatoren wie den eingangs erwähnten Johannes Lang hielten wohl keine Befürchtungen, dass seine Prognosen möglicherweise falsch sein könnten, von seiner Tätigkeit ab. Voller Selbstbewusstsein hatte er für das Jahr 1927 dem Reichsbankpräsidenten prognostiziert:[53]

> Er wird im Jahr 1927 noch zwei sehr einschneidende ungünstige Direktionen zu überwinden haben. Die progressive Sonne gelangt in Quadratur zu Jupiter, die Himmelsmitte in Opposition zu Saturn. Dies deutet auf einen Skandal größeren Ausmaßes und Berufswechsel, sodaß also spätestens im Laufe des Jahres 1927 mit seinem Sturz zu rechnen ist.

Nun, der Sturz des Reichsbankpräsidenten blieb zunächst aus. Erst 1930 sollte Hjalmar Schacht hingegen selbst den Hut nehmen und als Reichsbankpräsident zurücktreten. Im historischen Rückblick ist es bei dieser Person hingegen im Grunde eine Petitesse, wann er warum diesen Posten verlor. Dem selbstbewussten Astrologen Johannes Lang würde die Nachwelt gern die Frage stellen, ob sich aus Schachts Horoskop nicht deutlichere Hinweise auf das politisch verheerende Wirken des Finanzfachmanns am Ende der Weimarer Republik und in den ersten Jahren des »Dritten Reiches« hätten finden lassen müssen. Der Antidemokrat und Hitler-Anhänger Schacht organisierte schließlich maßgeblich die Wahlkampffinanzierung der NSDAP, setzte sich persönlich für die Einsetzung von Adolf Hitler als Reichskanzler ein, wurde nach 1933 erneut zum Reichsbankpräsidenten ernannt und stieg schließlich zum zwischenzeitlich mächtigsten Bankier der Diktatur auf – ehe er 1944 verhaftet und in ein Konzentrationslager verschleppt wurde. Von all dem findet sich nichts in den Ausdeutungen des Horoskops Ende der 1920er-Jahre.

Für die positive Beantwortung der Frage, ob die Sternenkunde mit ihren Horoskopen tatsächlich praktischen Nutzen für Wirtschaft und Politik hat, wie Johannes Lang behauptete, wären Hinweise auf diese Zukunft allerdings unverzichtbar gewesen. Doch diesem Rückblick stellte sich der Astrologe in den folgenden Jahren nicht, vielmehr kämpfte er schließlich mit viel Energie für seine »Hohlwelttheorie«: Die Menschen lebten demnach in Wirklichkeit auf der Innenseite einer hohlen Kugel – und das kopernikanische Weltbild sei vollständig unbewiesen, so Lang.[54]

Trotz des großen Interesses eines stetig wachsenden Publikums ist der Astrologie in Deutschland während der Weimarer Republik attestiert worden, kaum »einen Hauch von Respektabilität« erreicht zu haben – letztlich versuchten sich nur wenige Hochschulprofessoren und einige Akademiker an einer ernsthaften wissenschaftlichen Ausarbeitung der alten Kunst des Sternedeutens.[55] Doch ein breites Publikum blieb der populären Astrologie treu, wenngleich der Markt für die vielfältigen Angebote nach 1933 zunehmend zusammenbrach: In der Diktatur standen fortan alle weltanschaulichen Gruppen, zu denen auch die an der Astrologie interessierten esoterischen und okkultistischen Vereinigungen zählten, unter Beobachtung und dem permanenten Verdacht, dem »Dritten Reich« möglicherweise zu schaden. Allerdings waren ganz offensichtlich auch der Nationalsozialismus und einige seiner Vertreter nie ganz frei von Versatzstücken einer vulgären astrologischen Gedankenwelt,[56] und zweifelsfrei lebte auch in der Bevölkerung der Wunsch nach einer Deutung der Sterne weiter fort. In diesem Sinne dokumentieren die Berichte des Sicherheitsdienstes der SS vor allem nach Beginn des Zweiten Weltkriegs eine wieder verstärkte Nachfrage nach Horoskopen.[57] Auch dies ist ein weiteres Beispiel dafür, dass in Krisenzeiten die Astrologie bevorzugt zurate gezogen wird.

In den Jahrzehnten nach 1945 scheint die Astrologie für die meisten Deutschen sukzessive an Popularität verloren zu haben, das eigene Horoskop lasen die meisten wohl oft genug eher aus Belustigung und Langeweile, wenn sie es in der Tageszeitung oder einer Illustrierten zufällig entdeckten. Doch mit diesem eher verspielten Umgang mit den Sternen und ihrem vermeintlichen Einfluss auf unser Leben ist es schon seit den 1970er-Jahren vorbei, als eine neue Begeisterung für allerlei Spielarten der Esoterik gerade die Jüngeren in der westdeutschen Gesellschaft erfasste. Neue Wege der Erkenntnis suchten Hippies ebenso wie »Aussteiger« in den Landkommunen, Anhänger fernöstlicher Spiritualität oder der Waldorfschul-Bewegung. In diesem Zuge wuchs auch die Nachfrage nach populären astrologischen Techniken. Gegenwärtig sind astrologische Angebote gefragter denn je. In diesem Sinne diagnostizierte *Der Spiegel* 2022 einen regelrechten Hype in Sachen Astrologie:[58]

> Astrologie und esoterische Verfahren sind so populär wie lange nicht, vor allem bei Millennials und den noch Jüngeren aus der Generation Z. … Verlage veröffentlichen deshalb Sonderausgaben von Astrologiemagazinen; die »Vogue« bringt eine Modelinie voller Sternzeichendrucke auf den Markt; Horoskop-Apps wie Co-Star boomen. Auch die Warentische in Buchhandelsketten spiegeln die Rückkehr zur Irrationalität.

Aber ist das wahre Begeisterung für die Sterne oder doch nur eine Art Belustigung für eine gelangweilte Generation? Für die als »Millennials« bezeichnete Gruppe der heute 25- bis 40-Jährigen sei die Astrologie zwar ein »selbstverständlicher Bestandteil des kulturellen Repertoires«, so die Diagnose eines Beitrags in »Deutschlandfunk Kultur« 2021. Doch Tierkreiszeichen und Aszendenten ließen sich weniger »als metaphysische Autorität« interpretieren – sie seien letztlich ein »spielerischer Anlass, mal wieder über sich selbst zu sprechen«. Aber gleichwohl sei der Grund für diese Spielerei eine handfeste Krisenerfahrung: Die nach 1980 Geborenen lebten in einem »Grundzustand der Unsicherheit«, und einige suchten dementsprechend Halt »in der deterministischen Logik der Astrologie«, also in dem Glauben, dass ein wesentlicher Teil des Lebens eben durch die Macht der Sterne vorherbestimmt sei.[59]

Auch der *Spiegel* gesteht zu, dass konkrete Unsicherheiten die Menschen vermehrt nach astrologischen Sicherheiten greifen lassen, gerade die sich quälend hinschleppende Corona-Pandemie fördere die Sehnsucht »nach ein bisschen Orientierung, nach ein bisschen Eskapismus und spiritueller Träumerei«. Doch das sei gesellschaftspolitisch betrachtet keine Spielerei, denn damit gehe schließlich auch eine Erosion intellektueller Standards einher: »Es wird nicht einmal als seltsam wahrgenommen«, so *Spiegel*-Autorin Elisa von Hof, »dass die Geburt an einem bestimmten

Tag, an einem bestimmten Ort, zu einer bestimmten Zeit über das restliche Leben entscheiden soll«[60] – und sie rührt damit an eine seit Jahrhunderten gepflegte Grundannahme astrologischen Denkens. So gesehen sei die neue Begeisterung für die Kraft der Planeten letztlich eine Rückkehr zur Irrationalität.

Solche Einschätzungen stehen in der Tradition der Kritik der Astrologie als »Aberglauben«, wie sie in den 1950er-Jahren schon Theodor W. Adorno lustvoll auf den Punkt gebracht hatte: »Die These der Abhängigkeit eines Lebens vom Horoskop« sei schlicht unvernünftig, eben irrational.[61] Damit ordnete er den Glauben an die Sterne ein in die Praxis des Okkultismus, der nichts anderes sei als »ein Symptom der Rückbildung des Bewußtseins«.[62] Und die Astrologie erschien ihm zugleich als ein Sammelbecken von Lügnern, die mit »unbeweisbaren oder unsinnigen Behauptungen« agierten und diese dann mehr oder weniger geschickt »mit Elementen von Faktizität und astronomischer Gesetzlichkeit« spickten. Alles nur ein Verwirrspiel:[63]

> Denn die Bewegung der Sterne, aus der angeblich alles erklärt werden könne, erklärt selber gar nichts. Die Sterne lügen nicht, aber sie sagen auch nicht die Wahrheit. Dafür lügen die Menschen. Bis heute blieb die Astrologie schuldig zu sagen, warum und wie die Sterne ins Leben der Einzelnen eingreifen.

Was Adorno formuliert, ist im Grunde die Fortsetzung eines seit Jahrhunderten geführten Kampfes gegen den »Aberglauben«. Geführt haben ihn viele gelehrte Geister seit der Aufklärung – und damit gesellten sie sich übrigens pikanterweise an die Seite der Kirche, die sich schon vorher zum unerbittlichen Gegner des »Aberglaubens« erklärt hatte. Dieser Kampf wurde zuweilen unerbittlich geführt, aber – womöglich ist der aktuelle Boom der Astrologie auch dafür ein Zeichen – neben der Aufklärung könnte auch die Kirche diesen Kampf möglicherweise letztlich verloren haben …

Glauben und Aberglauben sind Zwillingsbrüder. Wenn auch der Eine die Menschheit ihrer höchsten Aufgabe entgegenführt und der Andere uns nur ein Zerrbild menschlicher Erkenntniss vorführt, so sind Beide doch Kinder eines Stammes. Beide sind hervorgegangen aus dem Gefühl der Unzulänglichkeit des menschlichen Wissens gegenüber den Naturerscheinungen.

Der Arzt Hugo Magnus, 1903[1]

Die Kirche in der Zwickmühle

Warum Don Ferdinand Sterzinger seinen Kampf verliert

Ferdinand Sterzinger war fraglos ein kluger und gelehrter Mann. Geboren 1721 in Tirol, trat er als 19-Jähriger dem Orden der Theatiner bei und genoss eine ausgezeichnete Ausbildung als katholischer Kleriker. Nach gründlichen Studien in München, Rom und Bologna machte er sich einen Namen als angesehener Professor für Moraltheologie und Kirchenrecht und wurde schließlich von seinen Mitbrüdern zum Oberen des Münchner Konvents gewählt. Und Ferdinand Sterzinger war als Autor ein unerschrockener Kämpfer, wenn es gegen die seiner Meinung nach unverzeihlichen Fehlentwicklungen seiner Zeit ging. Leidenschaftlich griff er dann zur Feder, und seine Schriften sorgten immer wieder für Aufsehen, was Sterzinger nur in seiner Einschätzung bestärkte, einen wichtigen Punkt angesprochen zu haben. Das Sprichwort »Viel Feind, viel Ehr« ist für diesen klugen und streitbaren Gottesmann wahrlich angebracht. Und das gilt vor allem für seinen Kampf gegen den Aberglauben, gegen das Zauber- und Gespensterwesen und gegen allen Hexenglauben. Ein Kampf, den Sterzinger mit denkbar großem Einsatz führte, weil er sich als tiefgläubiger Katholik wie als aufgeklärter Weltverbesserer verstand, der die Menschen vor Unfug und Irrglaube bewahren wollte, ein »Aufklärer und Verbesserer des Volkes«, wie ihn ein Anhänger kurz vor seinem Tod 1786 nannte.[2]

Ein gelehrter und gestrenger Kämpfer gegen den Aberglauben: Ferdinand Sterzinger (1721–1786).

Für Sterzinger war der Aberglaube eines der Hauptübel seiner Zeit, denn dieser zerstöre letztlich alle göttliche und irdische Ordnung, weil er die himmlische Vorsehung negiere und magischen Dingen eine Kraft einräume, die sie »nach den Gesetzen der Natur und göttlicher Ordnung« nicht haben. Und deshalb seien diese magischen Praktiken nicht weniger als eine Gefahr für die ganze Menschheit. Aus diesem Grund wollte der wackere Gottesmann auch nicht mehr lange darüber diskutieren, auch weil unter den Christen »der Aberglaube immer ausschweifender zu seyn scheinet«.[3] Und da die Waffe des Gelehrten nun einmal das Wort ist, griff er zur Feder und veröffentlichte im Jahr 1785 eine Kampfschrift, die ihren Auftrag demonstrativ im Titel trägt: »Don Ferdinand Sterzingers Bemühung den Aberglaube zu stürzen«. Der Autor scheut darin keine starken Worte – selbst ein Vergleich mit der größten Seuche der Menschheitsgeschichte erscheint ihm als nicht unangemessen:[4]

> Es ist der Aberglaube eine Pest, die das menschliche Geschlecht in unendliche Uebel stürzt. Er verfinstert nicht nur den Verstand des Menschen, und verleitet ihn sogar die allerdummsten und abgeschmacktesten Irrthümer anzunehmen; sondern er vergiftet auch den Willen, und treibt einen Menschen an, die allerschädlichsten und lächerlichsten Handlungen vorzunehmen.

Sterzinger war ein Mann, der an die Segnungen der modernen Wissenschaften glaubte und die Erkenntnisse der Naturlehre im Grunde als probates Mittel gegen dieses »Übel« ansah. Der Aberglaube habe seinen Ursprung in »der verdorbenen Einbildungskraft« vieler Menschen, und die resultiere nun einmal aus der »Unwissenheit in natürlichen Dingen«.[5] Aber dieser Unwissenheit könne ein Gelehrter wie er doch konstruktiv begegnen: »mit ruhigem Gemüthe und richtigem Gebrauche des Verstandes«.[6] Wenn den Menschen nur genug Wissen vermittelt würde, so die dahinterstehende Vorstellung, dann verschwänden mit dem Unwissen auch die Gespenster, Hexen und magischen Riten. So weit die Hoffnung.

Ferdinand Sterzinger fühlte sich dem katholischen Glauben ebenso verpflichtet wie der Vernunftlehre der Aufklärung. Damit stand er stellvertretend für die Ideen der katholischen Aufklärung, die im 18. Jahrhundert auch bei Klerikern Anhänger fand. Sie versuchten, die biblische Offenbarung mit der Vernunft, die durch die Fortschritte der modernen Wissenschaft beflügelt wurde, zu vereinbaren. Mitte des 18. Jahrhunderts gab es dafür sogar Ermutigung von Papst Benedikt XIV., der von 1740 bis 1758 amtierte. Der hochgebildete Kirchenfürst erkannte die Freiheit der Forschung an, förderte die Wissenschaften, milderte die kirchliche Zensur und leitete die Aufhebung des Verbotes der Schriften von Nikolaus Kopernikus (1473–1543) und Galileo Galilei (1564–1642) ein. Allerdings zeigte sich schon an der Person des Papstes, dass die Aufklärung im Katholizismus schnell an ihre Grenzen stieß – schon innerhalb der römischen Kurie war der Papst für seine modernen Ansichten nicht allseits beliebt.[7]

Deutlich leichter tat sich der Protestantismus mit der Aufklärung, weil die Voraussetzungen für die neuen Ideen in den evangelischen Kirchen besser waren: Die Bibellektüre hatte die Herausbildung einer rationalen Schulung gefördert, philosophischen Fragen und Methoden begegneten die Geistlichen aufgeschlossen, sodass schließlich auch die Laien von dieser Haltung profitieren konnten. Dabei bedeutete dies für die protestantischen Kirchen – die sich in ihrer Haltung zwischen Aufklärung und Orthodoxie durchaus voneinander unterschieden – immer auch eine gewisse Gratwanderung: Sie wollten einerseits die biblische Offenbarung retten, indem die Wunder Christi möglichst rational erklärt wurden (was aber vermutlich nicht jeden Gläubigen überzeugte) und andererseits religiöse Toleranz gegenüber anderen Bekenntnissen an den Tag legen, was spätestens mit Blick auf die Katholiken für die meisten Protestanten eine rechte Zumutung bedeutete.[8] Aber immerhin: Die Aufklärung hielt Einzug in das protestantische Denken – und die offizielle Abrechnung mit dem Aberglauben fiel meist scharf aus.

Nicht ganz so vehement war über weite Strecken die Kritik des Katholizismus am magischen Denken. Im Nachhinein stellt sich der Eindruck ein, dass Kirchenführung und Kleriker zumindest in dieser Hinsicht mehr Verständnis für die religiösen Bedürfnisse des Volkes aufbrachten.[9] Denn sie hatten viele Jahrhunderte Erfahrung mit magischen Praktiken, die ihrerseits Spuren in den Riten der Kirche hinterlassen hatten. Ferdinand Sterzinger hingegen brachte keinerlei Verständnis für den Aberglauben auf und scheute in seiner Agitation auch nicht davor zurück, die eigenen Gläubigen wie auch Kleriker ins Visier zu nehmen, wenn sie sich seiner Ansicht nach nicht deutlich genug von nichtchristlicher Magie distanzierten oder sie sogar in ihrer kirchlichen Praxis nutzten.

Für seinen publizistischen Kampf hatte Sterzinger eine recht solide Grundlage an Informationen, weil er eine Bestandsaufnahme der magischen Praktiken im Land vorgenommen hatte – woraufhin er anschließend erschrocken notierte, dass der Zustand der Menschen im bayerischen Königreich, das er von München aus ganz gut zu überblicken glaubte, insgesamt erschreckend sei: »Dieser tolle Götz«, womit Sterzinger den Aberglauben meinte, »stehet noch immer bey uns auf dem Throne, und wird von einer unzähligen Menge Volkes verehret.«[10] Was dies konkret bedeutet, beschrieb ein anderer Beobachter des magischen Geschehens: Vor allem Wahrsagerei und Zauberei seien über das ganze Land verbreitet und versetzten gleichermaßen »reich und arm, alt und jung in fieberhafte Spannung«. Im Alltag seien alle Aspekte aus der magischen Praxis zu beobachten:[11]

> Geheimnisvolle Männer und Weiber verkündeten den verborgenen Ort eines gestohlenen oder verlorenen Gutes, weissagten mit dreister Wahrheitsmiene den Brautleuten die Zahl und Todeszeit der Ehemänner und Gattinnen, … bedienten sich bei

> ihren törichten Manipulationen eines Spiegels, Kristalls, Brillen, Ringe, Siebe, Scheren usw. … Der Aberglaube … wühlte mit frivoler Hand die Gräber der Friedhöfe auf, raubte die Gebeine der Toten, verbrannte sie und bildete Zauberpulver.

Und wie selbstverständlich wurden Zauberer um Hilfe gebeten, wenn Ratten und Mäuse die Lebensmittelvorräte für den Winter bedrohten oder eine schwarze Gewitterwolke am Himmel aufzog. Denn nur ein Zauber könne ein schweres Unwetter abwenden, das vermutlich von »Hexen und Unholden« angezettelt worden sei. Sterzinger listete diese Praktiken und Riten auf, die er im Lande sah: das »Beschreien und Verwünschen«, den Glauben an Vampire und Blutsauger sowie an Kobolde und »Bergmännlein«, das Wünschelrutengehen oder die Angst, dass der Ruf einer Eule unterm Fenster den baldigen Tod eines Angehörigen vorhersagt. Auch das für Männer höchst unangenehme »Nestelknüpfen«, so musste er feststellen, werde noch praktiziert. Dabei werden in böser Absicht Knoten gebunden und mit einem Schadenzauber der Unfruchtbarkeit belegt:[12]

> Man sagt, es könne dadurch einem Menschen die Mannheit benommen werden, wenn in das Hosenband ein Knoten gebunden würde, oder wenn Personen vor dem Altar stünden, um sich durch priesterliche Einsegnung zu verbinden, und eine böse Person knüpfte indessen einen Knoten mit besondern Ceremonien und Worten.

Ferdinand Sterzinger versuchte nun jede einzelne dieser Vorstellungen mit »vernünftigen« Argumenten als unhaltbar zurückzuweisen. Er spricht von der »Einbildungskraft« oder der »Leichtgläubigkeit« der ungebildeten Menschen, verweist auf ihre Ängste und ihren Wunsch, sich bei allen nur erdenklichen Gefahren in Sicherheit zu wiegen. Dabei sind letztlich doch alle daraus resultierenden Handlungen völlig unsinnig. So auch der weit verbreitete

Brauch, am Johannisabend über ein Feuer zu springen, um das ganze nächste Jahr von Fieber befreit zu sein:[13]

> Wer nur ein bisgen nachdenket, muß sehen, daß sich das Springen über das Feuer gegen dem Fieber sich verhalte, wie der Luft gegen das Zipperlein.

Und wenn Glück oder Unglück eines Menschen davon abhängig gemacht werden, ob er ein Amulett trägt, so sei das schlicht eine Sache der Einbildung.[14] Selbst gegen das beliebte Wünschelrutengehen führte Sterzinger aus seiner Sicht ganz vernünftige Argumente ins Feld. Hierbei seien die »Ausschläge« vergleichsweise einfach und nüchtern zu erklären:[15]

> Es sind also die Experimente mit der Wünschelruthe Wirkungen, welche von ihrer Schwere und Elasticität, nebst der seltsamen Art, die Wünschelruthe zu halten, herrühren. Kommt nur ein bischen Aberglaube und Betrügerey dazu: so ist die Kunst vollkommen.

Es lasse sich also alles erklären, was angeblich auf magische Praktiken zurückzuführen sei, so Sterzinger. Hier ein bisschen Elastizität einer Haselnussrute, da ein bisschen Betrügerei – und fertig seien die abergläubischen Handlungen. Er konnte darüber nur den Kopf schütteln, weil doch das Wissen der neuen, einer aufgeklärten Zeit und also die menschliche Vernunft gegen solche Vorstellungen schütze. Einige Passagen seiner Darstellungen lesen sich dann auch wie die typischen Texte der Aufklärung – wenn etwa vom »Licht« des Wissens die Rede ist, das die »Dunkelheit« des Unwissens und des Aberglaubens vertreiben soll. Das 18. Jahrhundert, so schrieb Sterzinger über seine Gegenwart, werde die Welt verändern:[16]

> In unserm Jahrhundert sieht es in der Naturlehre heller aus, als in allen vorhergehenden. Sie und die mit ihr verwandten Wissen-

schaften wachsen zusehends. Stahl und Stein schlagen beständig aufeinander an, und bringen ein Licht hervor, wo es zuvor dunkel war.

Das war die Hoffnung der Aufklärung: dass die Vernunft letztlich das zentrale Wesensmerkmal des Menschen ist und dass auch diese Welt im Grunde vernünftig angelegt ist. Damit ging die Kampfansage an Unwissenheit, Vorurteile und alle unsinnig erscheinenden Traditionen der Vergangenheit einher – und die Aufklärer nahmen den Aberglauben direkt ins Visier. Dieser galt ihnen nicht nur als intellektuelles Defizit, sondern auch als ein moralisches Vergehen gegen die Natur, gegen Gott und gegen die öffentliche Ordnung. Die Aberglaubenskritik wurde schließlich zum wichtigsten Einzelthema der Volksaufklärung, und die Beseitigung des Aberglaubens wurde geradezu zur Heilsidee für Staat und Gesellschaft. Zugleich wurde der Begriff »Aberglauben« immer negativer aufgeladen und zum menschlichen Makel erklärt – und diese Vorstellung transportiert der (Kampf-)Begriff noch bis in unsere Zeit.[17]

Die Aufklärungsarbeit an dem magischen Erbe des Volkes wurde in verschiedenen Medien vorangetrieben: in Flugschriften und Zeitschriftenbeiträgen, in Predigten und Hausbesuchen von Pfarrern, aber auch in Volksliedern oder im Schulunterricht. Davon erhofften sich nicht nur die Volksschullehrer einen vorbeugenden Effekt. 1795 hieß es in einer entsprechenden Schrift, dass es leichter sei, »dem Aberglauben den Eingang in die Köpfe zu versperren als ihn, wenn er einmal darin ist, wieder herauszubringen«. Es gelte die Unwissenheit über die nachvollziehbaren Vorgänge in Natur und Religion zu erklären sowie die Fähigkeit des Denkens ganz allgemein zu fördern. Diese Gedanken prägten schließlich auch die Debatten um die Reform der Elementarschulen, die bis zur Neuordnung des Volksschulwesens in der ersten Hälfte des 19. Jahrhunderts anhielt. Mit entsprechenden Fibeln und Lesebüchern sollten die Kinder aus der magischen Vorstellungswelt ihrer Eltern und Großeltern befreit werden. So zählten zu den behandelten Themen die Gespenster- und die Kometenfurcht ebenso wie der Betrug durch Schatzgraben, das Wahrsagen oder der Teufels- und Hexenspuk.[18]

Was die Lehrer und mit ihnen die übrigen Aufklärer bekämpfen wollten, das mussten sie auch kennen. Und so setzte bereits Mitte des 18. Jahrhunderts eine wissbegierige Auseinandersetzung mit dem Aberglauben ein in Form erster »volkskundlicher« Betrachtungen über die Sitten und Gebräuche im Land. Bald wurde gesammelt, was das »gemeine Volk« an magischen Vorstellungen und Riten kannte oder sogar praktizierte. Damit ging aber auch eine nicht immer offen ausgesprochene Ahnung einher, dass nämlich der Aberglaube nicht nur etwas ist, was kraft der Aufklärung beseitigt werden musste, sondern auch etwas »Alterhergebrachtes«, das es zu bewahren galt.[19]

Ferdinand Sterzinger war indes weit davon entfernt, so etwas wie eine entspannte volkskundliche Betrachtung des magischen Erbes seiner Zeit zu betreiben – selbst wenn er mit seiner Sammlung des herrschenden Aberglaubens ebenfalls zur zeitgemäßen Dokumentation dieses Treibens im Lande beitrug. Viel zu groß war sein intellektueller Schmerz – er konnte bestimmte Rituale schlicht nicht ertragen. Und ganz offenbar war dieser Schmerz für ihn noch unerträglicher, wenn er abergläubisches Denken in seiner eigenen katholischen Kirche entdeckte. So verwundert es nicht, dass er auch öffentlich gegen den katholischen Geistlichen Johann Joseph Gaßner (1727–1779) zu Felde zog, der in Süddeutschland mit seinen Teufelsaustreibungen und Wunderheilungen für Furore sorgte. Der Theologe war der Ansicht, dass die meisten Krankheiten auf dämonische Kräfte zurückzuführen seien – was allein schon eine magische Sicht der Dinge darstellt – und dass er darüber hinaus auch noch in der Lage sei, die betroffenen Patienten mit seinem Exorzismus von diesen Krankheiten zu befreien.

Gaßner wurde von vielen betroffenen Menschen wie ein Wunderheiler begrüßt, in der öffentlichen Debatte hingegen meldeten sich auch vehemente Kritiker seines Treibens zu Wort. Wie eben

Ferdinand Sterzinger. Einem Geistlichen stehe es nicht an, so urteilt er über den wunderheilenden theologischen Kollegen, Nervenkrankheiten zu heilen, denn um die handle es sich ja wohl bei seinen »Patienten«. Zudem liege er grundsätzlich falsch mit seiner Einschätzung, wonach der Teufel eine von ihm beschriebene unmittelbare Wirkung auf den Menschen habe – und er also mit seinem Exorzismus tatsächlich Erfolg haben könne. Johann Joseph Gaßner sei schlicht ein »Phantast«, so Sterzinger, der nicht weiterpraktizieren dürfe:[20]

> Soll man ihm also das Handwerk niederlegen? Wenn man die üblen Folgen … betrachtet; wenn man scharfsinnige Gottesgelehrte und einsichtsvolle Aerzte fraget; so ist das Ja schon da: und daß es bald folgen möchte, wünsche ich als ein Seelsorger und Eiferer für die katholische Religion.

Es wird nicht nur Sterzinger geärgert haben, dass Gaßner ganz offensichtlich seine Fürsprecher selbst in der kirchlichen Hierarchie hatte und deshalb seine Teufelsaustreibungen etwa in den Bistümern Chur und Regensburg mit offizieller Erlaubnis praktizieren durfte.[21] In anderen Bistümern, wie etwa in Salzburg, wurden seine Handlungen in Hirtenbriefen hingegen als gefährlich und verwerflich gebrandmarkt.[22]

Ferdinand Sterzinger verfügte für seinen Kampf gegen die magischen Vorstellungen sozusagen über ein doppeltes Mandat: Er berief sich einerseits auf die Vernunft der Aufklärung, andererseits auf die reine katholische Lehre. Dementsprechend erschien ihm die Überschätzung des Teufels oder der Glaube an die Omnipräsenz der Hexen gleich aus zwei Gründen gefährlich. Und seine Kritiker fühlten sich von ihm deshalb auch doppelt verdächtigt: Sie sahen sich oft gleichermaßen dem Verdacht der Abweichung von der offiziellen Lehre des christlichen Glaubens wie auch dem einer mangelnden Vernunft ausgesetzt. Und beides wollte kein gelehrter Kopf gern über sich sagen lassen. Stattdessen spotteten sie zuweilen über die Gespensterstürmerei Sterzingers, der sich die Sache mit der Aufklärung dann doch wohl zu einfach vorstellte. »Sterzinger schreibt wider die Zauberkunst«, so spottet einer seiner Kritiker, und »mithin giebt es keine Hexen mehr.«[23]

Abseits solcher Polemik lässt sich rückblickend allerdings sagen, dass sich Ferdinand Sterzinger als katholischer Theologe doch in einer unglücklichen Lage befand, was seinen Feldzug gegen den Aberglauben angeht. Denn er musste im Prinzip ausbaden, was seine Kirche über Jahrhunderte hinweg praktiziert hatte. Zwar hatte sie stets den Aberglauben des Volkes gebrandmarkt und alle Konkurrenten auf dem Markt der Magie verbissen bekämpft. Doch sosehr sie um eine klare Unterscheidung zur Volksmagie bemüht war, so sehr war sie doch immer auch selbst auf ein Mindestmaß an Magie für ihre eigene Religion angewiesen. Um es mit dem Historiker Aaron J. Gurjewitsch zu sagen: Stets kehrte die Magie, »die von der Kirche zur Tür hinausgejagt wurde, sozusagen durchs Fenster in die kirchliche Praxis zurück«.[24] In gewisser Weise wurde die Kirche schlicht die Geister nicht mehr los, die sie einst selbst gerufen hatte: Sie hatte als Religion selbst ein magisch-spirituelles Potenzial im Gepäck, und zugleich bekämpfte sie den nicht christlichen Aberglauben als geistlichen wie finanziellen Konkurrenten – und zerstörte doch immer wieder in der Praxis die Grenze, die sie so vehement zwischen sich und dem »Volksaberglauben« gezogen hatte.

Erst in jüngster Zeit werden die strukturellen Ähnlichkeiten zwischen dem magischen Denken des »Volkes« und den zentralen Glaubenssätzen des Christentums anerkannt und benannt. Und es wird immer deutlicher, dass die vehemente Abgrenzung der christlichen Kirchen auch deshalb so scharf ausfiel, weil magische Vorstellungen eben unverzichtbar immer schon Bestandteil dieser Religion waren.[25] Wollte sich die Kirche gegenüber den so bezeichneten »heidnischen« Kulturen durchsetzen, musste sie den vermeintlich abergläubischen Sicherheitstechniken ihrer Zeit eigene christliche Techniken entgegensetzen. Denn die Nachfrage der Menschen war groß: Gegen Diebstahl und Hunger, gegen Krankheit oder den bösen Blick der Nachbarin, für eine reiche Ernte oder für gesunde Kinder stellte die magische Praxis des Volksaberglaubens geradezu unübersehbar viele Rituale, Beschwörungen, Zauberformeln und Gebete zur Verfügung.[26]

Aber auch zahlreiche Elemente der kirchlichen Praxis verbreiteten einen beachtlichen Zauber, und eine zentrale Rolle nahm dabei die Hostie und damit das Abendmahl während des Gottesdienstes ein. In der katholischen Kirche spricht bis heute der Priester bei der Wandlung die entsprechenden Worte »Denn dies ist mein Leib …«. Bis zum Zweiten Vatikanischen Konzil 1962 wurde über Jahrhunderte hinweg dieser Teil des Hochgebets allerdings still auf Lateinisch gebetet: »Hoc est enim corpus meum.« Brot und Wein werden tatsächlich in Leib und Blut Christi verwandelt – ein höchst geheimnisvoller, magischer Akt in den Händen des Priesters. Wirken diese Zauberworte wirklich? Handelt es sich wirklich um »Transsubstantiation«, also die tatsächliche Verwandlung von Brot und Wein, oder schlicht um »Hokuspokus«?[27] Das war und ist eine Sache des Glaubens an die Wirksamkeit eines magischen Vorgangs.

Die geweihte Hostie war niemals ein Gegenstand wie jeder andere, und immer wieder setzten Menschen deshalb auf die Zauberkraft, die von ihr ausging: Eine konsekrierte Hostie mache unsichtbar, so hieß es beispielsweise, und selbstverständlich galt sie als ein probates Amulett gegen den Satan und seine Versuchungen. Und sie diente zuweilen wohl auch Liebeszwecken: Wurde eine geweihte Hostie im Mund behalten und damit die Geliebte geküsst, so konnte sich so mancher junger Mann der ewigen Liebe seiner Angebeteten sicher sein.[28]

Die Kirche, deren Geistliche selbst die Kraft der Hostien etwa bei Prozessionen oder auch zur Abwehr von Sturmfluten oder Feuersbrünsten einsetzten, sah sich wegen solcher »Nachfragen« früh gezwungen, den Umgang mit Hostien streng zu regeln und etwa auch auf eine sichere Aufbewahrung zu drängen. Geschlossene Behälter sollten verhindern, dass ruchlose Menschen sie stahlen, um sie zu Zauberzwecken zu missbrauchen.[29] Wer das tat, dem drohte allerdings nicht nur Ärger mit dem örtlichen Geistlichen, sondern er lief auch Gefahr, mit harten himmlischen Strafen belegt zu werden. Wenn etwa Matrosen in ihrem Bedürfnis, auch auf dem offenen Meer den Leib Christi nicht missen zu wollen, verbotenerweise heimlich Hostien mitnahmen, konnte das angeblich zum Untergang des Schiffes führen.[30] Sogar eine schwere Sturmflut, die im 13. Jahrhundert Friesland verwüstete, soll auf eine Missachtung von Hostien durch einen betrunkenen Friesen zurückzuführen gewesen sein.[31]

Der Glaube an die Wunderkraft der Hostie war zugleich immer schon eng verbunden mit der Vorstellung, dass auch der Priester magische Fähigkeiten besitzt, wenn er kraft Amtes Gottes Willen verkündet und vollstreckt. Die Masse der mittelalterlichen Gläubigen sah während der Heiligen Messe in dem Priester, der ja vor ihren Augen Brot und Wein in den Leib und das Blut Christi verwandeln konnte, wohl vor allen Dingen einen Zauberer.[32] Aber eben einen von der Kirche geweihten Zauberer, einen Magier, der sich im Grunde nur durch sein Amt von anderen Magiern abhob:[33]

> Das einzige Kriterium, nach dem man die bedingungslos verurteilte Magie des Volkes und die sakralen Zeremonien der Geistlichen unterschied, war, wer sie ausübte: einfache Menschen, Dorfzauberer und Heiler oder ein dafür von der Kirche bevollmächtigter Priester.

Schon die bloße Anwesenheit eines Priesters flößte den Menschen deshalb oft genug Vertrauen ein – während seine Abwesenheit in Stunden der Not gefürchtet war. So vertraute die Landbevölkerung durchaus darauf, dass die bloße Präsenz eines Priesters im Dorf beispielsweise Unwetter und Hagel von der ganzen Region fernhalten kann. Denn seine Beschwörung, sein Gebet oder ein von ihm zelebrierter Gottesdienst vertrieb die Dämonen, die hinter dem Naturereignis vermutet wurden.[34]

Zauberei? Sowohl der geweihten Hostie als auch dem Priester selbst wurden im Mittelalter magische Kräfte zugeschrieben. Darstellung aus dem 12. Jahrhundert.

Wohl aus dieser Überlegung heraus wies im südfranzösischen Perpignan die bischöfliche Obrigkeit die Pfarrer sogar ausdrücklich darauf hin, bei drohendem Unwetter »in Euren Kirchen und Gemeinden zu verbleiben … und Euch ohne zwingende Gründe nicht entfernen zu dürfen«.[35] Die Gottesmänner nutzten zuweilen den Spielraum der magischen Mittel ihrer Zeit weidlich aus und konnten so in allen Lebenslagen zauberhaft helfen. So weihten sie beispielsweise sogenannte Geburts- oder Mariengürtel, die während des Geburtsvorgangs Mutter und Kind schützen sollten.[36] Andere setzten auch an der Schwelle zur Neuzeit auf den sogenannten Judasfluch, der halb Zauber, halb Fluch war. Mit ihm wurde einem möglichen Bücherdieb das angebliche Ende des biblischen Verräters Judas gewünscht: Selbstmord durch Erhängen. Im 15. Jahrhundert schrieb ihn beispielsweise ein frommer Benediktinermönch in ein Werk, um es so vor Diebstahl zu schützen:[37]

> Wer das puech stel, / des selben chel. / Muzze sich ertoben /
> Hoch an einem galgen oben.

Aufklärerische Zeitgenossen erzürnte dieses magische Handeln mancher Priester. Auch Ferdinand Sterzinger kritisiert eine Frömmigkeitspraxis, die viel zu sehr Aberglauben zulasse – »er dringt sich sogar in das Heiligthum hinein und verstecket seine Bosheit unter der Larve der Andacht«. Was er in einigen Segensbüchern seiner Kirche fand, müsse zu Recht »in unseren Zeiten von den aufgeklärten Köpfen als abergläubisch gehalten werden«. Einige Gebetsbüchlein enthielten Texte, die nicht mehr hinnehmbar seien, weil sie selbst Zauber bewirken sollten, andere versprächen ihren Besitzern vollständigen Schutz gegen »Zauberey, Hexerey und Teufelskunst«.[38]

Kann es da verwundern, dass in der magischen Praxis des Alltags neben der Hostie und dem Priester auch Kruzifixe oder selbst Reste von Kerzenwachs aus den Kirchen für Schutzzauber herhalten mussten? Aus Bayern berichtete ein Beobachter für das 18. Jahrhundert:[39]

> Um die Felder vom Hagel zu befreien raufte sich das Volk am Pfingsttage während der Vesperandacht um die Stückchen, welche von der brennenden Figur des hl. Geistes ... herunterfielen

> und auf die Äcker gesteckt wurden. Am Karfreitag eilten die Bauernweiber in die Kirche, bestrichen und beschmierten das zur Verehrung aufgestellte Kruzifix mit Eiern, Brot und Schmalz in Kreuzesform um das ganze Jahr hindurch an diesen Viktualien keinen Unfall zu haben. Auch ließ man eine Lampe mehrere Stunden neben dem Kruzifix brennen und missbrauchte sie zu verschiedenen Zaubermitteln.

Vieles im Repertoire und im Inventar der Kirche war anschlussfähig an die magischen Bedürfnisse der Menschen. Und rückblickend drängt sich der Eindruck auf, dass die Kirche auf diese Nachfrage des Kirchenvolkes notgedrungen reagieren musste. Dies galt auch für die Heiligen, die in der kirchlichen Erzählung wegen ihrer zuweilen unglaublichen und wundersamen Biografien ohnehin einen ganz besonderen Platz einnehmen. Im Mittelalter wurde der Kirche der Heiligenkult geradezu aufgezwungen. Weil das einfache Volk sich nicht mit der Idee eines weit entfernten und irgendwie abstrakten Gottes begnügte, fand es besonderen Gefallen an konkreten übernatürlichen Helfern und Beschützern in der Not: den Heiligen. Wollte die Kirche diese Glaubenszeugen in erster Linie als Inbegriff der christlichen Tugenden verstehen, so sahen die mittelalterlichen Menschen in ihnen vor allem Zauberer.[40]

Ob die Kirche nun wollte oder nicht, sie hatte nun mal hochattraktive Magier in ihren heiligen Reihen. Dazu zählten zunehmend auch die Heiligen Drei Könige, die »Magier« aus dem Morgenland. Sie fanden doch laut biblischer Erzählung einst auf wundersame Weise den Weg bis zum Stall von Bethlehem, um den neugeborenen Heiland zu begrüßen. Das war schon verehrungswürdig genug, und die Erzdiözese Köln verdankt den seit dem 12. Jahrhundert dort gezeigten angeblichen Gebeinen dieser Heiligen Ruhm, Ehre und auch Einnahmen der Pilger. Doch die drei Könige hatten stets abseits der kirchlichen Inanspruchnahme ganz offensichtlich auch einen profanen Nutzen: Wenn Kaspar, Melchior und Balthasar einst den Weg zur Krippe fanden, könnten sie dann nicht auch die Wege zu verborgenen, aber ganz irdischen Reichtümern weisen? Das jedenfalls dachten sich im Mittelalter viele Schatzsucher, die die drei Weisen aus dem Morgenland in einem Zaubergebet ausdrücklich um Unterstützung baten:[41]

> Jch beschwer uch by den hailgen dryen kungen, by sant caspar, by sant melchior und by sant balttasar, das sie uns also recht wissen uff den rechten verborgen schatz, als sie gewiset war und von dem stern, der jn vor gieng zue der waren kinthait und zu kunfft unsers herren jhesu christi. Amen.

Es ist nicht überliefert, ob die Heiligen bei der Schatzsuche letztlich wirklich behilflich waren, doch verweist dieses Gebet darauf, dass Heilige in der langen Kirchengeschichte immer auch eine ökonomische Seite hatten. Das entdeckte die Kirche schon sehr früh, als sich nämlich die ersten Gläubigen auf den Weg machten, um bestimmte Orte aufzusuchen, an denen sie ihr Gebet zu den Heiligen oder auch zur Mutter Gottes verrichteten. Denn mit den Pilgern floss das Geld. Diese frommen Menschen mussten schließlich essen und trinken, sie brauchten ein Bett für die Nacht und gaben am Ziel ihrer Reise für vielerlei Dinge Geld aus: für religiöse Andenken und Devotionalien aller Art, Pilgerzeichen, Bildmotive, Gebetszettel, Rosenkränze, geweihte Kerzen und vieles andere mehr.[42]

Traditionell beliebt waren bei den Gläubigen auch die sogenannten Angerührtzettel: Diese, so wurde schließlich sogar mit einem kirchlichen Stempel oder einem entsprechenden Aufdruck bescheinigt, hätten direkt die Reliquien von Heiligen berührt und besäßen deshalb Wunderkräfte. Sie schützen demnach ihre Besitzer vor vielerlei Krankheiten oder vor allen Gefahren des Reisens, vor jedwedem Schadenszauber und vor allem vor dem Umstand, dereinst zu sterben, ohne die heiligen Sakramente empfangen zu haben, wodurch der Zugang zum Himmel versperrt gewesen wäre. Diese Praxis der Angerührtzettel überdauerte das Mittelalter und begleitet die Katholiken bis in die Gegenwart. Der Historiker Werner Schäfke, der lange das Stadtgeschichtliche Museum Köln leitete, erinnerte sich an das Frühjahr 1979, als der damalige Kustos der Kölner Domschatzkammer eine Platte am Schrein der Heiligen Drei Könige öffnete und sodann »einen dicken Stapel Anrührzettel fest im Griff einer hölzernen Heringszange wie zum Staubwischen über die Schädel streichen ließ«. Einerseits war der Historiker offensichtlich ein wenig sprachlos über das altertümliche und befremdliche Vorgehen, andererseits konnte er sich der Magie nicht entziehen: Er hatte seit diesem Tag ein Exemplar der »mit einem handelsüblichen Bürostempel nach barockem Vorbild auf alter Seide gestempelten Angerührtzettel in [seiner] Brieftasche«.[43] Sicher ist sicher.

Der Handel mit solchen religiösen Devotionalien zeigt, dass die Konkurrenz zwischen der christlichen Kirche und den von ihr als »Aberglauben« bekämpften Vorstellungen zugleich sehr handfeste finanzielle Aspekte hatte: Die Menschen entschieden angesichts ihrer Sorgen und ihrer Ängste ja nicht nur, welche Form der Magie und welches Ritual ihnen letztlich wirklich helfen konnte, sondern auch, wer dafür die fällige Entlohnung einstreichen durfte. Schon im frühen Mittelalter ärgerte sich ein Bischof, dass die Bauern in seiner Region den Geistlichen offensichtlich »niemals freiwillig den Zehnten« bezahlten, »obwohl man es ihnen predigt, oft vorliest, sie wiederholt dazu ermahnt«. Das wäre für jeden Bischof schon ärgerlich genug, noch schlimmer wog aber für den Gottesmann, dass die Bauern sehr wohl freiwillig und offensichtlich ohne Zögern einen Teil der Ernte »ganz erbärmlichen Menschen« überließen, die mit ihren Zauberkräften angeblich den Ort vor Gewitter beschützen könnten.[44] Diese finanzielle Konkurrenz hatte bis in die Neuzeit Bestand, und die Kleriker und ihre kirchentreuen Anhänger kommentierten höchst verärgert den kommerziellen Nutzen, den die Anbieter magischer Praktiken aus ihrem Wissen zogen. Von »Hexenlohn« war dann schnell mal die Rede, wenn jemand die eine oder andere Münze für einen Abwehr- oder Schutzzauber einstecken konnte.

Da war die Kirche fraglos gut beraten, bestehende magische Vorstellungen mit christlichen Vorstellungen aufzuladen. Dies gelang in erheblichem Umfang bei der Nutzung der so bezeichneten »Schluckzettelchen«, mit denen Menschen wie Tiere von Krankheiten geheilt werden sollten: Magische Zeichen, einfache Sprüche (»Fieber bleib aus, ... ist nicht zu Haus«) oder Bildmotive wurden auf Zettel gezeichnet oder gedruckt, die dann von Kranken oder von Krankheit Bedrohten gegessen wurden.[45] Diese magische Praxis gab es außerhalb der Kirche, doch sie griff diese erfolgreich auf. Diese Zettel waren bald besonders bei Wallfahrten beliebt, vor allem die Jungfrau Maria wurde neben anderen Heiligen zum vorherrschenden Motiv. Und noch in unserer Gegenwart ist diese Praxis nicht gänzlich vergessen: Erst im Jahr 2021 erschien wieder ein Bändchen mit über 1700 Schluckmotiven der Mutter Maria, laut Werbung »für jedes Wehwehchen ausschneidbar« und anwendbar, denn Maria helfe auf diese Weise noch immer bei jeder Krankheit, »egal, ob Warzen, Fäulnis oder Elektrosmog«.[46]

Der schwunghafte Handel der Kirche mit Reliquien und Devotionalien aller Art brachte dem Katholizismus mit der Reformation allerdings einen unangenehmen, weil hartnäckigen christlichen Gegenspieler ein: Der Protestantismus erhob jetzt vor allem mit Blick auf die Reliquienverehrung massiv den Aberglauben-Vorwurf gegen die römische Kirche. Bis heute hat sich dieser Vorwurf erhalten, auch wenn er in unseren Tagen aus ökumenischer Rücksichtnahme nicht mehr so offensiv vorgetragen wird. Aber Martin Luther nahm seinerzeit noch kein Blatt vor den Mund, wenn er magisches Treiben der Katholiken ausmachte. So wetterte er etwa über das Verhalten von katholischen Soldaten angesichts eines Kampfes:[47]

> Da befiehlt sicher einer St. Georg, der andere St. Christophorus, einer dieser, der andere jenem Heiligen. Etliche können (sc. angeblich!) Eisen und Geschosse beschwören, etliche können

> Roß und Reiter segnen, etliche tragen (sc. ein Stück vom) Johannesevangelium oder sonst etwas (sc. als Amulett) bei sich, worauf sie sich verlassen. Diese alle sind in gefährlichem Stande.

Was dem Protestantismus als religiöse Praxis fremd war, wurde nahezu umgehend als »Aberglauben« denunziert. In Zeiten der tiefen konfessionellen Spaltung Deutschlands war dieser Vorwurf ein fester Bestandteil der antikatholischen Polemik. Der einflussreiche Berliner Verleger und Schriftsteller Friedrich Nicolai (1733–1811) denunzierte beispielsweise die Wallfahrten schlicht »als schändliche Ausbrüche des Aberglaubens, der Dummheit und der Zügellosigkeit«.[48] In seiner *Beschreibung einer Reise durch Deutschland und die Schweiz im Jahre 1781* berichtete er von den für ihn sonderlichsten Formen von Wallfahrten, wie er sie in der Nähe von Passau erlebte:[49]

> Man siehet sogar nicht selten Wallfahrter, die zufolge eines gethanen Gelübdes den hohen Berg auf den Knieen heraufrutschen ... Wozu soll dieß nützen? Vor wenigen Jahren sah man auch noch vermummte Büßer, nämlich Leute, welche, um unbekannt zu bleiben, einen Lappen mit Löchern vor den Augen, vors Gesicht hiengen, und um Sünden zu büßen, ein schweres hölzernes Kreuz den Berg hinaufschleppten. Kann man den Aberglauben höher treiben?

Gerade die Verehrung der körperlichen Überreste heiliger Menschen ist für Nichtkatholiken bis heute im Grunde nicht nachzuvollziehen. Sie würden es vielleicht nicht ganz so drastisch ausdrücken wie der Schriftsteller und Naturforscher Georg Forster (1754–1794), der auf einer seiner Reisen auch ins katholische Köln kam und seinen Schrecken über das geistige Niveau der Bewohner notierte: »Nirgends erscheint der Aberglaube in einer schauderhafteren Gestalt« als in dieser Stadt, und die »blinde

Abgötterei«, die der Pöbel mit den Reliquien treibe, sei selbst für Katholiken im Grunde ein Ärgernis. Gerade die Vielzahl der zur Schau gestellten Skelettreste, die der heiligen Ursula und ihren Gefährtinnen zugeschrieben wurden, erschreckte den aufgeklärten Besucher:[50]

> Wenn die Legende von den elftausend Jungfrauen auch so wahr wäre, wie sie schwer zu glauben ist, so bliebe doch der Anblick ihrer Knochen in der Ursulakirche darum nicht minder scheußlich und empörend. Allein, daß man die Stirne hat, dieses zusammengeraffte Gemisch von Menschen- und Pferdeknochen, welches vermuthlich einmal ein Schlachtfeld deckte, für ein Heiligthum auszugeben, und daß die Köllner sich auf diese Heiligkeit todtschlagen lassen, oder, was noch schlimmer ist, den kühnen Zweifler selbst leicht ohne Umstände todtschlagen könnten: das zeugt von der dicken Finsterniß, welche hier in Religionssachen herrscht.

Seit Luthers Zeiten war dem deutschen Protestantismus klar, dass sich die Katholiken mit solchem und ähnlichem Irrglauben letztlich auch an Gott versündigen. Dementsprechend seien nach ihrem Tod auch ihre Seelen verloren – sie landeten also wegen ihres Aberglaubens sämtlich in der Hölle. Wie gut musste es sich da anfühlen, protestantisch zu sein und also auf der richtigen Seite zu stehen! Noch gut zwei Jahrhunderte nach der Reformation klang diese Erleichterung nach, diesen abergläubischen Ballast für immer losgeworden zu sein. Es »hat uns der Herr in gnaden davon befreyet, was ... widriges von aberglauben in der Römischen kirche auffgetrungen wird«, schreibt frohgemut der lutherische Theologe Philipp Jacob Spener im Jahr 1700.[51]

Doch vielleicht sollte diese Erleichterung ein wenig darüber hinwegtäuschen, dass der protestantische Gottesmann sich nicht wirklich sicher sein konnte, dass seine Schäfchen dem römischen Treiben tatsächlich entsagt hatten. Denn selbst evangelische Gläubige blieben anfällig für magisches Denken. Lutheraner berichteten gern die Geschichte von dem wunderbaren Luther-Bildnis, das einfach nicht brennen wollte, als Luthers Geburtshaus in Flammen aufging. Für sie war das ein Beweis für die Richtigkeit seiner reformatorischen Lehre.[52] Und Protestanten pilgerten immer wieder zu katholischen Priestern oder ausgewählten katholischen Einzelpersonen, suchten katholische Kirchen auf oder nutzten katholische Riten, wenn sie sich in Not wähnten und von der eigenen Kirche keine ausreichende Unterstützung erwarteten.

Besonders schmerzhaft für die Kirchenleitungen dürfte die Einsicht gewesen sein, dass einem katholischen Priester in magischer Hinsicht zuweilen einfach mehr zugetraut wurde als dem protestantischen Pfarrer. Über katholische Geistliche hieß es auch in protestantischen Gebieten, diese übten »große Macht über allen bösen Zauber und Spuk, ja, den Teufel selbst« aus. Wäre es nicht fahrlässig, diese Macht nicht zu nutzen, auch wenn sie von der »falschen« Religion kam? In Ostpreußen wurde beobachtet, dass das evangelische Landvolk katholische Geistliche um Hilfe bei der Aufklärung eines Diebstahls bat, im lutherischen Masuren wendeten sich Bauern zum Wegsegnen von Viehseuchen an »päpstliche« Beschwörer. In Westpreußen glaubte man, ein katholischer Geistlicher habe einmal landplagende Heuschrecken verbannt, und hessische Protestanten zogen schon mal ins benachbarte katholische Eichsfeld, wenn sie den Teufel bannen oder einen Schatz heben wollten.[53] Die Reichweite der katholischen Kirche in Sachen Magie schien im Alltag einfach größer zu sein, hieß es dementsprechend in einer volkskundlichen Beurteilung:[54]

> Der kath. Kult selbst und seine mystischen Symbole strahlen geheimnisvolle Kräfte aus, die auch der abergläubische Prot. [estant] nicht leugnet und gerne selber benutzt, kath. Amulette trägt oder kath. Zauberformeln spricht. Hexengläubige prot.

Altwürttemberger oder Oldenburger holen zur Abwehr Weihwasser aus kath. Gegenden und schreiben C. M. B. an Stall- und Wohnungstür.

Tatsächlich entwickelte sich der deutsche Aberglauben, betrachtete man ihn einmal vorurteilsfrei als kulturgeschichtliche Quelle, erkennbar unterschiedlich entlang der Konfessionsgrenzen. Volkskundliche Untersuchungen zu Beginn des 20. Jahrhunderts konnten zeigen, dass abergläubische, irrationale und mystische Vorstellungen in katholischen Gebieten deutlich überwogen. In der Welt des magischen Denkens wurde das durchaus als Gewinn betrachtet – viele Katholiken wähnten sich weiterhin in einer »Überlegenheit in der abergläubischen Kunst«, und manche Protestanten fühlten sich schlicht arm an solchem »Abergut«. Es gab Menschen, die offiziell Mitglied einer evangelischen Kirche waren, sich gleichzeitig aber nach dem übersinnlichen Überschuss der katholischen Welt sehnten. Sie wollten auf das traditionelle magische Erbe im Notfall eben nicht verzichten.[55]

So gesehen prallte der Vorwurf des Aberglaubens bis zu einem gewissen Grad an den Katholiken schlicht ab. Sie lebten weiterhin in einer deutlich magischeren Welt, und in der Praxis mischten sie zuweilen munter kirchliche wie abergläubisch-magische Elemente miteinander. Das mussten selbst ihre Heiligen erfahren: Wenn es etwa am Tag des heiligen Urban, der als Beschützer der Winzer gilt, in Süddeutschland gutes Wetter gab, wurde er angebetet. War das Wetter allerdings schlecht, wurde das Abbild des Heiligen in den Schmutz geworfen[56] – der »Zauber« des Heiligen hatte halt nicht funktioniert, und das Publikum war mit dem Ergebnis des magischen Handels nicht einverstanden …

Wie gut, dass sich die Katholiken auf die Wunder verlassen konnten, die direkt von Gott kamen. In vielen Geschichten und Gerüchten, die durch das Land wanderten, war immer wieder von regelrechten Gottesurteilen die Rede, mit denen Gott die Freveltaten der Nichtkatholiken sanktioniert habe. In einer dieser Erzählungen stirbt beispielsweise völlig unerwartet ein lutherischer Pfarrer – weil er zuvor ein Heiligenbild verletzt hatte. Oder es wird von einem evangelischen Hilfsprediger berichtet, der eine Kirche hat abbrechen lassen – auch er stirbt plötzlich, und als Zeichen seiner Verderbtheit können nach seiner Beisetzung »Würmer und Schlangen ... nicht aus seinem Grab vertrieben werden«. Ein anderer Protestant, so hieß es, soll die Gottesmutter Maria verächtlich eine Wäscherin genannt haben – und wurde gleich darauf vom Blitz erschlagen.[57]

Die Beispiele zeigen, wie reichhaltig das magische Angebot war, auf das die Christen – sehr viel länger die Katholiken – zurückgreifen konnten, um sich in ihrem Leben sicherer zu fühlen, und wie eng sich dieses Instrumentarium des Handelns zuweilen an die kirchliche Praxis anlehnte. Gebete, Segenssprüche und die Vorstellung von der Wirkkraft von Reliquien waren sozusagen transportabel und konnten nach Bedarf den engen Raum der offiziellen kirchlichen Lehre verlassen. Auch gegen den Protest oder den Widerstand der Kirchenleitungen griffen selbst »gute« Christenmenschen auf das ganze Spektrum der Möglichkeiten zurück, die ihnen der Markt der magischen Praktiken bot. Aus welchem Grund, so muss auch rückblickend gefragt werden, sollten die Menschen auf diese erprobten Verfahren verzichten? Weil die Aufklärer des 18. Jahrhunderts ihnen das aus Gründen der Vernunft ans Herz legten? Weil sie ihnen das »Licht« der Erkenntnis anpriesen, das die alten Geister für immer vertreiben sollte?

In der Praxis des Alltags musste sich die Aufklärung erst einmal beweisen, und das war alles andere als einfach. Das räumten bei aller Begeisterung für ihre Sache auch mehr und mehr Aufklärer selbst ein. Es scheint, als hätten sie sich gerade am Aberglauben fast die Zähne ausgebissen. Am Ende des 18. Jahrhunderts bedauerte der Schriftsteller und protestantische Theologe Heinrich Ludwig Fischer (1761–1831), dass »der glaube immer noch gemein ist und wirkt« und dass er selbst in den Schulen nicht wirksam bekämpft werde. Es gebe viel zu viele Belege dafür, »daß man noch weit genug

Die Warnung der Aufklärung, hier als Titel einer Radierung von Francisco de Goya: »Der Schlaf der Vernunft gebiert Ungeheuer« (1799).

von dem Zeitpunkt entfernt sey, wo man sagen könnte: es ist genug geschehen für die Aufklärung des großen Haufens!«.[58] Sogar große Geister schienen zuweilen die Geduld zu verlieren, wenn es um den Kampf gegen die vermeintliche Unvernunft ging. Immanuel Kant (1724–1804), der gern als Vollender der Aufklärung bezeichnet wird, schrieb 1790 auf eine Anfrage wegen »der jetzt so überhandnehmenden Schwärmerei« ein wenig resigniert:[59]

> Weitläufige Widerlegung ist hier wider Würde der Vernunft und richtet auch nichts aus: Verachtendes Stillschweigen ist einer solchen Art von Wahnsinn besser angemessen, wie denn auch dergleichen Ereignisse in der moralischen Welt nur eine kurze Zeit dauern, um anderen Thorheiten Platz zu machen.

Das »Nicht-Verstehen« des Irrationalen ist für das 18. Jahrhundert einmal als epochaltypisch beschrieben worden. Das Faszinierende am Magischen lebte auch in diesem Jahrhundert augenscheinlich ungebrochen weiter, das Wundervolle, das Staunenswerte und nicht Erklärbare schlug das Publikum oft genug mehr in den Bann als »die Plattheit aller Rationalisierungen«. Selbst der Betrugsvorwurf, den die aufklärerischen – ebenso wie lange vor ihnen auch schon die kirchlichen – Kritiker gegen die magische Praxis ins Feld führten, verfing augenscheinlich auch im 18. Jahrhundert ebenso wenig wie in den Jahrhunderten zuvor.[60]

So gehört es vielleicht zu den charmantesten Fehleinschätzungen der Geschichte, dass die Aufklärung der Menschheit die Augen geöffnet und den Spuk der alten Zeit vertrieben habe. Vielmehr erscheint es ganz so, als habe die Nachwelt allzu früh den Sieg der Rationalität ausgerufen. Der Schweizer Historiker Ulrich Im Hof (1917–2001), der sich lange mit dieser Zeit beschäftigt hatte, kam zu der ernüchternden Einsicht:[61]

> Im Grunde war die Menschheit durch die Aufklärungsbewegung überfordert worden. Dieses neuartige, starke Licht blendete allzu

sehr, kam oft allzu rasch und unvermittelt in die barocke Dunkelheit hinein. Eine Elite von Denkern und Aristokraten war der oft naiven Meinung, es genüge der Appell an die ratio, um der Menschheit segensreiche Erkenntnisse schmackhaft zu machen.

Auf den sogenannten Aberglauben traf dies auf jeden Fall zu. Nur weil ihnen ein paar gelehrte Denker erklärten, dass sie keine Furcht vor einem nahen Tod in der Familie haben mussten, wenn der Ruf einer Eule unter dem Fenster ertönt, verschwand ihre Angst nicht. Und wenn mit den Mitteln der Vernunft verkündet wurde, dass es keine Gespenster gebe, so hörten die Menschen nicht allein deswegen auf, welche zu sehen oder anderen zu glauben, dass sie welche gesehen hätten. Das musste auch der Theologe und Streiter Ferdinand Sterzinger einsehen. Es sei doch nicht so, dass es beispielsweise keine Hexen mehr gebe, nur weil dieser Anhänger der Aufklärung dies behaupte.[62] Und so blieb auch dem wacker kämpfenden Sterzinger letztlich nur das Eingeständnis, wie schwer es seinerzeit und wohl auch in Zukunft sein würde, den Aberglauben aus der Welt zu schaffen und die Menschen mit dem Licht der Aufklärung vertraut zu machen:[63]

> So helle es aber auch in der Sphäre der Gelehrten ist: so ist doch das Licht bey weitem nicht bis zu dem gemeinen Volke durchgedrungen, welches gleichwohl den größten Theil Menschen ausmacht. Es giebt noch allenthalben blöde Gesichter genug, die das Natürliche, was ihnen vor den Augen steht, nicht sehen, und dem Uebernatürlichen den Vorzug geben.

Damit flüchtet sich der Gottesmann in seiner Hilflosigkeit allerdings in eine weit verbreitete Polemik: Der Aberglaube und der Glaube an das Irrationale seien eben eine Sache der »Blöden«, des ungebildeten Volkes. Das deckte sich allerdings zu keiner Zeit mit den historischen Tatsachen: Selbst Fürsten und Könige hatten magische Berater an ihrer Seite, die wohlsituierten Bürger in den

Städten der frühen Neuzeit räumten dem Übernatürlichen ebenso einen festen Platz in dieser Welt ein wie die Landbevölkerung im Mittelalter.

Und die Kirche tat aus Eigeninteresse gut daran, die magischen Wünsche der Menschen nicht rücksichtslos und vollkommen zu ignorieren. Schließlich stand im Mittelpunkt ihrer eigenen Existenz das ganz und gar wundersame Versprechen auf die göttliche Erlösung. Die Kirche hielt damit stets ein unfassbar beeindruckendes magisches Versprechen in ihren Händen, das sich allerdings auf das Jenseits erstreckte und naturgemäß im Diesseits nicht überprüft werden konnte. Damit existierte immer auch der latente Zweifel, ob das denn wirklich stimme, was da versprochen wurde. Das wundersame Versprechen der Kirchen blieb für die Gläubigen zwangsläufig unbewiesen – sie konnten es glauben oder auch nicht. Das Resultat war dann oft genug eine Frömmigkeit, »die gern hätte, dass es wahr wäre, was zu schön zu sein scheint, um wahr zu sein« – und die sich gegen die Ernüchterung wehrt, dass es sich doch nur um ein leeres Versprechen handle, für das es in dieser Welt keine Beweise gebe.[64]

War es da nicht lebensklüger, dem »Übernatürlichen« den Vorzug zu geben? Ferdinand Sterzinger hatte genau dies den abergläubischen Zeitgenossen vorgehalten – aber gerade dieses Zulassen des Übernatürlichen war doch zugleich ein Garant für das Fortbestehen seiner Kirche. Das erklärt auch zum Teil die Kritik, die Sterzinger aus den eigenen theologischen Reihen erntete: Ein zu energischer Kampf gegen den Aberglauben und gegen die Magie schade auf lange Sicht der Kirche womöglich mehr, als er ihr nütze.

Wenn die Kühe im Frühling zum erstenmal aus dem Stalle auf die Weide getrieben werden, so muß ein Holzbeil und Feuerstahl in eine blaue Schürze gewickelt, und stillschweigend inwendig vor die Thürschwelle des Stalls gelegt werden, damit sie darüber gehen; so können ihnen die Hexen nichts anhaben.

Der Theologe und Aufklärer Heinrich Ludwig Fischer 1794
über magische Beschwörungen zu seiner Zeit[1]

Verhext!

Margarethe Meineken und die verzauberte Kuh

Vermutlich wollte die 15-jährige Margarethe Meineken nur ein bisschen angeben. Oder ihrer vier Jahre älteren Verwandten Catharine, die sie nicht besonders gut leiden konnte, schlicht einen Schrecken einjagen. Jedenfalls nahm sie diese an einem Tag des Jahres 1662 zur Seite und erzählte ihr höchst verschwörerisch, dass sie hexen könne. Und um ihrer Geschichte die nötige Glaubwürdigkeit zu verleihen, wollte sie auch gern einen ihrer bewährten Hexensprüche aufsagen. Catharine solle am besten gleich mitsprechen, ermutigte sie das Mädchen, und begann mit ihrem »magischen« Spruch, den nur sie als Hexe, also als Dienerin des Satans, wissen und aussprechen könne:[2]

> Hier stehe ich auf dem Mist, verschwöre den Herrn Christ, Sonn und Mond und keinem Menschen Gutes zu thun, denn nur allein dem Teufel.

Doch damit nicht genug, Margarethe trieb den Schrecken noch weiter. Damit gar nicht erst der Eindruck entsteht, sie würde womöglich nur angeben und in Wirklichkeit gar keine Hexenkraft besitzen, berichtete sie der entsetzten Verwandten gleich noch von einer besonders üblen Freveltat, die sie mit ihrer Hexenkunst selbst begangen habe: Gemeinsam mit ihrer Mutter, die übrigens ebenfalls eine Hexe sei, habe sie nämlich eine Kuh in ihrem Heimatort Westeresch unweit von Rotenburg an der Wümme »todtgezaubert«. Damit dürfte Catharine endgültig schockiert gewesen sein über das offensichtlich finstere Treiben ihrer Verwandtschaft. Margarethe Meineken und auch ihre Mutter sind Hexen? Und sie überziehen ihr Heimatdorf mit einem Schadenszauber? Kein Wunder, dass Catharine diese brisante Neuigkeit nicht für sich behalten konnte …

Bald schon machten diese Neuigkeiten die Runde in dem kleinen norddeutschen Nest. Es wurde getuschelt und geraunt, vor allem die Mutter, aber auch die Großmutter des Mädchens seien nie recht geheuer gewesen. Und da ja schließlich bekannt sei, dass sich die Hexerei von den Müttern auf die Töchter vererbe, sei es im Grunde auch gar nicht verwunderlich, wenn die kleine Margarethe inzwischen ebenfalls mit der schwarzen Zauberei angefangen habe. Bald schon fanden sich auch »Zeugen« des bösen Treibens. Vor allem ein Bauer, dem angeblich ohne jedes Krankheitssymptom plötzlich eine Kuh gestorben war, heizte die Stimmung weiter an: Ihm persönlich sei völlig klar, dass die 15-jährige Margarethe das Tier »totgezaubert« habe.

So vergingen zwei Jahre, in denen das Gerede um die angebliche junge Hexe nie ganz aufhörte, und schließlich ergriff der Vater des angeschuldigten Mädchens im Jahr 1664 selbst die Initiative: Claus Meineken reichte Klage gegen Dorothee Holsten ein, die Frau des Bauern mit der angeblich totgehexten Kuh. Entweder die höre endlich auf, seine Tochter weiterhin als Hexe zu denunzieren, so heißt es in der Eingabe des Vaters, oder sie müsse ihren Vorwurf auch beweisen – ansonsten sei es an einem Gericht, sie für ihre falschen Beschuldigungen zu belangen.[3] Und so nahm das juristische Verfahren seinen Lauf: Die inzwischen 21-jährige Catharine Meineken wiederholte ihre Aussage, wonach die nun 17-jährige Margarethe sie bereits zwei Jahre zuvor das Zaubern lehren wollte, und dass diese zugegeben habe, gemeinsam mit ihrer Mutter Metta die Kuh des Bauern Johann Holsten mit ihrem magischen Treiben getötet zu haben. Doch beide Frauen wiesen daraufhin den Vorwurf der Hexerei von sich. Wer hat also recht? Die Vernehmer wollten sich zunächst ein Bild von den Persönlichkeiten der beiden jungen Frauen machen, die sich gegenseitig der Falschaussage beschuldigten:[4]

> Es werden darauf anwesende Geistliche über den Ruf der Margarethe und Catharine Meineken vernommen, welche nichts Besonderes wissen, nur hat die Großmutter der Letztern schon für eine Hexe gegolten.

Mit der guten Nachricht für die beschuldigte Margarethe – sie selbst sei noch nicht unangenehm aufgefallen – wurde also gleich das nächste böse Gerücht aus dem Munde der Kleriker verbreitet: Steht der böse Zauber bei den Frauen in der Familie Meineken womöglich doch in einer schlimmen Tradition? Catharine, die mit ihrer Aussage ihre Verwandte schwer belastet hatte, erschien den Vernehmern nach der Auskunft der Geistlichen jedenfalls zunächst einmal vertrauenswürdig, weshalb sie gleich am nächsten Tag gegen eine Kaution auf freien Fuß gesetzt wurde. Margarethe hingegen blieb in Haft. Gegen sie sagten nun die Bauersleute mit der verlorenen Kuh ausführlicher aus. Angeblich hat das Mädchen in einem Gespräch mit ihnen gestanden, dass sie für den Schadenszauber verantwortlich gewesen sei. Eine Zeugin zitierte Margarethe mit den Worten:[5]

> Ach, saget doch meinem Vater nichts davon, wenn derselbe solches erführe, er würde mich todtschlagen, oder ich müßte hingehen und mich ertränken.

Margarethe Meineken bestritt auch diesen Vorwurf – aber es stand erneut Aussage gegen Aussage. Doch in einem solchen Fall von angeblicher Hexerei konnte es schließlich kein juristisches

»Unentschieden« geben. Denn längst schon ging es ganz offensichtlich um den sozialen Frieden im Dorf: In den zurückliegenden zwei Jahren – vermutlich sogar schon etwas länger – hatte sich kollektiver Unmut über die Frauen der Familie Meineken aufgebaut, der nun in die Anschuldigung der Hexerei mündete. Bei diesem Delikt ging es für alle Beteiligten potenziell um Leben und Tod: Wem eine Hexe Böses wollte, so viel war klar, der musste um Besitz, Gesundheit und sogar Leben fürchten. Wer indes der Hexerei überführt wurde, fand sich letztlich womöglich in den Händen des Scharfrichters wieder. Allerdings musste möglichst zweifelsfrei festgestellt werden, ob es sich bei einer beschuldigten Frau tatsächlich um eine Hexe handelte – oder bei den deutlich seltener beschuldigten Männern um Hexer. Und diese Beweisführung war fürwahr alles andere als einfach.

Was ist eine Hexe, und woran lässt sie sich erkennen? Wenn es nur so einfach wäre wie auf dieser Darstellung aus dem Jahr 1870 von Hans Thoma, der einen Blick in die Hexenküche gewährt. Der »Beweis« der Hexerei war alles andere als einfach …

Was also ist eine Hexe? Grundsätzlich waren damit zauberkundige Frauen gemeint, die angeblich im Dienste von Dämonen und Teufeln stehen und mit ihren magischen Fähigkeiten in aller Regel Schaden über Menschen und manchmal auch Tiere bringen. Nun gehörten die Hexen, die Hexenmeister und alle anderen Arten von zauberkundigen Menschen zum festen Repertoire des magischen Personals in allen Gesellschaften. Auch wenn viele meinten, selbst über ein gewisses Maß an Kenntnissen über magische Rituale zu verfügen, so gingen die Menschen etwa im Mittelalter wie selbstverständlich davon aus, dass es eben auch Zeitgenossen gibt, die sich noch besser mit solchen Dingen auskennen. Entweder hatten diese sich schlicht mehr magisches Wissen angeeignet, diese Kenntnisse von den Eltern und Großeltern »geerbt«, oder sie waren auf geheimnisvolle und nicht immer rekonstruierbare Weise von kosmischen Mächten mit höheren Einsichten und Fähigkeiten ausgestattet worden. Sie galten sozusagen als die Profis des magischen Denkens und Handelns, vor denen sich die Menschen in Acht nehmen sollten. Denn über je mehr Methoden und Geheimnisse ein solcher Mensch verfügte, desto größer erschien stets auch seine Macht.[6] So waren Hexen lange Zeit in erster Linie Zauberinnen – deren Künste durchaus genutzt werden konnten, vor denen sich die Menschen aber auch fürchteten.

Bis zum Ende des Mittelalters war aus dieser »Zauberin« allerdings eine »Hexe« geworden, nämlich eine dezidiert »antichristliche« Figur[7] und damit eine von der Kirche verfolgte Frau. Denn während die weltliche Obrigkeit zunächst gegen Zauberei im eigentlichen Sinn keine Strafen verhängte, bewertete die Kirche mit dem ausgehenden Mittelalter die Hexerei vor allem als Häresie, als bewussten Akt des Verstoßes gegen die kirchliche Lehre – und zwar im Dienste des Teufels. Damit gerieten diese Frauen wegen schwarzer Zauberei und Ketzerei ins Blickfeld der Inquisition, und die Hexen waren sozusagen Agentinnen eines großen teuflischen Plans, nämlich einer Verschwörung gegen das Christentum. Das erklärt den Eifer der Verfolgung bis hin zur Ermordung der Hexen: Es ging aus kirchlicher Sicht stets darum, dem Satan selbst das Handwerk zu legen. Eine Hexe, so die kirchliche Vorstellung, schloss einen Pakt mit dem Teufel, außerdem führte sie eine als »Teufelsbuhlschaft« bezeichnete intime Beziehung mit Satan – übrigens wegen der vielen schlüpfrigen Details auch eines der Lieblingsthemen der an der Hexenverfolgung beteiligten Kleriker.

Der Glaube an die Existenz von Hexen war somit nie ein Vorrecht der viel zitierten »einfachen« und ungebildeten Leute. Auch Gelehrte und vor allem Kleriker hingen entsprechenden magischen Vorstellungen an: »Die schrecklichsten Scharen der Hexen erfüllen hier alles mit Furcht«, hieß es etwa im Jahr 1612 aus dem Jesuitenkolleg Aschaffenburg, und diese verursachten eine »Unfruchtbarkeit« der Äcker.[8] Es sind immer wieder die Kleriker, die die Angst vor dem Schadenszauber schürten, mit regelrechtem Feuereifer stürzt sich die Kirche in den Kampf gegen die vermeintlichen Hexen. Die beiden Dominikanermönche Heinrich Institoris und Jakob Sprenger legten 1487 den so betitelten *Hexenhammer* vor, eine systematische Sammlung von Geschichten über Hexen, die für Jahrhunderte die Grundlage für deren brutale Verfolgung bildet. Dieses Buch behandelt die Hexerei als ein theologisches Thema, als Sünde und Verbrechen, das es zu bestrafen gelte. Dass Zauberei verbrecherisch sein konnte, war zwar keine neue Ansicht, aber die hier gelieferte theologische Begründung machte sie zu einem Verbrechen an Gott und an den Menschen.[9]

Der *Hexenhammer* ist zunächst einmal ein beeindruckendes Sammelsurium magischer Vorstellungen: Hexen bringen selbstverständlich Menschen und Tieren nicht nur Krankheiten und auch den Tod, sie verwandeln sich zur Tarnung auch »öfters in Wölfe und andere Bestien«,[10] sie könnten den Menschen die »Zeugungskraft« nehmen und auch Frühgeburten provozieren. Ebenso sei es belegt, dass Hexen kleine Kinder den Dämonen opferten. Jeglicher nur denkbare Schadenszauber ging nach diesem magischen Denken von Hexen aus:[11]

> Sie nämlich schicken Hagelschlag, böse Stürme und Gewitter, verursachen Unfruchtbarkeit an Menschen und Tieren, bringen auch die Kinder, die sie nicht verschlingen, den Dämonen dar … oder töten sie sonst … Sie verstehen auch Kinder, die am Wasser spazieren gehen, ohne daß es einer sieht, vor den Augen der Eltern ins Wasser zu werfen; die Rosse unter den Reitern scheu zu machen, von Ort zu Ort durch die Luft zu fliegen.

Magische Vorstellungen charakterisieren auch die konkreten Anweisungen für die mögliche Folter von Beschuldigten als Mittel der »Beweisführung«. Auch da gab es laut *Hexenhammer* für einen Richter in einem Verfahren einiges zu beachten:[12]

> Wenn er nämlich erforschen will, ob [die Hexe] in die Hexenkunst der Verschwiegenheit gehüllt sei, beachte er, ob sie weinen kann, wenn sie vor ihm steht oder er sie der Folter aussetzt. Dies ist nämlich als das sicherste Zeichen auf Grund der alten Überlieferung … so sehr befunden worden, daß auch wenn er sie zum Weinen unter Beschwörungen ermahnt und antreibt, sie das, nämlich Tränen vergießen, nicht kann, wenn sie eine Hexe ist.

Für einen echten Beweis der Schuld taugten die angeblich ausbleibenden Tränen dann aber offensichtlich doch nicht so recht. Deshalb war es das Ziel aller Hexenverfolger, die angeklagten Frauen ihres Schadenszaubers, dann aber auch ihrer angeblichen Teufelsbuhlschaft zu überführen, ihrer Liebesbeziehung mit dem Teufel. Doch dieser teuflische Pakt war naturgemäß nur schwer nachzuweisen. Weil er doch geheim geschlossen worden war, konnte es keine Zeugen dafür geben. Wer konnte also mit Sicherheit sagen, dass eine Frau sich auf diese Weise mit dem Teufel verbündet hat? Im Grunde konnte nur ein Geständnis hier für Sicherheit sorgen.

Das galt auch für andere Indizien für den Status einer Hexe: Ihre Fähigkeit zu fliegen galt zwar weithin als ausgemacht – aber an verlässlichen Zeugen für solche Flüge mangelte es in den allermeisten Fällen. Und auch Augenzeugen der angeblichen Treffen dieser Frauen bei einem »Hexensabbat« blieben Mangelware. Der Schadenszauber wiederum könnte zwar von Zeugen beklagt werden, aber nur ein Geständnis einer Angeklagten brachte hier letzte Sicherheit. Wenn sie nicht offen zugab, dass sie jemanden mit bösartiger Absicht verhext hatte, war die Beweisführung schwer: Hexenzauber ließ sich als Ursache für einen kranken Menschen oder ein totes Tier kaum zweifelsfrei nachweisen. Wenn es also letztlich auch unter der Folter erzwungen wurde: Ein »Geständnis« stand idealiter am Abschluss eines – aus Sicht der Verfolger erfolgreichen – Hexenprozesses, und die so Überführte konnte für die allermeisten Beteiligten anschließend mit gutem Gewissen hingerichtet werden. Die Hexe war erkannt, wurde getötet – und die Gefahr des bösen Zaubers galt damit als beseitigt.

Am Beginn einer solchen Verfolgung stand in der Regel das Gerücht. Vor allem in der Hochzeit der Hexenverfolgung, zwischen der Mitte des 16. und der Mitte des 17. Jahrhunderts, reichte ein solches aus, eine Verfolgung in Gang zu setzen. Da das gelehrte theologische Gerede von der Teufelsverschwörung längst auch breite Teile der Bevölkerung erfasst hatte, witterten die Menschen mehr denn je in ihrem Umfeld vermeintlichen Schadenszauber. Ein soziales Gift mit verhängnisvollen Folgen hatte Hochkonjunktur: der Verdacht. Es reichte in der Regel eine schnell, aber keineswegs unbedacht formulierte Vermutung aus: Im Jahr 1623 beispielsweise sah eine württembergische Bäuerin, die bereits zwei wertvolle Tiere auf unerklärliche Weise verloren hatte, ein »altes Weib« bei ihrer Kuhherde stehen: Murmelte sie etwa geheimnisvolle Formeln oder streute sie sogar Zaubermittel ins Heu? Die Frau verscheuchte sie und rief ihr vor den Ohren anderer Dorfbewohner lauthals »Du Scheiß-Hexe!« hinterher – ein Vorwurf, der in den nächsten Jahren nicht mehr aus der Welt zu schaffen war und mit der Hinrichtung der alten Frau enden sollte.[13]

Fast gleichzeitig wurde Katharina Kepler, die Mutter des bereits berühmten Gelehrten Johannes Kepler, im schwäbischen Leonberg öffentlich als Hexe bezeichnet, zuerst wohl von ihrem missratenen zweiten Sohn Heinrich, dann von der Frau eines einheimischen Glasers, die sich offensichtlich nach einem weinseligen Abend nicht mehr leichtfüßig genug bewegen konnte. »Dieses Kepler-Weib soll seinen Zauberspruch« aufheben, fluchte sie daraufhin – und das Verhängnis nahm seinen Lauf.[14] Katharina Kepler verbrachte lange Zeit im Kerker und musste einen Hexenprozess über sich ergehen lassen, den sie nur mit viel Mühe und dank der Hilfe ihres Sohnes Johannes überstand und nach dem sie schließlich freigelassen wurde.

Die Verteufelung dieser Frauen war also keine Angelegenheit weniger Gelehrter oder nur der Kleriker. Die Angst vor den Hexen und das vermeintliche Wissen über ihren bösen Zauber hatten die frühneuzeitliche Gesellschaft tief durchdrungen. Vom Bauern bis zum Landesherrn, so lässt sich vereinfacht sagen, waren die meisten Menschen fest von der Existenz dieser bösen Frauen und ihrem bedrohlichen Pakt mit dem Teufel überzeugt. Auch deshalb landeten angebliche Hexen oft genug nach entsprechenden Anzeigen und unter dem Druck der Bevölkerung vor Gericht. Wegen konkreter lokaler Gründe und Konflikte verlangte dann eine Gruppe von Menschen, dass gegen diejenigen vorgegangen werden müsse, die sie für einen in der Regel plötzlich eingetretenen Unglücksfall verantwortlich machen wollte: Nach einer Missernte, angesichts eines unerklärlichen Viehsterbens, auch bei überraschend einsetzendem verfrühtem Frost, beim Tod eines Kindes oder bei tödlichen Krankheiten galt das arglistige Treiben Einzelner in einer vom magischen Denken tief geprägten Welt als plausible Ursache. Und jedes Dorf, jede Nachbarschaft hatte schon immer ihre üblichen Verdächtigen: den Einzelgänger oder den schweigsamen Grantler, die unheimliche Alte mit ihrem Wissen über Krankheiten oder das viel zu hübsche Mädchen, das von den Bauernjungs nichts wissen wollte …

War die Atmosphäre erst einmal entsprechend angespannt, weil die Dorf- oder Stadtgemeinschaft von einem Unglück betroffen war, reichten oft schon vage Verdächtigungen, dass eine Hexe mit ihrem bösen Blick oder ihrer Giftmischerei dafür verantwortlich sei, aus, um vor Ort regelrechte Panik ausbrechen zu lassen.[15] War das Gerücht über eine angebliche Hexe erst einmal in der Welt, mussten die Verdächtigen – und oft auch ihre Familien – entweder das Dorf oder die Stadt verlassen, um weiteren Denunzierungen und einer möglichen Verfolgung zu entgehen, oder sie versuchten sich mit einer Verleumdungsklage zur Wehr zu setzen. Dann landete der Fall vor Gericht. Katharina Kepler war in Leonberg diesen Weg ebenso gegangen wie der Vater von Margarethe Meineken, die sich 1664 in Rotenburg an der Wümme nun einer gerichtlichen Untersuchung stellen musste. Dabei machte es durchaus einen oft entscheidenden Unterschied, vor was für ein Gericht eine Frau gestellt wurde, denn auch in juristischer Hinsicht war das Land denkbar vielgestaltig: Eine Verdächtige konnte sich in einem kleinen Dorf vor einem Gericht wiederfinden, das aus lauter Laien ohne juristische Ausbildung bestand. In einer reichsunmittelbaren Stadt hingegen hing die Entscheidung über Leben und Tod letztlich direkt vom Kaiser ab. Auf dem Gebiet eines Fürstbistums konnte es wiederum passieren, dass der Bischof als oberster Kleriker über das Schicksal einer beschuldigten Frau entschied.[16] Was einer Angeklagten im Einzelfall einen günstigeren Verlauf garantierte – also das Überleben –, war damit allerdings noch nicht entschieden.

Gerade kleinere Gerichte und verunsicherte Lehnsherren suchten bei ihrer Entscheidung Beratung durch juristische Kenner der Materie. Denn selbst Hexenjäger waren in der Regel »keine psychologischen Monster«, wie die Historikerin Lyndal Roper feststellte, »sondern Menschen mit scharfsinniger psychologischer Einsicht und sogar ausgeprägtem Mitgefühl«.[17] Das mag auf einige dieser Männer womöglich zugetroffen haben, doch waren die allermeisten von ihnen stark in dem Glauben an eine Welt der wirkmächtigen Magie befangen. Das heißt: Für sie gab es keinen Zweifel, dass es tatsächlich Zauberei und damit auch Hexerei gab – und diese Ansicht teilten sie weitgehend mit den Menschen im Land. Sie fürchteten sich konkret vor diesen Frauen, weil sie fest an die magischen Fähigkeiten von Hexen und Teufeln glaubten. Aber wie konnte eine böse Frau im Einzelfall überführt und »unschädlich« gemacht werden?

Die Männer, die 1664 in Rotenburg an der Wümme über Margarethe Meineken zu entscheiden hatten, suchten sich erst einmal Hilfe bei ausgewiesenen wissenschaftlichen Experten ihrer Zeit: Im nahen Rinteln bestand seit einigen Jahrzehnten eine Universität, deren Juristen sich intensiv mit den rechtlichen Aspekten der Hexerei beschäftigt und mit ihrer konsequenten Haltung die Verfolgung der Beschuldigten vorangetrieben hatten. Allerdings waren auch in Rinteln inzwischen erste Zweifel an der bisherigen Praxis der Verfolgung aufgetaucht. Das zeigte auch die Antwort, die von der Universität an die Rotenburger erging. Zunächst einmal müssten alle Zeugen ihre Aussagen gegen die junge Frau unter Eid wiederholen – was diese dann auch taten. Auch diesen Fall hatten die Rintelner Juristen vorab bedacht. Sie gingen nun auf die sogenannte Wasserprobe ein, die laut Vernehmungsprotokoll angeblich sowohl Margarethe als auch ihre Mutter verlangt haben sollen, um auf diesem Weg ihre Unschuld zu beweisen. Die Wasserprobe, also das Hineinwerfen einer gefesselten Angeklagten in ein Gewässer, war zwar weithin noch ein beliebtes Mittel, die Wahrheit einer Aussage herauszufinden. Die Juristen in Rinteln verwiesen allerdings ausdrücklich auf den begrenzten Nutzen dieses Verfahrens:[18]

> Sollte auch inquisita noch ferner umb das Wasserbad anhalten, ob man gleich solche Probe für kein argument der schuldt und ohnschuldt halten thut, so gar daß wann einer schwimmdt, dahero nicht schuldig undt welcher nicht schwimmdt für ohnschuldig nicht zu halten; Alldieweilen aber durch solch mittel

die inquisitinn oftermahlen zum freywilligen bekändtniß wird bewogen, so kann ihr inn so weit willfahret werden, jedoch daß sie … im Fall sie oben schwimmen sollte, daß sie als dann willig bekennen wollte, daß sie zaubern könne.

Diese Antwort macht deutlich, wie schwierig auch für die juristischen Experten die Beweisführung für die Hexerei war. Die Professoren aus Rinteln widersprachen ausdrücklich der allgemeinen Vorstellung, wonach Unschuldige untergehen (und deshalb rechtzeitig aus dem Wasser gezogen werden mussten!) und die Schuldigen an der Wasseroberfläche blieben. Aber sie verwarfen die Prozedur auch nicht in Gänze, weil eine Angeklagte womöglich – nachdem sie oben schwamm und demnach »schuldig« erschien – anschließend doch unter der seelischen Last dieses »Ergebnisses« zu dem ersehnten Geständnis bereit sein könnte.

So kam es im Juni 1664 auch in Rotenburg zum öffentlichen Spektakel: Vor »etlichen hundert Personen«, so ist im Gerichtsprotokoll vermerkt, wurde die 17-jährige Margarethe vor aller Augen drei Mal in ein Gewässer geworfen, »entkleidet mit bloßem Hembde und zuvörderst los gebundenen Haaren«, zwei Mal davon an Händen und Füßen zusammengebunden. Fraglos ein entwürdigendes und beschämendes Schauspiel, und sicher verspürte das Mädchen in diesen Minuten größte Todesangst, als sie gefesselt und damit schwimmunfähig ins tiefe Wasser geworfen wurde. Aber nach dem Willen ihrer Peiniger sollte es so sein. War sie eine Hexe, so hätte sie oben schwimmen müssen. Was geschah?[19]

[Sie] hat aber allemahl soforth abzuschwimmen und wie eine ganß zu treiben angefangen, ist auch niemahlen über eine halbe Elle tief … hatt sich auch fast nicht aufm Wasser geregt, als daß sie gerne mit dem Kopff versuchen wollen hinunter zu kommen, wie sie auch zuletzt bloß hinausgeworfen, hatt sie die haare mit beeden Händen oben am Kopffe zusammen gegrieffen und damit hinunter gewollt, aber alles vergeblich,

Die sogenannte Wasserprobe in einer Lithografie aus dem Jahr 1848: Die vermeintliche Hexe schwamm oben. Nur die »Unschuldige«, so der Hexenglaube, ging unter.

> obgleich selbige von den Nachrichtern mit den stangen und brete hinunter geschoben, haben Sie doch nicht vermocht, selbige über eine Elle tieff hinunter zu bringen, sondern ist straks wiederum hoch gekommen.

Das Mädchen wollte partout nicht untergehen, »wie eine Gans« sei sie oben geschwommen. Verzweifelt wie vergeblich rief Margarethe während der Prozedur Gott um Hilfe an – doch vor den Augen der Öffentlichkeit zeigte die Wasserprobe nicht ihre Unschuld. Auch wenn dieses Verfahren sogar schon ins Kreuzfeuer der theologischen Kritik geraten war,[20] so dürften sich viele der Schaulustigen bei dem Spektakel bestätigt gefühlt haben: Fast alle, die sich an diesem Tag am Mühlenweiher eingefunden hatten, glaubten an die Existenz von Hexen – und viele vertrauten wohl auch weiterhin der »Wasserprobe«. Stimmten also die Gerüchte um Tochter und Mutter Meineken?

Die Wasserprobe hatte keine Klarheit gebracht, doch das Verfahren erfuhr trotzdem eine entscheidende Wende: Während die Rotenburger erneut Rat bei den Juristen in Rinteln einholten, wie denn nun weiter zu verfahren sei, gestand Margarethe plötzlich vor dem Amtmann einen Teil der gegen sie erhobenen Vorwürfe – bestritt aber weiterhin, eine Hexe zu sein. Angeblich soll ihr ein Geistlicher ernsthaft ins Gewissen geredet haben, jedenfalls gab die 17-Jährige jetzt zu, gegenüber ihrer Verwandten Catharine die oft zitierte Zauberformel (»Hier stehe ich auf dem Mist, verschwöre den Herrn Christ, Sonn und Mond und keine Menschen Gutes zu thun, denn nur allein dem Teufel«) tatsächlich ausgesprochen zu haben. Aber gleichwohl habe sie in Wirklichkeit nie gezaubert, geschweige denn einem Menschen oder einem Tier je etwas Böses zugefügt. Sollte sie tatsächlich Zauberkräfte besitzen – was ihr aber wirklich nie bewusst gewesen sei –, »so müßte es ihr in ihrer Jugend sein beigebracht worden, als sie von der Mutter gehöret« habe. Während Margarethe also ihre Mutter belastete, erklärte sie sich weiterhin für unschuldig – »sie hätte auch sonst mit dem Teufel nichts zu thun, wüßte auch nichts Böses«.[21] Wie zum Beweis ihrer Unschuld überraschte sie die Vernehmer bald schon mit der Geschichte einer nächtlichen Erscheinung:[22]

> Am folgenden Tag bittet sie wieder um Audienz und erzählt, es seien in der Nacht zwei heilige Engel vor die Gefängnisthür weißgekleidet gekommen, welche ihr gesagt, sie sei unschuldig.

Es ist keineswegs ein ungeschickter Schachzug, jetzt zwei Engel zur Verteidigung anzuführen – denn gegen die Botschaften von Engeln kann ein guter Christenmensch im Grunde nichts einwenden. Doch in diesem Fall wollte das Gericht der Geschichte keinen Glauben schenken. Margarethe wurde erklärt, ihre nächtliche Erscheinung »sei nur Einbildung« gewesen, eine weitere teuflische Finte, schließlich könne »auch der Teufel einen Engel des Lichtes vorstellen«. In einer magischen Welt schien eben nichts so zu sein, wie es aussah: Auch ein 17-jähriges unbescholtenes Mädchen konnte eine Hexe sein. Oder eben auch nicht – alles eine Frage des Glaubens …

Kurzum: Niemand glaubte Margarethe. Vielmehr wurde sie weiter gedrängt, endlich die ganze gewünschte »Wahrheit« zu sagen. Der Druck der Vernehmer nahm stetig zu. Nun war die 17-Jährige schon seit einigen Tagen inhaftiert, wurde mehrfach und lange verhört, war öffentlich gedemütigt und angefeindet worden. Schließlich gab sie dem Drängen der Männer nach und gab wunschgemäß zu, der Teufel habe »ihr wohl etwas beigebracht«, wenngleich sie vorerst auch weiterhin darauf bestand, ihn nie leibhaftig gesehen und auch nichts Böses getan zu haben.[23] Endlich hatte das Gericht seinen ersten Erfolg erzielt – bei dem Mädchen handelte es sich also tatsächlich um eine Hexe. Jetzt galt es die genauen Umstände des teuflischen Treibens möglichst genau zu rekonstruieren.

Nachdem die Tochter erste Zugeständnisse gemacht hatte, nahm sich das Gericht ihre Mutter vor: Metta Meineken musste zum Verhör erscheinen, wobei sie sich zu den allgemeinen Verdächtigungen aus der Dorfgemeinschaft ebenso äußern musste wie zu den Beschuldigungen, die ihre Tochter unter den Haftbedingungen vorgebracht hat. So habe sie Margarethe wenige Tage vor der »Wasserprobe« »3 harte Eier zu essen gegeben, von denen das eine theilweise mit kleinen Würmern angefüllet gewesen« sei. Dabei habe es sich doch wohl um einen Zauber gehandelt, oder? Obgleich die Mutter zu diesen und anderen Punkten nichts »Besonderes« aussagen konnte und erst recht kein »Geständnis« zu einer etwaigen »Hexerei« von ihr ablegte, wurde auch sie nun in Arrest genommen. Es folgten Verhöre und Drohungen, bis Metta Meineken dem enormen Druck der Situation nicht mehr standhielt: Nach fünf Tagen Haft erhängte sie sich am 29. Juni 1664 in ihrer Zelle. Schon im zwei Jahrhunderte zuvor erschienenen *Hexenhammer* war davor gewarnt worden, dass – vorrangig allerdings geständige – Hexen sich im Gefängnis oft das Leben nahmen. Auch dahinter steckte angeblich der »Feind«, also der Teufel:[24]

> Immer werden nach erfolgtem Geständnis der Verbrechen von Stunde zu Stunde Wächter abgeschickt, die darüber wachen. Man fand die Hexen dann bisweilen infolge der Lässigkeit der Wachen an einem Riemen oder am Kleide aufgehängt. Das bewirkte wie gesagt der Feind, damit sie nicht durch Zerknirschung oder sakramentalische Beichte Verzeihung erlangen möchten.

Für die Verfolger von Metta Meineken war ihr Suizid ein Schuldeingeständnis, und da Selbstmörder und erst recht Hexen kein Anrecht auf eine kirchliche Beisetzung hatten, wurde die Tote vom Scharfrichter ohne geistlichen Beistand und ohne Begleitung von Angehörigen an der örtlichen Hinrichtungsstätte verscharrt. Nach seinen Worten ließ selbst der Leichnam noch auf die Existenz einer Hexe schließen – »knurrende« Knochen etwa. Er berichtete, »daß Ihr auch der hals ganz entzwey gewesen und von der einen seite zu der anderen gefallen, die Knochen waren auch entzwey gewesen und hatten geknurrt, daß mans recht hören können, auch wie sie in die Erde gescharret, trefflich geblutet.«[25]

Das Verfahren hatte sein erstes Todesopfer gefordert, und jetzt sollte nach dem Willen des Gerichts noch mehr Gewalt eingesetzt werden. Weil Margarethe wohl unter dem schockierenden Eindruck des Selbstmords ihrer Mutter zwar endlich zugab, »daß sie eine hexe wehre« und sie dieses Wissen von ihrer Mutter erlernt habe, aber weiterhin behauptete, sie habe mit dieser Zauberkunst nie einem Menschen oder einem Tier etwas Böses getan, sah das Gericht keinen Sinn mehr darin, die Jugendliche weiter zu befragen. Nun holten sich die Rotenburger die Expertise der juristischen Fakultät der Universität Helmstedt – vielleicht erhofften sie sich von dort Ratschläge für ein härteres Vorgehen. Wäre es nicht an der Zeit, Margarethe Meineken zu foltern, um endlich eine brauchbare und umfassende Aussage von ihr zu erhalten? Das Verfahren der Gewaltanwendung, das wussten die Hexenverfolger im Grunde auch, war allerdings alles andere als eindeutig. Schon die Verfasser des *Hexenhammers* hatten zwei Jahrhunderte zuvor eingeräumt, dass auch die Folter, wiewohl sie doch zuweilen angeraten sei, keineswegs immer ein wirklich belastbarer Beweis für die Schuld einer Angeklagten war:[26]

> Denn manche sind so weich von Gemüt und schwachherzig, daß sie auf eine leichte Folterung hin alles, wenn auch falsches einräumen. Andere aber sind so hartnäckig, daß, wie sehr auch ihnen zugesetzt wird, von ihnen die Wahrheit nicht bekommen wird … Manche aber sind behext und bedienen sich während des peinlichen Verhöres der Hexenmittel; sie würden eher sterben, als etwas gestehen: sie werden nämlich gleichsam unempfindlich gemacht.

Sei es, wie es sei – für das Gericht in Rotenburg an der Wümme erschien die Folter jetzt als der richtige Weg, um Margarethe Meineken endgültig das Handwerk zu legen. Der Scharfrichter wurde bei den Vernehmungen hinzugezogen, um der jungen Frau seine Folterinstrumente zu zeigen und mit ihrem Einsatz zu drohen, wenn sie »die wahrheit nicht bekennen würde«. Zunächst schien die Gewaltandrohung die gewünschten Folgen zu zeitigen: Sie habe von ihrer Mutter die Hexerei erlernt, gab die 17-Jährige zu Protokoll, und sie habe sich von »Gott im Himmel« abgewendet und sich dem Teufel ergeben.

Allerdings, und davon konnte sie die fortgesetzte Androhung der Folter nicht abbringen, habe sie niemandem jemals mit ihrer Zauberkunst geschadet, und vor allem habe sie nie mit dem Teufel gebuhlt und »mit demselben unnatürlicher weise sich vermischet«. Gerade bei diesen letzten beiden Punkten solle sie endlich die Wahrheit bekennen, so insistierte das Gericht. Allerdings erfolglos. Nach drei Stunden Verhör begann die Folter. Margarethe wurden »erstlich die Daumenschrauben angemacht«, dann »von hinten die beede hende zusammen gebunden und unten am linken Fueß die spanische Stiefel« angelegt. Unter Schmerzen bat die 17-Jährige die Männer, »man sollte Sie nicht peinigen und die hende so hart binden«, aber ihre Peiniger machten unbeirrt weiter. Sie ließen den Scharfrichter »die eine spanische Stiebell unten am schenckell etwas harte angespannt«, worauf das Mädchen zusagte, alles Gewünschte zu sagen, wenn sie sie nur nicht weiter quälen wollten.[27] Endlich erhielten die Männer des Rotenburger Gerichts auch die gewünschten Details zur Liebesbeziehung mit dem Teufel. Margarethe gestand, »daß Sie mit dem Teuffel buliert und sich mit demselben vermischt und als Sie gefraget, wann und was orth solches geschehen und wie Ihr Buhle hieße, sagte Sie, daß Sie noch klein gewesen, wie Ihre Mutter Ihr das Zaubern gelehret und hatte Ihr Buhle erst für ungefehr 4 Jahre mit Ihr zu thun gehabt und daß erste mahl in der Heide, wehre auch zu Ihr kommen und hette mit Ihr buliret.«[28]

Und ausgiebig gab die junge Frau jetzt auch wunschgemäß Auskunft über den Schaden, den sie mit ihrem Zauber angerichtet habe: Fortgesetzt habe sie Tiere mit ihrer schwarzen Magie getötet –

Kühe, Schafe und Pferde in der gesamten Gegend. In weiteren Verhören blieb Margarethe bei ihren Aussagen, wobei die Männer vor allem zu ihrem angeblichen intimen Verhältnis zum Teufel möglichst viele Details hören wollten. Insgesamt reichten die erzwungenen Aussagen nun aus, um am 22. August 1664 – seit Beginn der Untersuchung waren inzwischen fast vier Monate vergangen – die Akten des Vorgangs erneut an die Juristen der Universität Helmstedt zu schicken und um die Expertise für ein angemessenes Urteil zu bitten. Nach wenigen Tagen lag die Empfehlung in Rotenburg auf dem Tisch, wie mit Margarethe Meineken zu verfahren sei:[29]

> Erkennen wir darauff für Recht, daß dieselbe für ein öffentliches gehegetes hochnothpeinliches Halßgerichte zu stellen, allda Ihr Ihre den 23. und 30. July gethane pein- und gütliche bekandtnus verstendlich wird fürzuhalten, und wo sie nochmahls dabey verharren wird, daß Sie alsdann wegen bekandter und begangener Zauberey das leben verwirke und deshalb Ihr zu woll verdienter straffe und andern zum abschrecklich Exemple … mit dem Fewer vom lebendt zum tode zu straffen sey.

Wegen der unter Folter erpressten und später von ihr wiederholten Geständnisse soll die Angeklagte also verbrannt werden. Die Verurteilte, von Folter, Haft und Verzweiflung vermutlich schwer gezeichnet, versuchte sich offenkundig noch an der Dorfgemeinschaft zu rächen, indem sie sechs Frauen aus verschiedenen Familien nun ihrerseits als Hexen verdächtigte. Doch diese leugneten – und ihnen wurde geglaubt. Noch eine Stunde vor ihrer Hinrichtung nennt sie die Namen der angeblichen Zauberinnen, mit der sie sogar gemeinsam an einem Hexensabbat teilgenommen haben wollte. Doch es gab keinen Aufschub mehr für Margarethe Meineken. Am 9. September 1664 wurde sie dem Scharfrichter übergeben, von dem sie »mit dem fewer vom leben zum tode gebracht« wurde.[30]

Der Höhepunkt des Wahns: die Hinrichtung von Hexen auf dem Scheiterhaufen.

Die junge Frau war ein weiteres Opfer der Hexenverfolgung, die ganz Europa ergriffen hatte. Wenngleich die Zahl nicht ganz genau beziffert werden kann, so gehen Schätzungen davon aus, dass bei den Hexenjagden vor allem im späten 16. und frühen 17. Jahrhundert wohl mehr als 50 000 Menschen starben. Dabei war die Gewalt regional sehr unterschiedlich verteilt: In den Ländern, die das heutige Deutschland bilden, wurden mit ungefähr 25 000 die Hälfte aller Todesfälle im Zuge der Hexenjagden in Europa verzeichnet. Die Gewaltentfesselung und die panische Angst, die Menschen zu solchen brutalen Übergriffen trieben, mögen von den sozialen Spannungen und Glaubensvorstellungen jener Zeit geprägt gewesen sein, doch hatten sie ihren Ursprung letztlich »in tief verwurzelten Fantasien«,[31] also im magischen Denken der beteiligten Menschen. In ihrer Vorstellungswelt kannte die Zauberei keine Grenzen, sie war kreativ und unberechenbar – Realität und magischer Glauben gingen ununterscheidbar ineinander über. Wie im Fall der Margarethe Meineken konnte selbst ein Engel ein Teufel sein – alles war möglich in dieser magischen Welt.

Der Anteil der Frauen unter den Ermordeten war erschreckend hoch: Vermutlich nur rund 20 Prozent der Opfer waren männlich – auf jeden Hexer kamen also vier Hexen. Zu den wesentlichen Antreibern der Verfolgung gehörten bekanntlich die christlichen Kirchen, und obwohl sich das Frauenbild der katholischen Kirche von dem der protestantischen unterschied, gab es immer noch tief reichende Gemeinsamkeiten in der Haltung gegenüber Frauen. Während im Katholizismus das Frauenbild von der Vergötterung der Muttergottes einerseits und der Verdammung der biblischen Eva – die sich bekanntlich als Erste vom Satan überlisten ließ – andererseits bestimmt war, dominierte im Protestantismus die Idealisierung der Frau als »Hausmutter«, die als gute Bauers- oder Bürgerfrau die Kinder aufzog und den Haushalt führte. Doch in beiden konfessionellen Lagern waren die Geistlichen davon überzeugt, dass die Frauen eben von Natur aus sinnesfreudig seien und ihre Sexualität und ihre Lüste deshalb eine Gefahr für die Männer und die gesamte Ordnung der Welt darstellten. Und sexuelle Verfehlungen wurden während der Hochzeit der Hexenverfolgungen im 17. Jahrhundert sowohl in den katholischen als auch in den protestantischen Gemeinden in immer größerem Maße den Frauen angelastet – und die Strafen wurden immer strenger.[32] Für eine denunzierte Frau war es also letztlich gleichgültig, ob sie als Hexe in einem katholischen oder einem protestantischen deutschen Territorium vor Gericht stand – die Chancen für einen Freispruch waren gleich schlecht.

Das magische Denken über den angeblichen Schadenszauber dieser Frauen eröffnete den Männern, die für die Verfolgungen, die Folter und die Tötung von Hexen verantwortlich waren, auch einen Raum, um gedanklich ihren sexuellen Fantasien nachzugehen. Zentral für den Hexenwahn war fraglos die Verbindung des Erotischen mit dem Dämonischen.[33] Da für die Überführung einer Angeklagten fast immer ein Bericht über ihre Teufelsbuhlschaft notwendig erschien, wurden die Frauen gezwungen, möglichst viele intime Details über ihre angebliche Verführung zu erfinden. Noch während ihrer Haft, auch dies findet sich in den Protokollen des Verfahrens gegen Margarethe Meineken, sollen diese Frauen von ihren Dämonen besucht worden und Geschlechtsverkehr mit ihnen gehabt haben.[34] Eng mit dieser magisch-sexuellen Fantasie verknüpft war die Vorstellung, wonach der Teufel mit diesen intimen Kontakten auch Kinder zeugen könnte, sogenannte Dämonenkinder, die als Hexennachwuchs das böse Treiben in der von Ängsten und magischen Kräften geprägten Welt noch verschärften.[35]

Ganz weltlich war hingegen stets der praktische Nutzen der Verfolgungen für geschäftstüchtige Zeitgenossen. In dieser von magischen Vorstellungen geprägten Welt wurden mit der Angst vor der Hexerei immer auch gute Geschäfte gemacht. Wie bei anderen abergläubischen Praktiken war viel Geld im Spiel, und die unterschiedlichen Beteiligten konnten durchaus ihren Reibach machen. Zu Beginn des 19. Jahrhunderts empörte sich der deutsche Arzt Heinrich

Bruno Schindler rückblickend über die historische Geschäftemacherei, wobei er vor allem die Geistlichkeit im Blick hatte:[36]

> Nicht nur daß die bischöflichen Officialen jeden Verdächtigen Reinigungseide schwören und sich 2½ Gulden dafür zahlen ließen, daß die Hexenrichter den Brandpfahl zur Quelle der reichlichsten Einkünfte machten: auch den gewöhnlichen Pfaffen wurde der Aberglaube des Volkes zur Fundgrube; die Priester gaben sich dazu her, die verborgene Hexe zu entdecken, über die angehexte Krankheit Messe zu lesen und Exorcismen anzustellen, geweihtes Wachs, Hexenrauch und allerlei Schutzmittel gegen Zauberei zu verkaufen und so den Hexenglauben zur besonderen Ernährungsquelle zu machen.

Und so mancher Inquisitor ließ von Verdächtigen ab und eröffnete keinen Prozess, wenn er dafür nur eine ausreichende Menge Geld erhielt, was übrigens auch einer Erpressung von Unschuldigen Tür und Tor öffnete. Andere ließen sich von den Angehörigen der Angeklagten entsprechende Summen zustecken, damit schließlich doch nicht die Todesstrafe verhängt wurde. Und es gab – vom dafür schließlich auch bezahlten Scharfrichter einmal abgesehen – bei jeder Hinrichtung auch weitere Nutznießer, wenn nämlich anschließend der konfiszierte Besitz des Delinquenten verteilt wurde.

Die tödliche Verfolgung von Hexen hielt in ihren Ausläufern noch bis ins 18. Jahrhundert an. Doch auch wenn die juristischen Verfahren gegen die Verdächtigen eingestellt wurden, war damit der Glaube an die Existenz dieser Zauberinnen nicht verschwunden. Es war verfrüht, als sich der Theologe und Aufklärer Ferdinand Sterzinger 1785 über die Fortschritte in diesem Denken freute:[37]

> Gott Lob! Es ist doch in unsern Landen so weit gekommen, daß die Teufeleyen der Hexerey nicht nur in den Gerichtsstuben,

sondern auch in den Prälatenklöstern zu einem Gelächter geworden ist.

Sterzinger hatte sich geirrt – nicht nur in der Welt der katholischen Geistlichen lebten die Hexen weiter. Zwar wandelten sich die Ängste der Menschen, sodass sie nicht immer sofort eine böse Zauberin im Verdacht hatten, wenn es in ihrem Umfeld zu Krankheits- oder Todesfällen kam. Doch die Möglichkeit der Hexerei blieb gleichwohl bestehen, schließlich hörten die Menschen doch »nie ganz auf, an Zauberei und Hexerei zu glauben«.[38] So blieb der Hexenglaube noch bis weit ins 19. Jahrhundert hinein »ein zentraler Bestandteil von Vorstellungswelten und Handlungsweisen vieler Zeitgenossen«.[39]

Einerseits fand die Hexe ihren Platz in der harmlos daherkommenden Welt der Märchen, andererseits blieb sie als potenzielle Bedrohung auf seltsame Weise im Hintergrund weiter präsent – vor allem als verdächtige Alte, die angeblich den bösen Blick hatte. Zu Beginn der 1930er-Jahre beklagte sich die Evangelische Kirche in Hamburg, dass selbst alte Frauen, die regelmäßig an den Gottesdiensten teilnähmen, als Hexen bezeichnet würden. Zugleich sei auch immer noch die Praxis zu beobachten, dass bei erkrankten Menschen oder Tieren ein Hexenmeister oder eine Frau zum »Besprechen« zurate gezogen würden.[40]

Eine bizarre Wiederentdeckung der frühneuzeitlichen Hexenprozesse erlebte Deutschland übrigens während des »Dritten Reichs«. Heinrich Himmler als Chef der SS und der deutschen Polizei ließ mit einem »Hexen-Sonderkommando« intensiv nach historischen Fakten forschen und diese in einer Kartei zusammenführen. Himmler, der bekanntlich in erheblichem Maße von vielen Aspekten des okkulten Denkens fasziniert war, wollte diese Sammlung als Argument für seinen Kampf gegen die christlichen Kirchen nutzen. Er hing der Fantasie an, die frühneuzeitlichen Hexenverfolgungen hätten »dem deutschen Volk Hunderttausende von Müttern und Frauen deutschen Blutes«

gekostet, und die Kirche sei damals gezielt als »Bekämpferin germanischen Blutes« aufgetreten. Himmler – und mit ihm andere Anhänger eines diffusen germanischen Glaubens – versuchte ebenso verzweifelt wie vergeblich, das Hexenwesen mit alten germanischen Kulten zu verbinden.[41] Eine Vorstellung, die übrigens bis heute in so bezeichneten germanisch-heidnischen Gruppen noch eine Rolle spielt. Auch wenn Himmlers Recherchen abwegig erscheinen: Aus Sicht des SS-Führers besaßen die Hexen eben doch magische Fähigkeiten, besondere »germanische« Kräfte und ein spezifisches Wissen, das sie angeblich zu Verfolgungsopfern der Kirche machte. Die »Hexen-Kartothek« des »Dritten Reiches« war mehr als eine Obsession eines führenden NS-Politikers – auch dieses abstruse Vorhaben war anschlussfähig an die Tradition des jahrhundertealten Hexenglaubens.

Dass magisches Denken auch über die Zeit der Diktatur hinweg Bestand hatte und von den vielen magischen Facetten der nationalsozialistischen Ideologie mit ihren mystischen und okkulten Versatzstücken womöglich sogar noch verstärkt wurde, zeigt die Vielzahl der öffentlich gewordenen Fälle von Hexenanschuldigungen in der deutschen Nachkriegszeit. In den 1950er-Jahren sorgten in der jungen Bundesrepublik sogenannte Hexenprozesse für große mediale Beachtung. Dabei handelte es sich bei diesen juristischen Auseinandersetzungen allerdings keineswegs um eine Neuauflage der frühneuzeitlichen Prozesse, vielmehr waren stets Personen angeklagt, die andere der Hexerei beschuldigten – nicht Hexen selbst. Es gab eine ganze Flut von Hexerei-Anschuldigungen.[42] Die Gründe dafür werden im Rückblick im Wesentlichen in den sozialen Spannungen gesehen, die das Leben im Nachkriegsdeutschland prägten. Für Schleswig-Holstein, wo es offenbar zu besonders vielen »Hexenprozessen« kam, wurden die Ankunft von Millionen Flüchtlingen aus dem ehemaligen deutschen Osten sowie das große gegenseitige Misstrauen der Menschen im Zuge der Entnazifizierungsbemühungen als mögliche Ursachen genannt. Die Denunzierung von Nachbarn bot demnach ein Ventil für Hass- und Angstgefühle in schwierigen Zeiten.[43] Auch aus Bayern berichtete im August 1950 das *Offenburger Tageblatt*:[44]

> Ein Bauer in Niederrunding im Landkreis Cham hatte in letzter Zeit viel Unglück im Stall und Haus und bezichtigte die bei ihm wohnende Neubürgersfrau der Hexerei. Mitten in der Nacht überfiel er die Frau im Bett, rief: »Du alte Hexe, jetzt erschlage ich Dich!« und mißhandelte sie. Die Hilferufe der Frau riefen den Flüchtlingsobmann des Ortes herbei, der neue Gewaltstreitigkeiten verhindern konnte.

Doch es wäre zu kurz gegriffen, die Welle an Beschuldigungen maßgeblich auf soziale Konflikte mit Flüchtlingen zurückzuführen. Dafür spricht zunächst, dass es solche Denunziationen auch zwischen Alteingesessenen gab. In Dutzenden von Gerichtsverfahren landeten Menschen vor Gericht, die andere der Hexerei beschuldigten, wobei die Anklagen zumeist auf üble Nachrede und Verleumdung lauteten. Aber auch tätliche Angriffe bis hin zum Mord wurden verhandelt.[45] Die Welle von Denunziationen führte schließlich auch zur Gründung der »Deutschen Gesellschaft Schutz vor Aberglauben« im Jahr 1953, die sich dem Kampf gegen einen längst überholt geglaubten Hexen- und Teufelsglauben verschrieb. Sie versuchte in den zehn Jahren ihres Bestehens, alle Formen von »Okkultismus« zu bekämpfen – ein Begriff, der nun zu einem Ausgrenzungsbegriff wurde. Angesichts eines um sich greifenden Teufels- und Hexenglaubens wurde auch die Etablierung der Parapsychologie bekämpft, weil diese Wissenschaft angeblich entgegen ihrer selbst erklärten Absicht zur Förderung des Aberglaubens beitrage und auch den »Hexenwahn« weiter belebe.[46]

Wie weit verbreitet der Hexenglaube in Deutschland in dieser Zeit tatsächlich war, lässt sich nur schwer konkret beziffern. Auch weil die allermeisten Menschen, die sich aufgrund ihres magischen Glaubens vor diesen zauberkundigen Frauen fürchteten, niemals den Ausdruck »Hexe« verwendeten, verstärkte sich die so beschriebene »relative Unsichtbarkeit des Phänomens«.[47] Dabei hat die Meinungsforschung immer wieder versucht, die Verbreitung des Hexenglaubens in Zahlen fassbar zu machen. Im Jahr 1956 kam eine Umfrage des Instituts für Demoskopie Allensbach zu dem Ergebnis, dass rund acht Prozent der Westdeutschen sich nicht entschieden gegen die Existenz von Hexen aussprechen wollten – das waren zu diesem Zeitpunkt rund vier Millionen Menschen. Bei einer Wiederholung der Befragung im Jahr 1973 war dieser Anteil auf elf Prozent gestiegen; fast sieben Millionen Bundesdeutsche mussten demnach als hexengläubig beziehungsweise latent hexengläubig eingestuft werden.[48] Damit zählte ein erstaunlich großer Anteil der westdeutschen Bevölkerung zu den Anhängern des Hexenglaubens. Auch ohne das Wort »Hexe« zu verwenden, kamen die Fragesteller einer weit verbreiteten magischen Vorstellung von der Existenz des bösen Zaubers auf die Spur; nicht weniger als neun Prozent der Befragten antworteten mit »Ja« auf folgende Frage:[49] »Man hört immer wieder die Meinung, daß es Leute gibt, die die Fähigkeit besitzen, anderen Unglück und Krankheit anzuwünschen, die dann auch eintreffen. Glauben Sie, daß so etwas möglich ist?«

Das magische Denken, in dem böse Zauberinnen existieren, war also nicht vergangen. Und Westdeutschland erlebte in den 1970er- und noch in den 1980er-Jahren sogar eine regelrechte Hexenwelle, begleitet von einem Aufschwung des Okkultismus und der Esoterik.[50] Eine zusätzliche Popularisierung erfuhr die Hexe durch die Frauenbewegung, die zum Teil die frühneuzeitliche Hexenverfolgung als Symbol für die Unterdrückung und den Widerstand von Frauen herausstellte. Da dies zuweilen mit einer Mystifizierung von Weiblichkeit einherging, blieb dieser historische Rückbezug allerdings nicht unumstritten.

Bis in unsere Gegenwart hinein sind die populären Vorstellungen von Hexen von dem seit den 1940er-Jahren in den angelsächsischen Ländern entstandenen »Wicca«-Kult geprägt. Dieser besteht aus vielen verschiedenen Strömungen, darin verschmelzen vormoderne matriarchale Gottesvorstellungen mit schamanistischen Praktiken und Versatzstücken keltischer und germanischer Kultur. Oft ist in diesem Zusammenhang auch schlicht von einer »Religion der Hexen« die Rede. Ein positiver Hexenbegriff ist dabei dominant, mit den bösen Zauberinnen der frühen Neuzeit hat dieser Kult eher wenig gemein. Geblieben ist aber die Vorstellung von magischen Fähigkeiten und der tatsächlich existierenden Kunst der Zauberei. Noch immer kommen viele Impulse für dieses Milieu aus den USA, wo eine beachtliche Gruppe für sich in Anspruch nimmt, diese »neue Hexenkunst« zu pflegen. Sie gibt ihren Anhängern neben spirituellen Hinweisen auch ganz praktische Tipps, etwa wenn es um die Ausrüstung einer Hexe mit dem unverzichtbaren Besen geht:[51]

> Sollten Sie Ihren eigenen Zauberbesen ... lieber selbst machen wollen, so versuchen Sie es mit der alten magischen Kombination von Eschenstab, Birkenzweigen und Weidenverbindung ... Wenn Sie einen Besen kaufen, holen Sie sich möglichst keinen flachen, sondern einen runden Besen.

Doch solche Hinweise und entsprechende vordergründige Ansichten zum Hexendasein rufen auch in der Magieszene selbst Kopfschütteln hervor. Wer sich selbst für einen Profi und eine »richtige« Hexe hält, schaut mit demonstrativer Geringschätzung auf das Publikum von diversen Workshops oder Wochenendveranstaltungen. Es sei »unrealistisch und unseriös«, sich anschließend bereits als Magier, Hexe oder Schamane auszugeben, so die Kritik einer »professionellen Hexe«, die in der Schweiz praktiziert. Sie plädiert stattdessen dafür, die Magie ernst zu nehmen, und mahnt einen langen und beschwerlichen Weg zur magischen Erkenntnis an:[52]

> Man kann magisches Wissen nicht so ohne weiteres weitergeben. Tonnen von Theorie sind nicht so wertvoll wie ein Quäntchen Praxis, und das praktische Wissen (das gnostische

> Wissen) ist eher ein tief verwurzeltes Gefühl für Magie und magische Erkenntnis als ein mit Worten beschreibbares Themengebiet … Es gehört eine starke und gefestigte Persönlichkeit mit einem starken Willen zu dem Bild der Hexe oder des Hexers.

Solche Vorstellungen können in unserer Zeit nur existieren, solange es auch Menschen gibt, die magisches Denken akzeptieren: dass es zauberkundige Frauen (und Männer) gibt, die über übernatürliche Fähigkeiten verfügen und die als Zauberkundige das Leben der Mitmenschen beeinflussen können. Es zeigt sich, dass die Ideen von der Hexerei die Menschen nicht nur durch das gesamte Mittelalter und die frühe Neuzeit hindurch begleiteten, sondern zuweilen noch immer gegenwärtig sind und als Ängste bis in unsere Zeit überlebt haben.[53] Auch wenn heute die meisten Deutschen über selbst ernannte Hexen auf ihren selbst gebastelten Zauberbesen aus Esche, Birke und Weide wohl lächeln dürften – die magische Versuchung besteht weiter.

Allgemein verbreitet ist in Deutschland der Aberglaube, daß von 13 Personen, die am Tische sitzen, im folgenden Jahr eine sterben muß … Es gilt aber überhaupt die 13 heutzutage an und für sich schon als eine Unglückszahl. Man hört, daß Hausbesitzer sich dagegen sträuben, ihrem Hause die Nummer 13 geben zu lassen, weil sie fürchten, sonst keine Mieter zu bekommen, daß in Hotels die Zimmernummer 13 übergangen wird, Dienstmädchen sich weigern, an einem 13ten ihre Stelle anzutreten und dergleichen mehr.

Der evangelische Pfarrer und Sprachforscher Ernst Böklen 1913[1]

Die 13 und die magischen Zeichen

Herr Messmer möchte eine neue Hausnummer

Am 2. Juli 1867 erschien Johann Messmer in den Räumen des örtlichen Patronats St. Pauli, das als lokale Verwaltung für alle öffentlichen Dinge zuständig war. St. Pauli war als sogenannte Vorstadt damals noch kein vollwertiger Stadtteil Hamburgs, stand aber als beliebtes Viertel mit schönster Aussicht auf die Elbe bereits unter städtischer Verwaltung der Hansestadt. Herr Messmer war Besitzer eines Wohnhauses im Vorort Eimsbüttel, und der Mann konnte sich glücklich schätzen, hier ein Gebäude zu besitzen. Denn Eimsbüttel war ein beliebter Ausflugs- und Wohnort, und Johann Messmer hatte es als Schlachter offensichtlich zu einem gewissen Wohlstand gebracht.[2] Doch der Hausbesitzer hatte trotzdem Sorgen, die ihren Ursprung im magischen Denken seiner Zeit hatten. Denn in gewisser Weise brachte sein Haus Unglück, und von seinem Besuch bei der städtischen Behörde erhoffte er sich Abhilfe. Der Amtsschreiber notiert über den Besuch:[3]

> Hr Johann Christian Carl Messmer, Eimsbüttlerstraße Nr. 13, Eigenthümer des Grundstückes, erscheint und bittet um Abänderung seiner Hausnummer in 12 a, da viele Miethlustige … ein Vorurtheil gegen die Nr. 13 hätten.

Schon seit Jahren, so klagte der Mann, habe er immer wieder die Erfahrung machen müssen, dass zahlreichen Mietinteressenten zwar die Wohnungen durchaus gefielen, dass sie aber nur einziehen wollten, »wenn das Haus nicht die Nr. 13 trage«. Damit war der Antrag für Johann Messmer ausreichend begründet. Welche Ängste und Sorgen die Wohnungssuchenden genau umtrieben, erwähnte er offensichtlich nicht. Und so finden sich später in der Akte der Behörde auch keine Details über den Aberglauben seiner Zeitgenossen. Offenbar war das Phänomen rund um die angebliche Unglückszahl 13 den Beteiligten dieses Gesprächs nur allzu klar; es ist lediglich von einem hinlänglich bekannten »Vorurteil« vieler Menschen die Rede. Berichte über Zeitgenossen, die Gebäude oder Räume mit dieser Zahl meiden, waren vermutlich sowohl Johann Messmer als auch den Mitarbeitern der Behörde in St. Pauli nur allzu gut bekannt. Ob der Schlachter selbst auch daran glaubte, dass die 13 ihm Unglück brächte?

Offensichtlich ließ sich Johann Messmer auf der Behörde gar nicht auf eine Diskussion ein, ob diese Befürchtungen nun allesamt Hokuspokus seien oder nicht – er wollte einfach nur seine Wohnungen vermieten und mit seinem Haus Geld verdienen. Die Obrigkeit müsse ihm helfen. Er habe schließlich von anderen Hausbesitzern gehört, dass die kommunale Verwaltung zuweilen auf die Vergabe der Hausnummer 13 verzichte, wenn es denn aus wichtigen Gründen geboten sei. In einigen Straßen fehle dementsprechend die 13, das zeige nach Ansicht Messmers doch schon ein Blick in die Adressbücher. Das war allerdings ein schwaches Argument – denn gerade in den Hamburger Außenbezirken existierten immer wieder Lücken in der Bebauung. Auch in Messmers Eimsbütteler Straße gab es keine Häuser etwa mit den Nummern 15, 18 oder 33. Ab und zu fehlte auch in anderen Straßenzügen zwar noch eine Nummer, aber eine gehäufte Vermeidung der Hausnummer 13 lässt sich nicht feststellen. Doch Schlachter Messmer blieb bei seinem Antrag, seinem Haus in Zukunft die »12 a« zuzuordnen. So verließ er das örtliche Patronat wieder und musste warten, bis sich alsbald die zuständige Abteilung für »Hochbau und Ingenieur-Wesen« mit seinem Fall beschäftigen und ihn anschließend entsprechend unterrichten würde.

Nun war die Abänderung einer Hausnummer auch im Jahr 1867 keine Kleinigkeit, denn diese Nummern waren längst zu einem wichtigen Teil der öffentlichen Ordnung geworden. Im 18. Jahrhundert hatte sich das Durchzählen der Gebäude in Europa durchgesetzt: Ab 1750 wurden die Häuser Madrids mit Nummern versehen, vier Jahre später war es in Triest so weit, bald folgten Großstädte wie London oder 1766 selbst eine so überschaubare Herrschaft wie die Grafschaft Lippe. Und überall war das neue System ein Erfolg – für die städtische Verwaltung, die Steuerbehörden und das Militär. Denn die Nummerierung schaffte Ordnung in einem zuweilen unübersichtlichen Straßengewirr. Indem die Nummerierung jedem Haus eine eigene und unverwechselbare Stelle in einer Stadt zuwies, ermöglichte sie zugleich auch den obrigkeitlichen Zugriff auf die darin lebenden Untertanen.[4] Wo lebten welche Steuerzahler? Welche Personen waren in einer Stadt ordentlich angemeldet? Das sind Fragen, die die Obrigkeit umtrieben – und die Hausnummern halfen ihr bei der Verwaltungsarbeit. Allerdings durfte diese Arbeit auch nicht behindert werden – etwa durch eine weithin gefürchtete Unglückszahl …

Mitte des 19. Jahrhunderts, als dieser Antrag auf Umbenennung in St. Pauli verhandelt wurde, war der Glaube, dass 13 eine Unglückszahl sei, weit verbreitet. Er war fester Bestandteil des magischen Denkens, wonach diese Zahl den betroffenen Menschen und Orten Pech bringe. Deshalb verwundert es nicht, dass Johann Messmer aus St. Pauli nicht der einzige Hausbesitzer war, der offiziell um die Zuweisung einer neuen Nummer bat. Auch in anderen deutschen Städten gingen entsprechende Gesuche an die Behörden ein, einem Haus statt der 13 lieber die 12 a zuzuweisen – in Berlin[5] genauso wie in München. Dort fürchtete ein Hausbesitzer, beim Verkauf seiner Immobilie einen schlechteren Preis zu erzielen.[6] Offiziell sorgten sich die Besitzer um den Wert ihrer Immobilie; selbst aus Paris melden die Zeitungen entsprechende Vorfälle. So hieß es 1867 in einem Bericht über ein entsprechendes Vorkommnis in der französischen Hauptstadt:[7]

> Im Jahr 1867 überreichten siebenundfünfzig Pariser Grundbesitzer dem Seinepräfekten eine Petition, welche – kurz, welche die Ausmerzung aller Hausnummern 13 in ganz Paris von ihm verlangte. Eine zweite Nummer 11 sollte die unglückliche 13 ersetzen.

Aber das Austauschen der Ziffern war alles andere als einfach – weil es nämlich auch andere Zahlen gab, die ebenso wie die 13 nicht gern gesehen waren. So galt etwa die 7 zuweilen als Unglückszahl. Und so wie sich andere Hausbesitzer bei der 13 um eine neue Hausnummer bemühten, so taten es andere, wenn es um die 7 ging. Beispielsweise ein Mann im schlesischen Trottau, als dort 1877 ebenfalls die Hausnummern eingeführt wurden. Eine Zeitung berichtete:[8]

> Einer der Hausbesitzer, welchem der Zufall Nr. 7 zugedacht hatte, war, in Vergegenwärtigung des ziemlich verbreiteten Volksaberglaubens, daß 7 eine ›Unglückszahl‹ sei, so wenig erfreut darüber, daß er alle Hebel in Bewegung setzte, das ominöse Zeichen von seinem Hause fernzuhalten.

Das Erstaunliche in diesem Fall: Ganz offensichtlich erfüllten die städtischen Behörden dem Mann seinen Wunsch, die Abänderung der Hausnummer ließ sich »ohne besondere Umstände machen«. Dass die Zeitung darüber spottet, dass der »gewöhnliche Volksaberglaube« sich offensichtlich längst auch in den besseren Kreisen der Gesellschaft etabliert habe, kann nicht darüber hinwegtäuschen: Das magische Denken und die Angst vor bestimmten Zahlen veränderten zumindest in einigen Orten sogar das Stadtbild.

Welche konkreten Zahlen und welche magischen Zeichen den

Menschen nun Glück oder Unglück bringen, wurde durch das jeweilige magische Denken bestimmt – und das war in dieser Hinsicht oft genug von Region zu Region völlig unterschiedlich. Während etwa in Ostpreußen alle geraden Zahlen potenziell als Unglückszahlen galten, waren es in Pommern wie anderswo wiederum die ungeraden Zahlen. Und galt den einen der 7. Tag eines Monats als kritischer Tag, an dem Unglück droht, so fürchteten sich andere wiederum vor dem 13.[9] Aber die 13 wurde schließlich zur bekanntesten magischen Unglückszahl, die den Alltag nicht nur bei der Nummerierung der Häuser bestimmte. Richtig eingesetzt, konnte diese Zahl in der Welt des magischen Denkens Erstaunliches und Übernatürliches bewirken – aber sie konnte eben auch schaden.

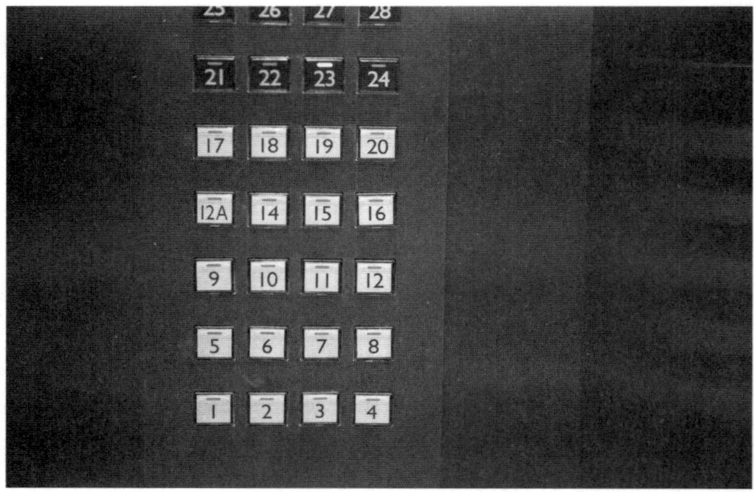

Selbst in modernen Hochhäusern wird die Zahl 13 gemieden: Etagenbezeichnungen in einem Aufzug.

Die Rituale rund um die 13 waren noch Anfang des 20. Jahrhunderts so vielfältig wie das magische Denken selbst. In Schleswig-Holstein existierte die Vorstellung, dass ein mit 13 Pfeffer- und 13 Salzkörnern gefülltes Ei im Garten vergraben werden muss, um sich gegen Fieber zu wappnen.[10] Dann brachte die Zahl also durchaus

Glück und Segen. Doch zumeist wurde die Zahl von abergläubischen Menschen möglichst gemieden. Bald machten Geschichten von Hotels die Runde, in denen die 13 als Zimmernummer bewusst übersprungen wurde, selbst von ganzen ausgelassenen 13. Etagen in Hochhäusern war die Rede. Zur bekanntesten Erzählung rund um die 13 wurde die Warnung, niemals 13 Personen an einem Tisch zu versammeln, denn dann werde einer dieser Tischgäste binnen eines Jahres sterben.[11] Aber auch die Angst war mit dieser Zahl verbunden: Der Erste Weltkrieg, dessen Ausbruch angesichts der wachsenden politischen Spannungen zwischen den europäischen Staaten ohnehin schon Jahre vor seinem Beginn erwartet worden war, wurde wiederholt für das Jahr 1913 angekündigt. Zudem bildete die Erinnerung an das Jahr 1813 und damit an die letzten blutigen Schlachten gegen Napoleon die Grundlage für die Befürchtung eines neuen großen Krieges hundert Jahre später:[12]

> Das Jahr 1913 soll wieder ebenso blutig werden wie das Jahr 1813.

So präsent die 13 als Unglückszahl wurde, so hat sie im magischen Denken doch eine vergleichsweise junge Geschichte. Diese Vorstellung reicht kaum weiter zurück als bis ins 17. Jahrhundert, ist also eine Geschichte des neuzeitlichen Denkens.[13] Gleichwohl war schon das Mittelalter in hohem Maße von Zahlenmystik geprägt – wobei im Mittelpunkt stets die Vorstellung stand, dass Zahlen eben immer auch eine verborgene Bedeutung haben. Deshalb hatten Gelehrte ebenso wie das einfache Volk stets einen besonderen Blick auf die Zahlen. Entscheidend geprägt waren die Zahlenspekulationen von der christlichen Überlieferung, schließlich ließ sich aus der Bibel für viele Zahlen eine besondere Bedeutung herauslesen – wenn man nur wollte: Die Eins stand demnach etwa für die Einheit Gottes, die Zwei für Vater und Sohn oder den gleichzeitigen Gottes- und Menschencharakter Christi, die Drei für die heilige Dreifaltigkeit. Die Vier ordnet demnach die ganze Schöpfung

Gottes mit den vier Elementen und den vier Jahreszeiten. Die »heilige Zahl« sieben galt als Zeichen der irdischen Zeit (sieben Wochentage) wie auch der ewigen Ruhe (am siebten Schöpfungstag ruhte Gott), stand aber etwa auch für die von der Kirche formulierten sieben Tugenden des Christenmenschen ebenso wie für die sieben Todsünden.[14] Insgesamt kommen nicht weniger als 185 Zahlen in der Bibel vor, denen sämtlich jeweils eine eigene Bedeutung zugeschrieben werden konnte.

Ob Zahlenspekulationen im Mittelalter den Charakter von weit verbreitetem Volkswissen hatten, bleibt letztlich ungewiss. Doch fraglos hat die christliche Lehre in einer volkstümlichen Kultur des magischen Denkens Vorstellungen von der verborgenen Bedeutung und damit der Macht der Zahlen in hohem Maße befördert. Selbst wenn es nicht um die christliche Lehre ging, beruhten zahlreiche Zahlenspekulationen oft genug auf dieser christlichen Grundlage. Auch die 13 steht in gewisser Weise in einer Tradition der christlichen Zahlenmystik. Dabei ist es ganz offensichtlich ihr Pech, dass sie unmittelbar auf die 12 folgt – und die galt eben lange als eine ganz außergewöhnliche Zahl. Sie überbietet alle Zahlen, weil sie als geradezu heilige Zahl galt, und direkt neben ihr steht die 13 in einem unseligen scharfen Kontrast. Sie stört allein durch ihre Existenz die »heilige« Ordnung – deshalb wurde sie verdächtigt und diskreditiert, diskriminiert und letztlich abgestraft.[15] So reichte die christliche Überlieferung weit in die neuzeitliche Welt der magischen Vorstellungen hinein, wie der Pfarrer und Sprachforscher Ernst Böklen im Jahr 1913 schrieb. Etwa wenn es um den Glauben ging, dass 13 Personen an einer Tafel Unglück bringen:[16]

> »Man hat daher die Meinung, daß keine 13 Personen an einer Tafel sitzen dürfen, vielfach auf die letzte Abendmahlzeit Christi zurückgeführt, wobei man entweder an Christus selbst dachte, als den ersten, der kurze Zeit darauf durch den Tod aus dem Kreis der Tischgenossen ausschied, oder an den Verräter Judas Ischariot.

Zahlenmystik lebte immer von der Zuschreibung einer bestimmten Bedeutung. Letztlich konnte jede Zahl als vollkommen und Glück bringend, aber auch zugleich als unheilvoll interpretiert werden. Die Zwölf konnte auch in der Volksmedizin magische Kräfte besitzen – zwölf lebende Bienen in Wasser gekocht, so der Glaube in Pommern, lindern etwa bei Magenerkrankungen von Kindern die Symptome.[17] Sie konnte aber auch ein Zeichen für drohendes Unglück sein: Für Böhmen ist die Furcht überliefert, wonach ein Haus abbrennen werde, wenn zwölf Störche es zwölfmal überfliegen.[18]

Auch die »Zwölften«, die von der Kirche als weihnachtliche Festzeit festgelegt wurden, waren zunächst einmal eine Freudenzeit für die Christen. Allerdings wurden diese Tage zwischen Weihnachten und dem Dreikönigstag losgelöst von der christlichen Bedeutung in ganz Europa eine Spukzeit: Überall wurde in dieser Zeit das Auftreten von Geistern und Seelen von Verstorbenen gefürchtet, auch Zwerge, Hausgeister oder Hexen in Tiergestalt sollten dann angeblich ihr Unwesen treiben. Gegen diese Gestalten stellte das magische Denken zahlreiche Sicherungsmaßnahmen zur Verfügung. Zunächst einmal galt es das Schicksal nicht herauszufordern, so etwa in Lübeck folgendermaßen:[19]

> In den Zwölften darf man keine Wäsche im Freien trocknen, sonst stirbt im neuen Jahre ein Familienmitglied: ›Wer den Zaun ziert, muß bald den Kirchhof zieren.‹

Auch ziehe zwischen dem 24. Dezember und dem 6. Januar eine »Wode« genannte Gestalt umher, begleitet von wildem Gerassel und sechs Hunden. Auch da hieß es, rechtzeitig vorzusorgen:[20]

> Wehe dem, der abends seine Tür nicht verschlossen hat! Ihm wird ein Hund hineingeworfen, den muß er ein ganzes Jahr behalten. Der liegt am Feuerherd, frißt nicht und bellt nicht, glotzt aber jeden an. Ist das Jahr um, so verschwindet er von selbst.

Glück und Unglück lagen in den magischen Vorstellungen von diesen zwölf Tagen eng beieinander. Kinder, die in dieser Zeit geboren wurden, galten oft als Glückskinder. Zugleich hatten sie aber auch das zweifelhafte Vergnügen, Geister sehen zu können. Ein Todesfall in diesen zwölf Tagen erschien hingegen weithin als Zeichen drohenden Unglücks: Sterbe jemand aus einem Dorf in diesem Zeitraum, so hieß es beispielsweise in Dithmarschen, würden im folgenden Jahr zwölf weitere Tote zu beklagen sein.[21]

Diese Vorstellung erinnert wiederum an die 13 und die weitverbreitete Sorge, dass bei 13 Gästen an einem Tisch einer binnen eines Jahres sterben werde. Um das Unwohlsein bei den Gästen zu vermeiden, so empfahl noch im Jahr 1930 eine Zeitung, müsse einfach ein 14. Gast eingeladen oder eine der Personen müsse – mit dem Hinweis auf die Unglückszahl – schlicht wieder ausgeladen werden.[22] Diese Empfehlung war zwar augenzwinkernd gemeint, weil es für einen möglichen Todesfall aus so einer Runde ja durchaus ganz logische Gründe gibt:[23]

> Dabei ist es an sich, was nicht uninteressant ist, durchaus normal, daß einer aus einer Gesellschaft von 13 innerhalb Jahresfrist sterben muß. Nach der Wahrscheinlichkeitsrechnung und nach den Tabellen der großen Versicherungsanstalten stirbt, wenn 18 Personen zusammen sind, von diesen 18 einer innerhalb Jahresfrist. Also, da ist es weiter ja kein Wunder, wenn von 13 auch einer stirbt.

Wie bei anderen Fällen des Aberglaubens auch, war dieser magische Glaube an die Kraft der Zahlen von viel Spott begleitet. Angeblich bestand Anfang des 20. Jahrhunderts in Berlin sogar ein »Klub der Dreizehn«, der eigens zu dem unterhaltsamen Zweck gegründet worden war, den »Aberglauben zu bekämpfen«. Dieser, so hieß es in einem Zeitungsbericht, »veranstaltet seine Vereinsabende immer an einem Freitag, und wenn es der Zufall will, daß der 13. auf einen Freitag fällt, erreicht die Stimmung natürlich ihren Höhepunkt.«[24]

Doch zugleich gab es immer wieder Warnungen, den Glauben an die magischen Vorstellungen von der 13 bloß nicht lächerlich zu machen und sich so womöglich in Gefahr zu bringen. Im Jahr 1930 berichtete eine Zeitung von einer angeblichen Begebenheit, die sich im Jahr 1843 in der thüringischen Stadt Altenburg zugetragen haben soll. In einem Wirtshaus saß eine fröhliche Runde beieinander, in der jemand plötzlich bemerkte, dass sie aus genau 13 Personen bestand – im abergläubischen Denken ein schlechtes Omen. »Einige lachten darüber, andere waren verstört«, heißt es in dem Zeitungsbericht. Offensichtlich setzten sich diejenigen durch, die mit dem magischen Denken ihren Schabernack treiben wollten. Jedenfalls wurden rasch 13 Zettel mit den Zahlen 1 bis 13 versehen und in einen Hut geworfen, und die Gruppe »loste um den Tod«. Ein anwesender Musiker zog schließlich diesen Zettel, mit unheilvollen Folgen:[25]

> Seine heitere Laune verschwand. Bald darauf klagte er dem Arzt über Unwohlsein, dieser verordnete Kaltwasserwaschungen als Hilfsmittel. Am 8. November wurde seine Leiche aus dem Schloßteich gezogen. Seine Kleider wurden wohl zusammengelegt auf einem Stock am Ufer gefunden.

Wieder einmal war ein Mensch dem Fluch der tödlichen 13 zum Opfer gefallen. Und jede neue Geschichte von der unheilvollen Wirkung der 13 verstärkte bestehende Sorgen und Ängste. Die magischen Vorstellungen von der Macht und der Bedeutung der Zahlen leben bis heute in Erzählungen fort, die mal vage sind, mal von angeblich wahren Ereignissen berichten. »Interessantes« gibt es über fast jede Zahl zu erzählen, wenn nur lange genug geschaut wird. Das gilt zwar auch für andere Zahlen, aber bei der 13 hat sich die Vorstellung von der Verbindung zwischen dieser Zahl und einem möglichen Unglück gehalten. Inzwischen hat diese Furcht eine eigenständige Bezeichnung: Von »Triskaidekaphobie« ist die Rede, wenn die Furcht solche Ausmaße annimmt, dass sie die Lebensqualität eines Betroffenen einschränkt. Von »Tetraphobie«

spricht man hingegen bei Angst vor der Zahl 4. Neue magische Angebote setzen dabei stets auch neue Sorgen und Ängste frei. So ist es inzwischen längst nicht mehr nur die 13, die als Hausnummer Unglück bringen soll. Im Jahr 2007 beobachtete der österreichische Historiker Anton Tantner ein weiteres Phänomen:[26]

> Wer die einschlägigen Internetforen zur Esoterik konsultiert, kann sich davon überzeugen, dass nun eine neue Hausnummer zur Gefahr wird, nämlich die Hausnummer 4. Häuser, die mit dieser Nummer gezeichnet sind, haben ein schlechtes Feng Shui, da gemäß chinesischem Aberglauben die 4 Tod bedeutet. Selbst mit der europäischen Tradition ist dies vereinbar, wenn in Rechnung gestellt wird, dass die Quersumme der Unglückszahl 13 nichts anderes als 4 ergibt.

Wie weit solche Sorgen und Ängste noch heute verbreitet sind, zeigen aktuelle Umfragen. Das Meinungsforschungsinstitut Allensbach hat im Jahr 2005 eine Dokumentation über die Einstellungen der Westdeutschen zur 13 über mehrere Jahrzehnte hinweg vorgelegt. 28 Prozent der Befragten erklärten, dass sie – auch wenn sie selbst nicht abergläubisch seien – der Zahl 13 womöglich eine Bedeutung zumessen und deshalb ihr Auftreten beachten. Knapp 30 Jahre zuvor hatten nur 17 Prozent der Befragten so geantwortet.[27] Andere Umfragen sehen übrigens in diesem Punkt keinen wesentlichen Unterschied zwischen West- und Ostdeutschen.[28] Von einer abnehmenden Angst vor der 13 kann also nicht die Rede sein.

Eine besondere Bedeutung nimmt im magischen Denken die Verbindung der Zahl 13 mit dem Freitag ein – über keinen anderen Wochentag wird so viel spekuliert. Auch dabei finden sich viele Aspekte des christlichen Glaubens, die entsprechende Vorstellungen befördern: Es war schließlich ein Freitag, der Karfreitag, an dem nach christlicher Überlieferung Christus am Kreuz gestorben und die Menschheit von der Erbsünde erlöst wurde. So konnte in der kirchlichen Praxis wie im Alltag ein Freitag also kein Tag wie jeder andere sein. Der Heiland wurde an einem Freitag gekreuzigt? Dann fordere eben auch das Meer an jedem Freitag ein Menschenopfer, weshalb an der Nordseeküste Schiffer an diesem Tag nicht gerne hinausfuhren.[29] Da in Gedenken an den Kreuzestod Christi der Freitag still, andächtig und mit besonderen Fastenauflagen verbunden begangen werden sollte, waren Lustbarkeiten an diesem Wochentag verpönt. »Wer am Freitag lacht«, lautete ein entsprechendes Sprichwort aus dem Harz, »weint am Sonntag.«[30]

Aber mit ein paar Tränen war es dann zumeist nicht getan: An einem Freitag geborene Kinder galten oft genug als Unglückskinder, sie hätten in ihrem ganzen Leben viel zu leiden, und ihnen drohte ein früher Tod oder sogar ein unwürdiges Ende vor dem Scharfrichter.[31] Da Fluch und Segen im magischen Denken eng beieinanderliegen, wurden dem Freitag allerdings auch ungeahnte Fähigkeiten zugeschrieben. Gerade in medizinischer Hinsicht wurde sein Einfluss hoch geschätzt:[32]

> Weit verbreitet ist der Glaube, daß der F. [Freitag] der beste Tag zum Nägelschneiden ist, was stillschweigend, kreuzweise, indem man der Reihe nach die Nägel der linken Hand, des rechten Fußes, dann der rechten Hand und des linken Fußes beschneidet, zwischen 11 und 12 Uhr oder nach 12 Uhr geschehen soll. Damit beugt man Zahnweh vor und vertreibt es. Es bewahrt aber auch vor Augen- und Ohrenweh und vor Kopfschmerzen und bringt Geld und Glück.

Auch mit dem Freitag verhielt es sich stets wie mit der Zahl 13: Die Beobachtung eines augenscheinlich ungewöhnlichen Ereignisses bestätigt und verstärkt bestehende magische Vorstellungen. »Das Jahr 1886 hat durch seine ungewöhnlichen Witterungsvorgänge fast in allen Ländern der Erde viel Unheil angerichtet«, heißt es 1893 in einem Aufsatz eines Völkerkundlers, »und da es an einem Freitag begonnen hat, dem … alten Glauben entsprochen, dass alles, was an einem Freitag beginne, keinen guten Verlauf nehme.«[33]

Wie auch bei der Zahl 13 gab es immer wieder Erzählungen, wonach »aufgeklärte« Zeitgenossen die angeblich existierende Magie des Freitags ad absurdum führen wollten. Aber so manche Probe aufs Exempel führte geradewegs ins Unglück, und Geschichten wie dieser Bericht aus dem frühen 19. Jahrhundert dürften die Menschen nur weiter verunsichert haben. Der weitgereiste Schriftsteller und Landschaftsarchitekt Hermann Fürst von Pückler-Muskau (1785–1871) schrieb einem Freund in Deutschland, ein »aufgeklärter Handelsmann« im amerikanischen Connecticut habe dem Aberglauben unter den Seeleuten, wonach der »Freitag ein übler Tag sey«, mit beherzter Tat entgegentreten wollen:[34]

> Er veranlaßte daher, daß ein neues Schiff für ihn an einem Freitag zu bauen angefangen wurde. An einem Freitag ließ er es vom Stapel laufen, gab ihm den Namen Freitag, und auf seinen Befehl begann die erste Reise gleichfalls an einem Freitag. Unglücklicherweise für den Erfolg dieses so wohlgemeinten Experiments, hat man von Schiff und Mannschaft nie wieder das Mindeste gehört.

Auch diese Geschichte macht nur allzu deutlich, dass es nicht angeraten schien, ein unnötiges Risiko einzugehen. Weshalb das Glück auf die Probe stellen und das Schicksal herausfordern? Warum ein Stapellauf an einem Freitag? Weshalb sich freiwillig mit der Hausnummer 13 abfinden? Ist es da nicht klüger, wie es offensichtlich heute noch ein Viertel der Deutschen vorzieht, um die 13 lieber einen Bogen zu machen, wenn sich die Möglichkeit dazu bietet?

In der Welt des magischen Denkens gibt es allerdings viele Zahlen, Symbole und Gegenstände, um die die Menschen besser einen Bogen machen oder zumindest besondere Vorsicht walten lassen sollten. Die 13 und die Freitage gehören dazu ebenso wie alltägliche Gebrauchsgegenstände – etwa der Spiegel. Er eskaliert die Angst vor der 13 noch, etwa wenn aus der Tischgemeinschaft von 13 Personen im Laufe des folgenden Jahres gerade diejenige stirbt, die in diesem Moment unter einem Spiegel sitzt.[35] Weit verbreitet waren die Annahme, dass Spiegelbilder dem Betrachter mehr zeigen, als er selbst sehen kann, sowie der Glaube, dass nachts bei einem Blick in den Spiegel der Teufel hinter dem Betrachter sichtbar werde.[36] Und ein Spiegel, »der fällt oder sich bewegt, bedeutet Unglück«.[37] Wie bei den allermeisten magischen Phänomenen gab es aber auch Abwehrmechanismen. So spielten beim Umgang mit dem Spiegel zahlreiche Schauverbote eine wichtige Rolle: Vor allem kleine Kinder sollten beizeiten von einem Blick in den Spiegel abgehalten werden, denn sonst drohten sie später hässlich oder kleinwüchsig zu werden, oder sie konnten angeblich schwer erkranken oder sogar vorzeitig sterben. In vielen deutschen Regionen wurden aber auch die Erwachsenen vor den Gefahren gewarnt, die sie nach 23 Uhr bei einem nächtlichen Blick in den Spiegel erwarteten. Dann erblicke man nämlich darin das furchtbare Antlitz einer Hexe, wie in Schwaben angenommen wurde, oder gleich den Tod, wie die Menschen in Mecklenburg glaubten.[38]

Aber der Spiegel hatte in solchen Vorstellungen immer auch eine denkbar praktische Seite. Dies gilt vor allem für den »wissenden« Spiegel: Mit ihm ließ sich angeblich nicht nur ein Blick in die Zukunft werfen, sondern er könne auch zeigen, wo wertvolle Bodenschätze oder verlorene Gegenstände versteckt sind. Auch Krankheiten, so hieß es, könne er heilen. Damit ein Spiegel aber zu so einem »Zauberspiegel« wurde, musste er erst eine Art »Weihe« erfahren. Wie der Begriff es schon nahelegt, waren auch in solchen Fällen die Priester oft genug die ersten Ansprechpartner, und so finden sich zu Beginn der Neuzeit Beispiele für eine Spiegelweihe durch einen Segen der Kirche. Damit sollte erreicht werden, dass »die Hereinschauenden vor jeder Augenkrankheit und vor Blindheit sowie vor teuflischen Quälereien und Versuchungen bewahrt bleiben«.[39] Und ein geweihter Spiegel half augenscheinlich zuweilen bei der Aufklärung von Kriminalfällen. So ist aus Bayern der folgende Brauch in Verbindung mit dem Hexenglauben und »menschlichem Fett« überliefert:[40]

> Zu diesem Ende wird ein benedicirter Spiegel auf der Rückseite mit solchem Fett bestrichen, welches der Bestohlene sich selbst verschaffen muss, worauf sich dem Hexenmeister das Angesicht des Diebes im Spiegel zeigt.

Die »Weihe« eines Spiegels ließ sich aber auch auf anderem Wege erreichen, ohne Beistand der christlichen Kirche, etwa indem in die Ecken des Spiegels Kreuze oder manchmal auch Planetennamen oder Namen von bekannten Zauberern geschrieben wurden. Aber es gab auch deutlich umständlichere Verfahren, den Spiegel magisch aufzuladen. So konnte er zu bestimmten »heiligen« Zeiten wie in der Christnacht, am Karfreitag oder auch mittags um zwölf Uhr an einen besonders unheimlichen Ort gebracht werden. Ein überliefertes Verfahren mit einem Spiegel gestaltete sich folgendermaßen:[41]

> Man vergräbt ihn unter einen Galgen, neun Nächte lang jedesmal an anderer Stelle, häufiger an einem Kreuzweg, stellt sich gelegentlich auch darauf; statt dessen oder vorher vergräbt man ihn auf einem Friedhof (vereinzelt die Vorschrift, nackt über die Mauer zu springen), genauer: man legt ihn einem Toten aufs Gesicht, wozu sich ein frisches, am Freitag gegrabenes Grab besonders eignet ... bevorzugt das einer Wöchnerin, eines Selbstmörders oder des ersten Toten seit dem Kauf des Spiegels.

Auch wenn heute solche aufwendigen Verfahren vermutlich kaum mehr angewandt werden – geblieben ist zumindest in esoterischen Milieus eine Grundskepsis gegenüber dem Spiegel. Dies gilt vor allem für Anhänger der Feng-Shui-Lehre, die ursprünglich aus China stammt, sich aber in europäischen Ländern mit bestehenden esoterischen Vorstellungen vermischt hat. Vor allem wenn es um die Einrichtung von Wohnungen und Häusern geht, wird augenscheinlich immer wieder auf Versatzstücke dieser Lehre von einer gelungenen Harmonie zurückgegriffen. Was den Spiegel anbelangt, so erinnert seine Ablehnung zuweilen an das alte europäische Erbe von der unheilvollen magischen Kraft dieses Gegenstandes. So findet sich auf einer einschlägigen Internetplattform die oft wiederholte Vorstellung, in Schlafzimmern störten Spiegel die Harmonie. Im schlechtesten Fall werde sogar das Ehebett im Spiegel sichtbar. »Symbolisch bist Du somit nicht mehr allein mit Deinem Partner im Zimmer«, heißt es warnend, und »Eheprobleme können sich hier schon aufzeigen.« Aber es lauerten noch größere Gefahren als der eine oder andere Ehestreit:[42]

> Ein altes Sprichwort in China sagt, dass die Seele am Abend auf Reise geht und wenn sie zurückkehrt, würde sie sich im Spiegel erschrecken. So könnte es sein, dass ein Teil der Seele nicht mehr ankommt. Es wird auch behauptet, dass wir uns während des Schlafes vom energetischen Müll befreien. Das kann aber nicht geschehen, wenn die entladene Energie wieder zurückgespiegelt wird.

In diesen Vorstellungen werden sozusagen die überzeitlichen Ängste vor dem Spiegelbild sichtbar – es ist zuweilen einigen Menschen noch immer ein wenig unheimlich. So verbinden sich wie in diesem Fall historisch gewachsene abergläubische Vorstellungen mit Versatzstücken eines aktuellen zeitgeistigen magischen Denkens.

Das gilt auch für eine Vielzahl von magischen Zeichen, allen voran für das seit Jahrhunderten bekannte und zu vielfältigen Zwecken des Schutzes genutzte Pentagramm. Wer heute Schutz durch diesen fünfzackigen Stern sucht, wird ebenfalls im Umfeld der asiatischen Harmonielehre fündig. So wird etwa auf einer einschlägigen Internetseite ein Pentagramm aus Messing (Durchmesser 11,5 Zentimeter zum Preis von 8 Euro) so angeboten:[43]

> Eines der ältesten Kraft- und Schutzsymbole. Seit alters her wird es verwendet, um Dämonen und negative Energien abzuwehren. So war es Brauch, seinen Hauseingang mit einem Pentagramm zu versehen. Es vitalisiert und stärkt die Aura.

Auch wenn vor Jahrhunderten hierzulande niemand das Wort »Aura« im esoterischen Sinne benutzte, so war zumindest das Pentagramm tatsächlich bekannt und weit verbreitet. Es konnte von jedem rasch gezeichnet werden, der sich magische Hilfe erbat und der in der Lage war, den fünfzackigen Stern in einem Zug zu zeichnen oder zu malen. Wohl schon im Altertum im 6. Jahrhundert v. Chr. nutzten die Pythagoreer das Pentagramm als Gesundheits- und Heilszeichen, und es wurde vermutlich auch in vorchristlichen gallischen oder germanischen Kulten verwendet. Später war es im Mittelalter im Bereich der Heilkunde ein wichtiges Symbol. Die größte Bedeutung erhielt das Zeichen allerdings durch die Annahme, es könne böse Geister und Hexen bannen, wozu auch die »Druden« gehören. Als solche galten oft weibliche Wesen, die im Volksaberglauben vor allem für die Albträume der Menschen verantwortlich waren, weil sie nachts in die Häuser schlichen und die Schlafenden ängstigten. Gegen sie und den »Alp«, so die Hoffnung, helfe der »Drudenfuß« (eine andere Bezeichnung für das Pentagramm). Deshalb fand sich dieses Zeichen oft auch an Betten oder Wiegen.[44]

Im Alltag wurde der Drudenfuß schließlich gegen jedwede Art von bösen Geistern und wohl auch vergleichsweise wahllos gegen drohendes Unheil schlechthin angewendet. Zentral war der Brauch, das Haus und den Stall auf diese Weise zu sichern; gerade für die ländliche Bevölkerung ist dies breit dokumentiert. Zuweilen malten die Menschen das magische Zeichen auch auf einen Zettel und legten diesen unter das Kopfkissen.[45] Nahe München, so wurde im Jahr 1882 berichtet, zeichneten andere das Pentagramm auf ihre Häuser und sprachen dabei folgende Formel:[46]

> Drudenkopf, ich verbiete Dir mein Haus und meinen Hof; ich verbiete Dir meine Pferde und meinen Viehstall, ich verbiete Dir meine Bettstatt, daß Du nicht über mich tretest. Geh' in ein anderes Haus und steige über alle Wasser, über alle Berge und Zaunstrecken, so kommt der liebe Tag wieder in mein Haus.

Der Drudenfuß hielt wie andere magische Zeichen auch Einzug in die Literatur. Dies galt vor allem für den Umstand, dass er nur seine volle Wirkung entfaltete, wenn er richtig gezeichnet wurde. Ist er hingegen nachlässig gemalt oder durch eine Unachtsamkeit beschädigt worden, konnte er seine magische Kraft verlieren. Ein Drudenfuß, »nicht richtig geschlossen«, so hieß es beispielsweise 1875 in einer Erzählung, habe »den bösen Geistern dennoch Eingang gewährt«.[47] Selbst in einer Anleitung für »Puppenspiele für jung und alt« aus dem Jahr 1854 taucht das Motiv des unwirksamen Pentagramms auf: Der Kasperl hat den Teufel zwar in eine Kiste gesperrt, doch als er sich auf die Kiste setzt, hat er dabei versehentlich den Drudenfuß verwischt – mit bösen Folgen: »Der Zauber ist gebrochen«, frohlockt daraufhin der Teufel in dem Puppenspiel, »ich bin frei.«[48]

Besonders prominent wurde dieses Motiv zuvor schon von Johann Wolfgang von Goethe (1749–1832) in seinem 1808 veröffentlichten Teil 1 des *Faust* verwendet. Nach der ersten Unterredung mit Mephistopheles wundert sich Faust, weshalb dieser das Zimmer nicht selbst verlassen kann, sondern um Erlaubnis bittet, sich zu entfernen. Könne der Teufel denn nicht einfach durch Tür oder Fenster verschwinden?[49]

Mephistopheles: Gesteh' ichs nur! Daß ich hinausspaziere
Verbietet mir ein kleines Hinderniß,
Der Drudenfuß auf eurer Schwelle –

Faust: Das Pentagramm macht dir Pein?
Ey sage mir, du Sohn der Hölle,
Wenn das dich bannt, wie kamst du denn herein?
Wie ward ein solcher Geist betrogen?

Mephistopheles: Beschaut es recht! Es ist nicht gut gezogen;
Der eine Winkel, der nach außen zu,
Ist, wie du siehst, ein wenig offen.

Da hat Faust augenscheinlich schlampig gezeichnet: Das Pentagramm ist in einem Winkel nicht geschlossen – so kann der Teufel hinein in die gute Studierstube. Holzstich um 1900.

Faust hat in dieser Situation – so wie hoffentlich auch der Kasperl im Puppentheater – etwas dazugelernt: Magische Zeichen wirken, aber sie wirken eben nur, wenn sie auch einigermaßen fachgerecht angewendet werden. Doch in diesem Fall war der Drudenfuß auf der Türschwelle, genauer: der äußere Winkel des Zeichens, schlicht nachlässig gezogen worden. So konnte der Teufel in Gestalt des Mephistopheles in das Zimmer eintreten. Doch der Rückweg ist ihm versperrt. Denn nach einem Gesetz der Teufel und Gespenster müssen diese stets den gleichen Weg zurück nehmen, den sie auch gekommen sind. Und weil die beiden in das Innere des Zimmers weisenden Winkel des Drudenfußes sorgsam gezogen und deshalb wirksam sind, kann Mephistopheles nicht zurück. Er benötigt also einen Trick und fremde Hilfe. So versetzt er zunächst mit seinen Worten Faust in süße Träume, dann sichert er sich die Dienste einer Ratte. Sie zernagt auf sein Geheiß hin die Spitze des Pentagramms und hebt die magische Kraft des Zeichens auf – und der Teufel entwischt:[50]

> Nur frisch ans Werk! Die Spitze, die mich bannte,
> Sie sitzt ganz vornen an der Kante.
> Noch einen Biß, so ist's geschehen. –
> Nun Fauste träume fort, bis wir uns wiedersehn.

Magische Zeichen, so die Vorstellung, verleihen dem Menschen Macht über jene finsteren Wesen, denen er ansonsten schutzlos ausgeliefert ist. Selbst der Teufel, so ließ sich also im *Faust* nachlesen, konnte mit dem Drudenfuß gleichermaßen abgewehrt wie festgehalten werden. Es gab nur wenige Menschen, die sich über den Glauben an das magische Zeichen ärgerten, aber es gab sie. Der katholische Aufklärer Ferdinand Sterzinger gehörte beispielsweise dazu. Er empörte sich 1785, also noch gut zwei Jahrzehnte vor Erscheinen von Goethes *Faust*, über die Verwendung des Drudenfußes:[51]

> Unter den Christen … will man überdieß die Hexen damit vertreiben; denn die Schreiber werden bey Verfertigung einer Wiege, oder einer andern Bettstätte selten diese Figur zu machen vergessen, um desto sicherer vor dem schädlichen Geschmeise der Hexen zu seyn.

Doch weder christliche noch aufklärerische Empörung über das »heidnische« oder »abergläubische« Zeichen konnten dem Pentagramm und dem damit verbundenen Glauben an dessen magische Kräfte letztlich etwas anhaben. Heutige Hexen, so heißt es auf einer aktuellen Website, tragen zuweilen ein »Schutzzeichen, das Pentagramm, um den Hals«, wenngleich einige es nur versteckt bei sich führen.[52] In esoterischen Kreisen existieren oft diffuse Vorstellungen über die Traditionen des Drudenfußes, doch er ist weiterhin eines der wichtigsten Symbole des magischen Denkens geblieben. Ein wenig erscheint das Zeichen wie eine magische Allzweckwaffe gegen übelwollende Wesen. So heißt es beispielsweise auf einer Homepage für den Versand magischer Artikel:[53]

> Als Amulett wird es zur Abwehr von Hexerei verwendet, zur Beschwörung und Unterwerfung von Geistern, als Schutz vor bösen und übernatürlichen Kräften und als Verteidigung gegen Angreifer, indem es den Zauber gegen seine Urheber wendet.

Das Pentagramm als magische Allzweckwaffe hatte stets den Vorteil, dass es jedermann zur Verfügung stand und seine gewünschte Wirkung umgehend entfalten konnte: am Bett, an der Türschwelle oder im Stall. Dort fanden sich zuweilen, je nach regional unterschiedlichen Bräuchen, auch andere magische Zeichen. In Thüringen wurden beispielsweise zuweilen drei Kreuze an die Stalltür gemalt, um Hexen von den Tieren fernzuhalten.[54]

Diese drei Kreuze als christliches Symbol erinnern daran, dass zum Schutz von Haus und Hof auch die Zeichen »C + M + B« verwendet werden. Während die heute in katholischen Gebieten umherziehenden Sternsinger damit die Segensformel »Christus mansionem benedicat« (»Christus segne dieses Haus«) abkürzen, standen die Initialen traditionell ausdrücklich für die Heiligen Drei Könige Caspar, Melchior und Balthasar. Über Jahrhunderte hinweg wurden diese Zeichen von Priestern wie Laien an die Türen geschrieben, um Hexen, Teufel und alle möglichen Gefahren vom damit bezeichneten Haushalt abzuhalten. Oft geschah dies mithilfe kirchlich geweihter Kreide und mit dem Zusatz der Jahreszahl – denn die Inschrift musste jährlich erneuert werden.[55]

Dieser Brauch schließt einerseits an die kirchlichen Rituale der Heiligenverehrung an, eröffnete zugleich aber auch weitere Möglichkeiten einer magischen Praxis, die nicht christlich geprägt waren. Dazu gehört der freizügige Umgang mit der zuvor geweihten Kreide, der in vielen Gegenden auch in nicht geweihtem Zustand bereits eine Schutzfunktion gegen das Böse zugeschrieben wurde. Sie wurde nicht nur zuweilen den Tieren zu fressen gegeben, damit sie gesund blieben, sehr viel häufiger wurde mit ihr auch ein Kreis um Scheunen oder andere Gebäude gezogen.[56] Damit nutzten solche Praktiken auch die beachtliche Attraktivität, die vom Kreis als geometrischer Figur in magischer Hinsicht ausging: Ein Kreis, so die Vorstellung, konnte sowohl Dinge als auch Personen einschließen und sie so innerhalb des festgelegten Raums festhalten und bannen oder Unerwünschtes ausschließen und damit fernhalten. Dabei fanden die unterschiedlichsten Werkzeuge Verwendung: Mit Kreide ließ sich dieser Kreis gut sichtbar machen, er wurde zuweilen aber auch unsichtbar gezogen, zumeist mit einer Eisenwaffe, einem Schwert oder einem Messer.[57] Aus dem Herzogtum Oldenburg wurde Mitte des 19. Jahrhunderts etwa der Brauch überliefert, dass sogar eine mit Zauberkräften versehene Salbe genutzt werden könne – »wenn man damit einen Kreis um das Haus schmiert, so kann nicht Teufel noch Satan hinein«.[58]

Magische Zeichen wurden also in vielerlei Form zum Schutz vor Unheil eingesetzt – und bestimmte andere Zeichen mussten unbedingt gemieden werden, um ein Unglück gar nicht erst zu provozieren. So wie eben lange Zeit die Zahl 13. Der Hamburger Schlachter Johann Messmer, der sich 1867 um das Glück seines Hauses und um zahlungskräftige Mieter sorgte, konnte sich seinerzeit übrigens nicht bei den städtischen Behörden durchsetzen. Zwar war dort der gängige Glaube an die Unglückszahl 13 durchaus bekannt – aber gerade deshalb wollte der zuständige Beamte dem Antrag nicht stattgeben. Er sei nicht gewillt, so teilte er Johann Messmer mit, »dem Aberglauben auf Seiten der Behörden Nachschub zu leisten«:[59]

> Es wird, glaube ich, am besten sein, Nummer 13 zu belassen, wo sie ist, weil sie einmal zwischen 12 und 14 in der Zahlenreihe liegt und das in der ganzen civilisierten Welt.

Für magisches Denken wurde in diesem Fall keine Ausnahme gemacht, und Johann Messmer musste sich fügen. Der Beamte wollte sich offensichtlich nicht einem gestrigen Aberglauben beugen, den er als Gegensatz zur »civilisierten Welt« empfand. Und die öffentliche Ordnung, die das Prinzip der Hausnummer erst einige Jahre zuvor in die Städte gebracht hatte, sollte nicht gestört werden. So blieb die 13 an der Eimsbütteler Straße hängen, und heute würde sich vermutlich nur noch im Ausnahmefall ein Hausbesitzer mit einem solchen Anliegen an die Behörden wenden.

Auch wenn ein Viertel der Deutschen bei Umfragen zugibt, der 13 eine besondere Bedeutung beizumessen – von der magischen Aufladung vergangener Zeiten scheint nicht mehr viel übrig geblieben zu sein. Die Kraft magischer Kreise wird nur noch von Eingeweihten gekannt und der Drudenfuß vor allem als modisches Accessoire geschätzt – wobei seine Geschichte als magisches Schutzzeichen dabei gern als Verkaufsargument angeführt wird. Immerhin ziehen noch heute in katholischen Gebieten Deutschlands »Sternsinger« durch die Straßen und malen mit Kreide die Initialen der Heiligen Drei Könige an die Haustüren. Sonst würde etwas fehlen im neuen Jahr – ein magisches Zeichen.

Mensch, verspotte nicht den Teufel,
Kurz ist ja die Lebensbahn,
Und die ewige Verdammnis
Ist kein bloßer Pöbelwahn.

Heinrich Heine im *Buch der Lieder* 1827[1]

Der Teufel in der Pluderhose

Andreas Musculus nimmt sich den Satan vor

Das genaue Jahr ist nicht überliefert, aber es war wohl an einem 24. Juni, am Tage Johannes' des Täufers, irgendwann Mitte des 16. Jahrhunderts. An diesem Tag verlor ganz offensichtlich der Teufel seine Geduld mit Andreas Musculus. Er hatte es womöglich schlicht satt, dass ihm der protestantische Theologe und Universitätsprofessor permanent nachstellte. Ständig wetterte der nämlich gegen den Satan und seine Schandtaten, deckte dessen vermeintliche Präsenz in unterschiedlicher Gestalt auf und ermahnte die armen Christenmenschen, bloß auf der Hut zu sein, damit der Teufel sie nicht verschlinge. Und so stand der wackere Gottesmann an diesem Tag vor den Toren des Städtchens Guben in der Niederlausitz unter freiem Himmel auf einer hölzernen Kanzel und hielt wieder einmal eine flammende und strenge Predigt (denn für die war er bekannt), »um nach dem Vorbilde des Predigers in der Wüste die Welt zur Buße zu ermahnen«. So schrieb es später ein Biograf, der dann auch schilderte, wie der Teufel just in diesem Moment seine Spießgesellen auf den ahnungslosen Musculus losließ:[2]

> Da bemerkte er, wie zwei böse Geister am Fußgestell der Kanzel rüttelten, so daß sie wankte. Er aber redete herzhaft

mit der Bibel in der Hand auf sie ein, so daß sie unter Qualm und Dampf die Flucht ergriffen.

Was für ein Schauspiel, und was für eine krachende Niederlage für den Teufel! Der wortgewaltige und fromme Gottesmann Andreas Musculus hatte in aller Öffentlichkeit unter Beweis gestellt, dass der rechte Glaube dem Bösen stets überlegen war – auch wenn es um den »Fürsten der Finsternis« ging. Und für diesen rechten Glauben stritt Musculus sein Leben lang. Er hätte sich selbst wohl als aufrechten Streiter für die Sache Gottes bezeichnet, die Nachwelt würde ihn heute hingegen eher einen christlichen Fanatiker und Fundamentalisten nennen. Geboren 1514 im sächsischen Schneeberg, hatte er sich als junger Mann zunächst an der damals noch katholischen Universität Leipzig für das Studium der Theologie, der scholastischen Philosophie und der alten Sprachen eingeschrieben, um sich anschließend als Privatlehrer in der bayerischen Oberpfalz durchzuschlagen. Doch dann erfasste ihn die religiöse Aufbruchstimmung der Reformationszeit, und er studierte in Wittenberg bei Martin Luther ebenso wie bei Philipp Melanchthon. Schließlich fand er in Frankfurt an der Oder eine Wirkungsstätte: als Professor an der Viadrina-Universität sowie später als Pfarrer an der Frankfurter Oberkirche St. Marien.[3]

Der Gelehrte stieg zu einem der einflussreichsten protestantischen Theologen des 16. Jahrhunderts auf. Er prägte nicht nur das kirchliche Leben in Frankfurt an der Oder, sondern er begleitete tatkräftig auch den Aufbau der protestantischen kurbrandenburgischen Landeskirche. Sein Wirken war allerdings von permanenten Streitigkeiten mit anderen Theologen begleitet. Auf abweichende Meinungen reagierte er nämlich mit seiner legendär gewordenen Angriffslust. Sogar der renommierte Reformator Philipp Melanchthon (1497–1560) schaltete sich zuweilen schriftlich ein und erinnerte daran, wie notwendig doch die Eintracht zwischen den protestantischen Theologen sei.[4] Vergebens: Wenn es um den lieben Gott und das wahre Verständnis der christlichen Lehre ging, blieb Andreas Musculus streitsüchtig und rechthaberisch. Ein späterer Biograf nannte ihn mit gebotener Höflichkeit einen »Mann von sittlichem Ernst, von Kraft des Willens und der Rede, von umfassender Gelehrtheit und dabei von brennendem Eifer für lutherische Orthodoxie«.[5] Es ließe sich auch sagen: Niemand hätte den fundamentalistischen Gelehrten zu einem fröhlichen Plausch über Gott und die Welt zu einem Gläschen Wein eingeladen, um mit ihm einen entspannten Abend zu verbringen.

Doch gerechterweise muss hinzugefügt werden, dass sich der Zorn des Pfarrers und Professors keineswegs nur auf die uneinsichtigen theologischen Kollegen erstreckte. Er war zu allen Zeitgenossen streng. So warf er der Jugend vor, ein zunehmend verlottertes Leben zu führen – aber das tun ältere Herren im Grunde zu allen Zeiten gern. Vor allem aber hatte er es auf einen sehr viel mächtigeren Gegner als ein paar mehr oder weniger wankelmütige Christenmenschen abgesehen: nämlich auf den Teufel. Dass der existierte und dass dieser bei den allermeisten bösen Dingen auf dieser Welt seine Finger im Spiel hatte, das war Musculus und den Menschen seiner Zeit ohnehin klar – nicht nur Martin Luther war schließlich fest von der Allgegenwart des Teufels überzeugt. Aber der Frankfurter Gelehrte ging noch einen Schritt weiter und machte sich auf die konkreten Spuren des satanischen Treibens in der Gegenwart, fasste seine Beobachtungen und Bewertungen in mahnende Worte und wurde zu einem regelrechten Bestsellerautor der sogenannten Teufelsliteratur. Dazu gehörten Bücher, mit denen gerade im Protestantismus gestrenge Theologen die Irrwege der Menschen in ihrem alltäglichen Leben anprangerten. Hinter ihren Sünden und Lastern stecke, da waren sich die Autoren sicher, nämlich der Teufel als der große Widersacher Gottes – und ihn gelte es mit aller Macht zu bekämpfen.

Nun gehörte es zu allen Zeiten ganz offensichtlich zum Wesen des Teufels, dass er sich zuweilen auch dort verbirgt, wo ihn die ahnungslosen Menschen zunächst einmal nicht vermuten. Etwa, wer hätte das gedacht, hinter modischer Kleidung! Schon beim

Tragen unzüchtiger Kleidung hat zuweilen der Teufel seine Finger im Spiel, davon war wenigstens Musculus überzeugt. Schon vor ihm hatten Bußprediger vor allem angeblich anzügliche Frauenkleidung kritisiert, wenn diese nämlich einen zu großzügigen Blick auf weibliche Haut zuließ oder wenn Frauen von Stand Gewänder mit zu langen Schleppen trugen. Denn auf denen tummelten sich nach Ansicht der Kleriker gerne die Dämonen, weshalb sie vom »Teufelsschweif« sprachen.[6]

Andreas Musculus griff sich für seine Modekritik hingegen die angeblich schamlose »Pluderhose« heraus, jene waden- oder nur knielange Männerhose, die im 16. Jahrhundert zunehmend auch von jüngeren Leuten als chic empfunden und deshalb gern getragen wurde. Auch in Frankfurt an der Oder war dies offensichtlich der Fall, wie die Geistlichkeit erschrocken feststellen musste. Und so hatte auch ein Pfarrer der örtlichen Marienkirche in einer Predigt gegen dieses Kleidungsstück gewettert – und prompt hängten einige Bösewichter – vermutlich waren dies sogar Studenten der Universität – eine solche Pluderhose heimlich am Altar der Marienkirche auf. Das war nicht nur ein gotteslästerlicher Akt, sondern ein offener Affront gegen die örtliche Geistlichkeit. Andreas Musculus musste eingreifen und schwang sich zu einer Predigt auf, die er 1555 dann auch als Buch drucken ließ: *Vom Hosen Teuffel.* Unzüchtig und sündig sei diese Kleidung, so warnte er, und die jungen Leute ließen sich mit dieser Kleidung mit dem Teufel ein:[7]

> Will ich jetziger zeyt jungen gesellen in ir aigen herz
> un gewissen zubedenken haim gestellt haben /
> was in für ain greulicher unverschampter Teüfel in Hosen sitze /
> wie hart sy Gott darumb straffen werde /
> das sy sich durch solche Pluderhosen /
> vil mehr zu aller böser anmaßung aller unkeüschait /
> entplössen vor Got /
> Engeln unn menschen /
> als wenn sy gar nackend rain giengen.

So kleidet sich der Satan: Titelblatt der Schrift von Andreas Musculus *Vom Hosen Teuffel* aus dem Jahr 1555.

Abgesehen von der Materialverschwendung bei den Pluderhosen – zumeist bestand das üppige Unterfutter aus Seide – störte Musculus vor allem die äußerst unzüchtig erscheinende Betonung des männlichen Geschlechtsteils durch den auffällig ausgebildeten Hosenlatz. Der Geistliche machte sich Sorgen um so manches arme »unwissende un unschuldige Meidlein«, dessen Blick unversehens auf solchen keck ausstaffierten Hosenlatz falle, aus dem »die Teufel auf allen sexten als rauß gucken«.[8] Kein Wunder, so der Prediger, dass der Teufel selbst gern Pluderhose trage. Das war eine Vorstellung, die sich schließlich auch in Gemälden dieser Zeit wiederfand: Die Pluderhose wurde oft als Kleidung des Teufels gemalt, und das war bis zu einem gewissen Grad auch das Verdienst von Andreas Musculus. Und ganz sicher hat der Frankfurter als erster Autor eine Schrift in deutscher Sprache vorgelegt, die sich ausdrücklich gegen ein bestimmtes Kleidungsstück richtet.[9] Das können nur wenige Theologen für sich in Anspruch nehmen …

Vom Erfolg seines Buches beflügelt, griff der Frankfurter Gelehrte weiter eifrig zur Feder. Er tat das mit großer Leidenschaft, schließlich zählte er ohnehin zu den Vielschreibern seiner Zeit, auch weil er wie andere Theologen vom noch neuartigen Buchdruckverfahren profitierte. Das neue Medium verbreitete schließlich nicht nur Luthers Bibelübersetzung, sondern auch jene Schriften, die einer breiteren Öffentlichkeit Angst vor dem Satan und den Ausgeburten der Hölle machen wollten. Ein wenig scheint es schon damals wie auf dem heutigen Buchmarkt zugegangen zu sein: Je schrecklicher und monströser eine Geschichte und ein Titel erschienen, desto erfolgreicher wurde das Buch. Also waren auch Bücher aus der Welt des magischen Denkens gefragt: In der zweiten Hälfte des 16. Jahrhunderts wurden wohl über 230 000 Exemplare verschiedener Bücher über die Welt der Dämonen auf den Markt gebracht. Und Andreas Musculus war einer der erfolgreichsten Autoren dieses Genres,[10] gerade seine Betrachtungen zum Teufel erlebten mehrere Auflagen.[11]

Der Bedarf beim Publikum war ganz offensichtlich vorhanden, das wusste auch der Frankfurter Gelehrte. »In keinem anderen Land«, so schrieb er, treibe schließlich der Teufel seine Tyrannei »so gewaltig als in Deutschland«. Womöglich sei davon auszugehen, dass sich 6000 oder 7000 böse Geister des Satans hierzulande

»in einen Menschen einlassen«.[12] Deshalb stellte Musculus einer 1561 erschienenen Abhandlung die oft zitierte Warnung aus dem Neuen Testament voran, aus dem ersten Brief des Petrus:[13]

> Seid nüchtern und wachet,
> denn euer Widersacher
> der Teuffel,
> gehet umbher
> wie ein brüllender Löwe
> und suchet
> welchen er verschlinge.

Dieses Zitat aus der Bibel war geradezu maßgeschneidert für das 16. Jahrhundert, denn in ihm genoss der Teufel – von den meisten Menschen nie ganz trennscharf auch Satan, Luzifer oder Fürst der Finsternis genannt – eine außergewöhnliche Aufmerksamkeit. Dazu trugen in hohem Maße auch die heftigen religiösen, politischen und sozialen Spannungen infolge von Reformation und Glaubensspaltung in Deutschland bei. Martin Luther bescherte dem entstehenden Protestantismus seine intensive Beschäftigung mit dem Teufel. Der Reformator rang höchstpersönlich immer wieder mit dem Satan und seinen Versuchungen, überdies sah er ihn vor allem in der katholischen, papistischen Kirche am Werk, denn der Teufel sei im Grunde der wahre Stifter des Papsttums. Damit, und das ließ sich eben auch an den Verkaufszahlen zumindest für die reformatorischen Schriften auf dem noch jungen Buchmarkt ablesen, erfuhr die schon lange wohlbekannte Teufelsgestalt eine ungeheure Aktualisierung und Popularisierung. Aber die Autoren schielten keineswegs nur auf den Erfolg ihrer Bücher. Vielmehr waren sie, wie Martin Luther oder eben auch Andreas Musculus, fest davon überzeugt, dass das Weltenende bevorstehe – und da die vermehrte Anwesenheit des Teufels generell als untrügliches Zeichen für das Ende der Zeiten gedeutet wurde, war er halt auch überall am Werk.

Der Teufel war für die Menschen also keine literarische Figur – mit ihm verbanden sich ganz massive und konkrete Ängste. Die begleiteten sie gerade im Mittelalter sozusagen das ganze Leben; jeder einzelne Tag konnte eine Versuchung und ein böses Werk des Teufels bringen. Die Kleriker sprachen ständig von ihm, sie beschrieben ihn als gefallenen Engel, der nun als Verkörperung des absolut Bösen die Menschen attackiere und verführen wolle. Und immer wieder berichteten Menschen, sie hätten persönliche und höchst grauenvolle Erfahrungen mit ihm gemacht. Die allermeisten Christenmenschen waren sich somit sicher, dass es für sie nichts Schlimmeres auf der Welt geben könnte, als vom Teufel heimgesucht zu werden. Selbst der Tod, zumindest wenn der Mensch rechtzeitig mit dem Segen und den Sakramenten der Kirche versehen worden war, konnte demnach niemals so schlimm sein wie die Verfolgung durch den Teufel schon zu Lebzeiten.

Das wusste Andreas Musculus und schrieb darüber – ein Buch nach dem anderen: Nach seinem *Hosen Teuffel* von 1555 folgten ein Jahr später *Wider den Eheteuffel* und 1561 seine Betrachtungen *Von des Teufels Tyranney* sowie *Wider den Fluchteufel.* Darin brandmarkte er »das schreckliche Fluchen, Lästern und Vermaldeien des Herrn« als teuflisches Werk. Die ganze deutsche Sprache sei längst mit Flüchen und Gotteslästerungen gespickt und habe all ihre Schönheit eingebüßt. Allenthalben dürfe der Teufel heute »mit vollem Maule aufs allergräulichste und erschrecklichste den Herrn Christum« lästern, schmähen und schänden.[14] Und selbst in die von Gott gesegnete Beziehung von Frau und Mann dringe er als »Eheteufel« ein und versuche, sie zu verführen, »die ehe gar zu brechen«. Jedes Mittel sei ihm recht, um die Eheleute zu entzweien:[15]

> So treibt er sie doch mit dem hertzen, lieb und gunst, von einander, damit entlich seinem vornemen nach das daraus erwachse, was er wünscht und haben will, als nemlich hurerey und ehebruch.

Aber der »Eheteufel« belasse es nicht bei fleischlichen Gelüsten, beim Aussäen von Zank und Streit. Er trachte Ehepaaren sogar nach dem Leben, wenn sein böses Werk nicht auf Anhieb gelinge. So wusste Andreas Musculus zu berichten, dass der Teufel für sein böses Werk in einem Fall sogar »eine alte zauberin zu rath« zog: Ihr bot er ein paar schöne rote Schuhe, wenn sie nur das Eheglück eines bestimmten Paares zerstöre. Und so ging die Alte zur Ehefrau und berichtete ihr, dass ihr Ehemann sie ermorden wolle. Sie möge nur unter dem Kopfkissen des Gemahls nachschauen, da würde sie zum Beweis ein Rasiermesser finden, mit dem er seine grausige Tat ausführen wolle. Deshalb solle sie sich ebenfalls ein Messer unter ihr Kopfkissen legen. Dem Ehemann erzählte die Zauberin die gleiche Geschichte: Die Gemahlin habe sich unter ihrem Kopfkissen eine solche Waffe zurechtgelegt. Daraufhin bewaffnete sich der Mann mit einem Messer, kam schließlich seiner Frau zuvor »und schneidet seinem weib den hals ab«. »Es sei nun also geschehen oder nit«, so schloss Musculus diese Geschichte ab, sie mache nur allzu anschaulich, »wie feind der teuffel denen eheleuten sey, so sich wol und friedlich begehen«.[16]

Besonders beunruhigend musste für die Menschen die Tatsache sein, dass der Teufel nicht nur plötzlich und überall auftauchen konnte, sondern dass er dabei auch kein verlässliches äußeres Erscheinungsbild nutzte. Wäre er stets mit Hörnern auf dem Kopf, einem Dreizack in den Klauen und umweht von bestialisch stinkendem Schwefelgeruch aufgetreten, so wäre es den Menschen womöglich leichter gefallen, ihn zu erkennen, rechtzeitig das Weite zu suchen oder rasch die Hilfe eines Priesters in Anspruch zu nehmen. Aber so einfach machte es der Teufel den Menschen eben nicht. Vielmehr nahm er aus Gründen der Tarnung und der Taktik beispielsweise die Gestalt eines Tieres an. Dann erschien er als Kröte oder Fisch, als Hund, Katze oder Wolf, aber auch als Bär, Ochse oder Schwein. Unverdächtiger ging es also kaum – und hinterhältiger auch nicht. Er konnte aber auch als auffallend schöner Mensch daherkommen, als Ritter oder sogar Mönch – oder einfach nur als

Geräusch oder Schatten. Damit veränderte die Vorstellung vom Teufel immer auch den Blick auf die Mitmenschen. Im Prinzip konnte jeder der Satan sein oder sich mit ihm eingelassen haben – und diese allgegenwärtige Verdächtigung griff vor allem während der Zeit der Hexenverfolgung um sich und setzte kollektive Gewalt frei. Aber auch in der alltäglichen Auseinandersetzung mit dem Bösen diente die Teufelsfigur stets zur Legitimierung von Gewalt gegenüber Einzelnen oder ganzen Gruppen. Denn im Zweifelsfall war es eben nötig, den Teufel »totzuschlagen«. Um den Teufel herauszufordern, reichte schon eine Unachtsamkeit aus. So hieß es in einem Bericht von 1791:[17]

> Nach Sonnenuntergang darf man nicht mit dem Munde pfeifen. Man reizt dadurch den Teufel, macht ihn ein Vergnügen und locket ihn, daß er sich mit dem Pfeifenden einläßt; ja nicht selten antwortet er. Viele Bauersleute wagen es daher nicht, nach Sonnenuntergang zu pfeifen, und warnen die Knaben vor solchem Unwillen.

Im Grunde stand ein ganzes Universum von menschlichen Eindrücken, Empfindungen und Wahrnehmungen zur Verfügung, um dahinter die Existenz des Teufels zu vermuten.[18] Ein einheitliches Teufelsbild gab es im Mittelalter im Grunde nur bei den Klerikern, die zum Kampf gegen ihn rüsteten.[19] Aber dieses Bild war keineswegs immer deckungsgleich mit den Vorstellungen, die sich die Menschen auf dem Land von »ihrem« Teufel machten, den sie sozusagen aus eigener Erfahrung kannten. Und das war zuweilen ein etwas anderer Teufel, denn zwischen dem Teufel in den ausführlichen theologischen Debatten und »der vom Volk gelebten Teufelsvorstellung« bestand immer ein beachtlicher Unterschied.[20] Zu der offiziellen kirchlichen Lehre vom Satan seien »viele abergläubische Zusätze gemacht worden«, beklagte sich deshalb 1776 ein Theologe.[21] Es gab immer auch einen »Teufel des Volkes«, der sich keineswegs an das hielt, was die Kleriker über ihn erzählten. Er hatte in der Welt des magischen Denkens einen festen Platz, und die Kleriker waren nicht die einzigen »Experten«, die zu wissen glaubten, wie mit ihm umzugehen sei. Denn zuweilen musste schnell gehandelt werden, weil der Satan unvermutet aufgetaucht war: Schlich er sich womöglich heimlich mit anderen Gästen in ein Wirtshaus? Oder tauchte er bei einem Fest auf, um so lange mit ahnungslosen Mädchen zu tanzen, bis er sich »totgetanzt« hatte? Was half dann – von einem Gebet einmal abgesehen? Magische Zeichen? Ausgesuchte Kräuter? Lautes Geschrei oder eine ordentliche Tracht Prügel?

Ganz sicher war, dass jede Begegnung mit einem Dämon und Teufel allergrößte Gefahr für einen Menschen bedeutete. Denn hinter der körperlichen Berührung durch den Teufel lauerte der Tod, davon zeugen im Mittelalter zahllose Erzählungen: Einer ahnungslosen Frau drückte der Teufel, der die Gestalt eines ihr bekannten Knechts angenommen hatte, nur sanft die Hand – sie wurde daraufhin krank und starb nach wenigen Tagen.[22] So etwas war immer und überall möglich. Und gerade Frauen, so berichteten jedenfalls vor allem Männer, waren besonders gefährdet, Opfer oder Gefährtin des Teufels zu werden. Dann blieb es nicht bei einer sanften, zufälligen Berührung mit der Hand, sondern dann ging es um zügellose Körperlichkeit. Der Satan hatte es demnach aus reiner Wollust auf die Frauen abgesehen, und seine sexuellen Verführungskünste schienen all das zu übertreffen, was normale Männer zu leisten in der Lage waren. So berichtete der Zisterzienser Caesarius von Heisterbach im frühen 13. Jahrhundert über einen geradezu klassisch zu nennenden Annäherungsversuch an eine junge Frau in der Gegend von Köln, die ein Keuschheitsgelübde abgelegt hatte:[23]

> Der Teufel, der so große Tugend hasst, erschien ihr deshalb in der Gestalt eines sehr schönen Mannes in vornehmer Kleidung. Er begann, sie mit schmeichelhaften Worten zu locken, ihr Kleinodien anzubieten, die Fruchtbarkeit der Ehe anzubieten, die Unfruchtbarkeit der Jungfrauenschaft zu tadeln.

Der lüsterne Teufel verschleppt eine Frau. Holzschnitt aus der *Historia de Gentibus Septentrionalibus* von Olaus Magnus (1555).

Es wird wieder einmal deutlich: Der Teufel will immer nur Sex. In diesem Fall hatte er sich allerdings, so heißt es in dieser frommen Erzählung, gründlich verrechnet, weil die junge Frau nicht nur bei einem Priester Hilfe suchte, sondern schließlich auch von anderen Frauen bewacht wurde, damit das teuflische Spiel nicht gelingen konnte. Aber die Geschichten, in denen der Teufel doch an sein Ziel gekommen ist, sind Legion. Penibel sammelten Kleriker und Juristen vor allem während der Zeit der Hexenprozesse alle Berichte über solche angeblichen Liebesbeziehungen. Denn eine Hexe, so die Vorstellung, ließ sich nicht zufällig mit dem Teufel ein, sie wurde nicht wie andere bedauernswerte Zeitgenossen Opfer des riesigen Heeres von Dämonen, die die schwachen Menschen belauerten. Diese Frauen suchten vielmehr gezielt den Kontakt mit dem Bösen, verschrieben ihm gern ihre Seele und mit großer Lust auch ihren Körper. Viele Kleriker waren stets überzeugt, dass am Anfang einer Beziehung zum Teufel das Bedürfnis der Frau nach zügellosem Geschlechtsverkehr steht.[24]

Bei seiner »Buhlschaft« trat der Teufel, der sonst als Ausgeburt der Hässlichkeit galt und auf vielen Bildern als Ungeheuer mit Schwanz, Tierohren und Ziegenbart, mit Krallen, Tatzen, Hörnern und verzerrten und entstellten Gesichtszügen gemalt wurde[25], in völlig anderer Gestalt auf. Er kam nun charmant und freundlich daher und überdies als »sehr schöner Mann«, wie es auch im Falle einer nicht namentlich genannten Nonne im Hochmittelalter hieß. Zumeist versprach er den jungen Frauen Liebe und Heirat, wenn sie sich nur auf ihn einließen. Mit dieser List machte sich der Satan zuweilen sogar an Männer heran, dann aber zumeist in Gestalt einer wunderschönen Frau. Einem Benediktinermönch näherte sich der Teufel im Mittelalter in Gestalt einer Nonne während des Mittagsschlafs, er »umarmte ihn, streichelte ihn nach Art der Dirnen und presste Küsse auf seinen Mund«. Für den frommen Mann nahm dieser Zwischenfall kein gutes Ende: Umgehend erkrankte er, und nach drei Tagen war er tot.[26] Verheiratete Frauen lockte der Teufel hingegen mit der Aussicht, dass sie ihr bisheriges enttäuschendes Eheleben gegen eine lohnende Liebschaft eintauschen könnten. Und in den allermeisten Fällen ließ sich der Teufel nicht lumpen – bei dieser »Buhlschaft« floss offensichtlich für Sex reichlich Geld.[27]

Große Bedeutung hatte in der Welt des magischen Denkens auch stets die Frage, ob aus solchen Verbindungen zwischen Teufel und Menschen Kinder hervorgehen, ob sich also auf diesem Weg die Dämonen noch weiter über die Welt verbreiten könnten. Die Antwort darauf war nicht ganz eindeutig. Theologen und Mediziner des Mittelalters verwiesen darauf, dass Dämonen ja eigentlich gar keinen eigenen Körper besaßen, sondern sich entweder in Phantomgestalten verwandelten oder in die Körper ausgesuchter Menschen schlüpfen konnten. Eine reguläre menschliche Fortpflanzung schien deshalb ausgeschlossen. Vermutet wurde hingegen, dass der Teufel in Gestalt einer verführerischen Frau ahnungslosen Männern den Samen »stehlen« und mit diesem dann ausgesuchte Frauen sozusagen künstlich befruchten könne. Dieses recht komplizierte Verfahren warf allerdings zahlreiche praktische Fragen auf, die letztlich nie zufriedenstellend beantwortet wurden. Kurzum: Niemand konnte letztlich Genaues sagen, wenn es um die Fortpflanzung des Teufels ging.

Die Ungewissheit war in gewisser Hinsicht Programm, denn verlässliche Fakten rund um den Teufel waren und blieben Mangelware. Wer konnte schon Sicheres sagen? Da gab es die zumeist theologische Gelehrtenwelt, aber auch das Alltagswissen und den Alltagsglauben der Menschen. Und die ahnten, dass es solche Kinder des Teufels sehr wohl gebe. Zuweilen wurden sie als »Wechselbälger« bezeichnet, oft körperlich entstellte Kinder, die krank waren und überdies nicht lange lebten. Sie wurden nach alten Vorstellungen einer Wöchnerin von Kobolden, Zauberern oder eben dem Teufel persönlich untergeschoben, während ihr eigenes leibliches Kind gestohlen wurde. 1794 berichtete ein Beobachter rückblickend:[28]

> Es war eine Zeit, wo die Furcht der Mütter vor Wechselbälgern gewiß sehr peinigend war, weil sie nach der Meinung der alten Ammen und Kinderweiber Gefahr liefen, bei jeder Erwachung statt ihrem neugebohrnen, wohlgebildeten, ordentlichen, eigenen Kinde einen Wechselbalg mit abscheulich dickem Kopfe, höllischen Augen, schrecklicher Nase und Ohren, trommeldicken Leibe, dünnen, dicken oder schiefen und krummen Beinen in der Wiege zu erblicken.

Auch gegen diese Angst empfahl das magische Denken zahlreiche Sicherheitsvorkehrungen: Drei Kreuzzeichen vor dem Kind oder vor sich selbst hätten sich für diese Fälle bestens bewährt. Hilfreich sollte es auch sein, Kleidungsstücke des Ehemanns (und Kindsvaters) in der Wochenstube aufzuhängen.[29] Zumeist galt zudem das Aufstellen von Lichtern als probate Schutzmaßnahme, auch Waffen oder Schneidewerkzeuge eigneten sich dazu, wenn sie möglichst mit der scharfen Schneide nach oben in einer genau vorgeschriebenen Weise zum Kind ausgelegt wurden. So sollte eine Schere dann besonders wirksam sein, wenn sie geöffnet zum Kind lag, sodass sie ein Kreuz bildete.[30]

Ein besonders furchtbares Schicksal erwartete jene Menschen, die vom Teufel »besessen« waren, die also von ihm vollständig in

Besitz genommen wurden. Dann schien der Mensch verloren – und nur die Kirche, die sich ja als Expertin in teuflischen Dingen anbot, konnte dann weiterhelfen. Die Austreibung des Teufels schien dann das Gebot der Stunde zu sein, und der Exorzismus entwickelte sich zu einem unverzichtbaren kirchlichen Angebot in der Welt des magischen Denkens. Auch die Reformation und die anschließende Glaubensspaltung veränderten daran zunächst nichts, beide Konfessionen wurden zu dieser Zeit massiv von magischen Vorstellungen beherrscht, wenn es um Hexen und den Teufel ging.[31] Martin Luther und seine Nachfolger haben Teufelsaustreibungen gutgeheißen, sie selbst durchgeführt und darüber berichtet, wenngleich sich innerhalb des Protestantismus eine schriftlich fixierte Liturgie, wie eine solche Austreibung vonstatten zu gehen habe, anders als in der katholischen Kirche nie entwickelte.[32]

Ansonsten sorgte die Glaubensspaltung in Deutschland dafür, dass die gelungene Austreibung eines Teufels immer auch ein Beweis der Überlegenheit und Richtigkeit der eigenen Lehre im Konkurrenzkampf zwischen Protestanten, Reformierten und Katholiken war. Für die Protestanten war die katholische Praxis des Exorzismus nur ein weiteres Mittel, »um die Leute noch mehr im Aberglauben zu stärken«,[33] für viele Katholiken wiederum waren die Teufelsaustreibungen der Protestanten oft genug völlig unwirksam, weil ihr ganzer Glaube ja ohnehin Teufelszeug war. Und so traf die Kritik der Aufklärungszeit an diesen Formen der Teufelsaustreibung alle Konfessionen gleichermaßen, auch aufgeklärte Kirchenvertreter setzen jene zuweilen mit anderen Formen des Aberglaubens gleich. So schrieb der katholische Theologe Vitus Anton Winter (1754–1814) im Jahr 1811:[34]

> Weg also mit den Vorschriften für den Teufelsbanner, mit der Beschreibung der durch Zauberei entstandenen Ungewitter, mit der Legion der Segnungen aus dem katholischen Rituale, wo jenes Unkraut noch nicht verdrängt ist! Weg mit dem die gesunde Vernunft empörenden Exorzismus auch aus den

Agenden der Protestanten, wo sich derselbe bisher im Besitzstande erhalten hat!

In der Praxis waren es zumeist bestimmte Gebete und liturgische Handlungen, die den Teufel aus dem Leib eines Besessenen verbannen sollten. Wie ein solcher Fall aussehen konnte, schilderte noch im Jahr 1887 ein Mönch in einer katholischen Zeitung: Ein Laienbruder seines Ordens, der sich stets durch ein gutes und sittlich vorbildliches Leben ausgezeichnet habe, sei völlig schuldlos vom Teufel besessen gewesen. Nach und nach ergriff der Satan von seinem Geist und dann auch von seinem Körper Besitz und quälte den Mann. Seine Mitbrüder berichteten:[35]

Der Teufel warf ihn in die Luft und wenn er lag, hob er mit fürchterlicher Schnelligkeit die Füße abwechselnd in die Höhe, und schlug sie dann mit ebensolcher Schnelligkeit wieder auf den Boden nieder, daß das Klopfen weithin gehört wurde … Tag und Nacht dauerten diese Quälereien. Suchte der Arme der ihn treibenden Gewalt Widerstand und Einhalt zu thun, so trat sie nur mit umso größerer Wucht bald darauf hervor.

Da brauchte es nach Ansicht der Mitbrüder mehr als nur »natürliche Mittel«, nämlich geistliches Einschreiten gegen den Teufel. Denn dass dieser vom Mönch Besitz ergriffen hatte, zeigte sich sehr schnell: Auf die Stola des Priesters reagierte er ebenso heftig wie auf das ebenfalls angewendete Weihwasser. Und als dem Betroffenen heimlich eine Flasche mit gesegnetem Wasser aus dem Wallfahrtsort Lourdes eingeflößt wurde, »geriet er in eine Stimmung, als ob jemand plötzlich wirkendes Gift einnimmt«.[36] Schließlich wurde er in die Kapelle des Klosters gebeten, wo der Geistliche mit dem eigentlichen Exorzismus begann. Schon die anfängliche Litanei der Heiligen quälte den Teufel, er fing laut an zu singen, um den Exorzismus zu stören, dann grunzte er wie ein Schwein, ballte schließlich die Fäuste gegen die Priester und protestierte: »Ich gehe nicht, ich will nicht!« Doch die Autorität der heiligen Kirche, so der Berichterstatter dieses Vorgangs, brach die Kraft des Teufels, als dieser durch wiederholtes Drängen des Priesters seinen Namen preisgeben musste:[37]

> Da endlich kam zweimal das furchtbare Wort: »Luzifer!« heraus ... Dieser Akt, durch den der Teufel auf Befehl des Dieners Jesu Christi sich selbst entdecken mußte, wurde von einem schrecklichen Gerassel begleitet. Der Besessene kniete nämlich ... in einer Bank; mit beiden Händen faßte er sie, stieß sie durch die dämonische Einwirkung an die Mauer; sodann warf eine innere Gewalt den Armen in die Höhe, jedoch immer ohne alle Verletzung.

So eine Teufelsaustreibung war auch in diesem Fall eine für alle Beteiligten höchst anstrengende Angelegenheit, aber wieder einmal wurde eine arme Seele durch die »Wahrheit und Göttlichkeit unserer hl. Katholischen Kirche« gerettet.[38] Auch dies war ein weiterer Seitenhieb gegen die »Ungläubigen« im protestantischen Lager ...

Allerdings wussten die Kirchen auch, dass sie in Sachen Teufelsaustreibung keineswegs den Alleinvertretungsanspruch besaßen. Es gab viele Teufelsbeschwörer und Teufelsbanner im Land, deren Dienste offenkundig immer dann in Anspruch genommen wurden, wenn es um Krankheit oder Missernten, um die Behebung von Unfruchtbarkeit oder das Wiederauffinden verlorener Gegenstände ging. »Mit vilen Unchristlichen mitteln und wegen«, so notierte 1563 ein Pfarrer seine Beobachtungen im Raum Osnabrück, würden gottlose Teufelsbeschwörer »in diesen örtern herumher schleychen« und ihre Rituale anbieten.[39] Es zeigt sich auch beim Teufel und seiner Bekämpfung: Was die Kirche konnte, konnte der Aberglaube schon längst. Denn althergebrachte oder immer wieder neu entwickelte Rezepte auch bei Dämonenbefall waren schließlich überall bekannt. Der Teufel lasse sich mit dem Speichel eines nüchternen Menschen austreiben, hieß es beispielsweise im späten Mittelalter,[40] in einem anderen Fall wurde empfohlen, den Teufel in einem selbst gezogenen Kreis 24 Stunden lang zu verfluchen.[41] Zuweilen mochte das geholfen haben.

Aber auch gewaltsame Verfahren waren bekannt und wurden praktiziert: Der Teufel ließe sich aus den armen Menschen, von denen er Besitz ergriffen hat, schlicht mit Schlägen herausprügeln, so eine weit verbreitete Vorstellung. Das konnte für die Betroffenen erwartungsgemäß nicht gut gehen, denn oft blieb es nicht bei ein paar blauen Flecken oder oberflächlichen Verletzungen. So wird noch im Jahr 1877 nahe der westpreußischen Stadt Marienburg eine Frau verhaftet, weil sie ihren neunjährigen Sohn lebensgefährlich misshandelt hatte, um ihn vom Teufel zu befreien. Und 1855 soll eine Frau in Mecklenburg geglaubt haben, dass der Teufel von ihr Besitz ergriffen habe, und hielt ihren Mann und ihre Tochter an, sie auf den Kopf und auf die Brust zu schlagen. Die beiden taten daraufhin wie geheißen, gingen in ihrem fürsorglichen Eifer aber offenkundig deutlich zu weit, denn schließlich lag die Frau tot auf dem Boden.[42] Auch bei diesem drastischen Vorgehen war in gewisser Hinsicht die Kirche ein Vorbild: Schon dem heiligen Benedikt von Nursia (um 480–547) wurde eine recht handfeste Form des Exorzismus nachgesagt:[43]

> Beim Wassertrinken war das Böse in einen älteren Bruder eingefahren und quälte ihn nun unter Krämpfen. Benedict ›exorzierte‹ ihn mittels einer heftigen Ohrfeige, so daß er es nicht wagte, zu ihm zurückzukehren … Ein anderes Mal tat eine heftige Tracht Prügel mit der Rute die gleiche Wirkung.

Auch wenn es eine häusliche Tracht Prügel bei einem Dämonenbefall in der Regel umsonst gab: Die meisten Teufelsaustreibungen in der Geschichte waren – wie andere Rituale in der magischen Welt – kostenpflichtig. Der Pfarrer wollte bezahlt werden und jeder weltliche Teufelsjäger selbstverständlich auch. So kann es nicht wundern, dass auch gewissenlose Betrüger ihr Geschäft mit dem Satan machten. Und die Nachfrage nach Teufelsbannern jeglicher Couleur blieb bestehen. 1910 berichtete eine Zeitung über ein Ehepaar aus dem thüringischen Städtchen Bleicherode, das einer Hausiererin und ihrer Aussage vertraute, sie könne den Teufel aus ihrem Haus vertreiben:[44] »Die ›Wahrsagerin‹ verlangte mehrere Haushaltsgegenstände, deren sie zu ihrer Teufelsaustreibung bedürfe. So verlangte sie einen Zwirnsfaden, ein Ei, ein ganz neues Bettuch, ein paar Hühnerfedern, das schönste Huhn und zum Schlusse sämtliches Geld, das die ›Besessenen‹ im Besitz hatten.« Erst als die Frau wieder weg war – und mit ihr vor allem das Geld –, »ging den geprellten Eheleuten ein Licht auf«, so heißt es in der Zeitung weiter. Immerhin konnte die schnell alarmierte Polizei die selbst ernannte Teufelsaustreiberin noch am Bahnhof festnehmen.

Aber nicht immer war eine Vertreibung des Teufels auch wirklich gewünscht. Vielmehr soll es in der Welt des magischen Denkens stets Menschen gegeben haben, die sich bewusst mit dem Teufel eingelassen haben. Ihnen erschien ein Pakt mit dem Teufel als aussichtsreiche Handlungsoption, weil sie sich davon einen Vorteil erhofften. Schließlich konnte der Satan ja nicht nur alle denkbaren bösen Taten bewirken, sondern, so die Vorstellung, aufgrund seiner Machtfülle auch Wunder geschehen lassen.[45] Manchmal sorgte er in solchen Fällen dafür, dass sich Menschen an christlichen Symbolen und Gegenständen vergriffen, vor allem an Hostien. So wurde aus Bayern von »Bundesgenossen des Teufels« berichtet: Das waren Wilderer, die sich eine geweihte Hostie in selbst zugefügten Wunden einführten, um sie sich dort einwachsen zu lassen. Fortan, so hieß es, sollten sie für die Kugeln eines Jägers unverwundbar sein.[46] Offensichtlich hatten sich die Männer in diesem Fall gegen den Schutz der Kirche entschieden, auch weil vermutlich kein Priester der Wilderei seinen Segen gegeben hätte. Der Teufel, so die Vorstellung, war da offensichtlich großzügiger und unterstützte die kriminellen Absichten.

Konkrete Regeln für diese Kooperation beinhaltete der vergleichsweise offiziell vollzogene und oft schriftlich dokumentierte

Teufelspakt. Dieser ist aufgrund seiner Popularität auch in die deutsche Literaturgeschichte eingegangen – nicht nur, aber auch in diesem Fall höchst prominent in Goethes *Faust*. Zumeist gegen viel Geld verschrieben sich oft arme Leute dem Teufel, wobei es ein wiederkehrendes literarisches Motiv ist, dass sie dann anschließend diesen Schritt bereuten und versuchten, den finsteren Vertragspartner am Ende doch zu überlisten und die unheilvolle Partnerschaft wieder zu beenden. In dieser Erzähltradition näherte sich offensichtlich auch Hieronymus Carl Friedrich Freiherr von Münchhausen (1720–1797) diesem Thema. Er selbst, so berichtet er, ging einst selbst einen Pakt mit dem Teufel ein, verkaufte ihm seine Seele, um ihm doch letztlich ein Schnippchen zu schlagen. Genüsslich erzählte er später in gemütlicher Runde, wie sich dies zugetragen habe: Als junger Mann sei er nämlich mit Geld sehr verschwenderisch umgegangen und befand sich deshalb in arger Verlegenheit. Bei einem abendlichen Jagdausflug bedachte er seine Situation und rief unbedacht aus:[47]

> Ich wollte, der Teufel käme und brächte mir mit klingendem Spiele Hülfstruppen!« »Entschuldigen Sie, daß ich mir die Freiheit nehme, Ihr Selbstgespräch zu unterbrechen«, – ertönte plötzlich eine kräftige und angenehme Stimme hinter mir. Zudem ich mich rasch umwende, erblicke ich einen freundlich grüßenden Mann in den besten Jahren, dessen äußere Erscheinung einen sehr guten Eindruck auf mich machte. »Mit wem habe ich die Ehre zu sprechen?« fragte ich. »Ich bin der Teufel selbst« entgegnete er.

Der Herr Baron und der freundliche Mann in den besten Jahren kommen alsbald ins Geschäft: Münchhausen verschreibt dem Teufel seine Seele und wird dafür königlich belohnt; aber dafür müsse er ihm in zehn Jahren in sein finsteres Reich folgen. Ein entsprechender Vertrag – »so ganz ohne Förmlichkeiten wird's doch nicht abgehen« – wird mit Blut unterzeichnet. Doch Münchhausen entdeckt im Vertrag ein mögliches Schlupfloch: Wenn der Teufel eine Aufgabe nicht lösen kann, die er ihm stellt, so soll der Vertrag wieder ungültig sein. Und als die zehn Jahre vorbei sind, stellt der Baron den Teufel listig auf die Probe: Er zündet einen Spirituskocher an und forderte den Teufel auf, in die lodernde Flamme einen Knoten zu machen. Der Versuch misslingt, auch weil der Teufel offensichtlich geradezu allergisch reagiert »gegen Alles, was Spiritus und Geist heißt«. Zornig muss er seine Niederlage eingestehen und verschwindet.[48]

Doch das Spiel mit dem Teufel galt trotz solcher Geschichten weiterhin als brandgefährlich. Und nur die wenigsten Menschen waren wirklich bereit, sich freiwillig mit dem Teufel einzulassen. Denn abgesehen davon, dass im Zweifelsfall der Satan ihre Seele behielt, drohte ihnen immer auch soziale Stigmatisierung. Schließlich reichte bekanntlich schon der Verdacht, mit dem Teufel im Bunde zu stehen, um sich Ablehnung und Gewalt seitens der Mitmenschen einzuhandeln. Die Hexenprozesse hatten dies ja zuhauf gezeigt. Zugleich schürten allen voran die Kleriker die Vorstellung, dass sich jeder Mensch gegen die Versuchungen des Teufels zumindest bis zu einem gewissen Grad wehren konnte. Das hieß zugleich, dass ihn eine gewisse Mitschuld traf, wenn der Satan doch Macht über ihn erhielt. War es womöglich so, dass da jemand nicht ausreichend gebetet hatte? Dass er sein Leben gar nicht so gottgefällig gelebt hatte, wie es Kirche und Gott eigentlich von ihm erwarteten? Ein moralisch einwandfreies Leben galt nämlich als ein recht solides Sicherungsinstrument gegen die teuflischen Bedrohungen. Auch das wusste der Frankfurter Theologe und Universitätsprofessor Andreas Musculus:[49]

> Dass der Teufel mit nichte zu überwinden als mit dem Gebet und Verachtung. Wo er sitzet, da man nicht viel auff ihnen gibet, bleibet er nicht gerne, sondern versucht sich lieber an einem andern, den er schwach, forchtsam und verzagt antrifft.

So gesehen konnten die Verführungskraft des Teufels, seine Kunst der Täuschung und der Verlockung nur begrenzt als Ausrede gelten. »Die Schrift schreibet die Sünde dem Teufel, und dem bösen Willen des Menschen zu«, heißt es in einer lutherischen Schrift im Jahr 1709. Und so reize der Teufel zwar den Menschen zum bösen Werk, aber »der Mensch bewilligt und thut es«.[50]

Doch solche Schuldzuschreibungen waren letztlich nur so lange möglich, wie es den Teufel tatsächlich gab. Und dessen Existenz – zum Glück hat das der wackere Andreas Musculus nicht mehr miterleben müssen – wurde im 18. Jahrhundert ernsthaft infrage gestellt, als sich die gelehrte Welt an »die Abschaffung des Teufels« machte.[51] Es ging in den wissenschaftlichen Debatten um die Frage, ob der Teufel wirklich als Person auftreten könne oder ob er nicht vielmehr eine Art Chiffre für das Böse und das Unmoralische sei und auf Erden doch weit weniger Einfluss auf die Menschen habe, als dies die Kleriker im Mittelalter und in der Frühen Neuzeit immer behaupten hatten.

Wie schwer es der Teufel mit den klugen Köpfen dieser Zeit hatte, zeigt das Werk des allerdings nicht sehr einflussreichen protestantischen Theologen Christian Wilhelm Kindleben (1748–1785), der 1776 seine Schrift *Ueber die Non-Existenz des Teufels* vorlegte. Der Titel sagt schon alles: Der Autor ließ keinen Zweifel daran aufkommen, das seiner Ansicht nach endlich mit den alten Vorstellungen Schluss sein müsse. Der Teufel habe keinen Einfluss auf Körper und Seele des Menschen, er sei nicht der Verursacher von Krankheiten und übrigens auch nicht der zahlreichen Laster, die den christlichen Predigern immer ein Dorn im Augen waren.[52] Es müsse fortan die Einsicht um sich greifen, dass es weder Teufel noch Hölle gebe und »daß der Teufel nur in dem Gehirn mancher altväterlichen Theologen und in dem Herzen böser Menschen existiert«.[53] Kurzum, der Teufel habe nicht nur nach ausgiebiger Lektüre der Bibel ausgedient:[54]

> Ich habe bisher aus Gründen der Schrift erwiesen, daß es keinen Teufel in dem gewöhnlichen Verstande gebe … Es ist noch übrig, daß ich aus Gründen der Vernunft deutlich mache, daß die ganze Lehre vom Teufel eine Chimäre, ein würklicher Aberglaube sey.

Da Kindleben nicht nur mit dem Teufel, sondern auch mit den »Dummköpfen« der alten Theologen gründlich abgerechnet hatte, brachte ihm diese Schrift verständlicherweise erheblichen irdischen Ärger ein: langwierige Konflikte mit sehr viel berühmteren und einflussreicheren Gelehrten und auch die Gegnerschaft seiner Kirche, weshalb ihm auch der Weg zurück zu einer Predigerstelle verwehrt blieb. Kindleben musste sich, obwohl er in einer weiteren Schrift Abbitte für seine Ausführungen leistete, den Rest seines Lebens als freier Publizist durchschlagen.[55] Dafür warf ihm die Nachwelt nach seinem frühen Tod mit 35 Jahren ausgiebig sein angeblich lasterhaftes und ausschweifendes Leben vor.[56] Sollte Kindlebens kurzes und unglückliches Leben womöglich als Preis dafür erscheinen, dass er sich mit dem Teufel angelegt hatte?

Doch auch andere Gelehrte dachten zumindest in diese Richtung. Ende des 18. Jahrhunderts war es eine regelrechte Mode, sich entweder zu einem Feind oder zu einem Freund des Teufels zu erklären. »Anti-Diabolisten« wollten ihn lediglich als Zeichen für das Böse im Menschen verstehen, während die »Diabolisten« weiter eine konkrete Person, ein bösartiges Individuum, am Werk sahen.[57] Erschwerend für den Teufel kam im 18. Jahrhundert noch hinzu, dass zugleich die Ära der gerichtlichen Hexenverfolgungen zu Ende gegangen war. Und da die Hexen schließlich vom »Fürsten der Finsternis« besessen und geführt wurden, schien dieser zwangsläufig ebenfalls an Bedeutung zu verlieren: weniger Hexen, weniger Teufel. So kam 1869 der österreichische Theologe Gustav Roskoff (1814–1889) zu dem Schluss:[58]

> Der Glaube an den Teufel lebt noch hier und da im Volke, und wir wissen auch, dass Katechismen und Liturgien die Erinnerung an ihn wohl täglich auffrischen. Ungeachtet dessen dürfen wir aber behaupten: dieser Glaube hat in der grössern Menge seinen Boden verloren.

Die Christenmenschen hätten den Teufel regelrecht totgeschlagen und damit auch gleich die Hölle »zugedämmt«. Wer heute noch an den Teufel glaube, so der Theologe Roskoff, setze sich dem Verdacht der »schwärmerischen Borniertheit« aus und dürfe sich nicht wundern, wenn er aus medizinischer Sicht schlicht für verrückt erklärt würde.[59]

Damit mussten die Menschen das Böse und die bösen Taten, die in der Welt verübt wurden, fortan selbst verantworten. Mit dieser Verantwortungsübernahme wurde auch die Kirche schließlich den »altmodischen« und unbeliebten Teufel los, er schien im 20. Jahrhundert ohnehin theologisch zunehmend unbequem geworden zu sein. Ein Christentum ohne leibhaftigen Teufel wirkt bis heute verlockender und attraktiver, wenngleich für manche Kritiker dadurch auch inhaltsloser und blasser,[60] vielleicht sogar langweiliger. Diese Figur ist also auch aus den Kirchen als konkrete Bedrohung weithin verschwunden. »Der Teufel ist tot«, bilanzierte deshalb der Philosoph Kurt Flasch noch vor wenigen Jahren in seiner Biografie des Teufels – zumindest mit Blick auf die europäischen Kulturen:[61]

> Hier lebt er nur noch als geschichtliche Figur oder artistischer Einfall. Als Gefühlsrest in einem Winkel melancholischer Seelen oder als Prätention autoritätslos gewordener Institutionen.

Doch dieser Schluss dürfte dann doch ein wenig zu voreilig sein. Zwar hat sich das Bild vom Bösen und vom Teufel in den christlichen Kirchen verändert, aber einige Theologen, zumeist Konservative in der katholischen Kirche, halten weiterhin an der konkreten

Existenz des Teufels fest. So formulierte Papst Johannes Paul II. noch im Jahr 1986:[62]

> Satans geschickter Plan in der Welt besteht darin, die Menschen zu veranlassen, seine Existenz zu verleugnen im Namen der Rationalität oder auch jedes anderen Denksystems, das zu allen nur möglichen Ausflüchten greift, um nur sein Wirken nicht eingestehen zu müssen.

Wer will, kann dem Papst glauben. Oder eben nicht. Aber der Teufel kann für sich immerhin in Anspruch nehmen, keine ausschließlich kirchliche Figur mehr zu sein. Längst war zu diesem Zeitpunkt aus dem »Teufel des Volkes«, den es immer schon außerhalb der Zuständigkeit der Kleriker gab, eine feste Figur in der bunten Welt des magischen Denkens geworden. Schon lange zuvor hatte sich der Teufel in den »okkulten Untergrund« begeben, wie es eine Historikerin rückblickend durchaus verärgert schrieb. Zahlreiche Journale und Bücher des 18. Jahrhunderts beschäftigten sich ausgiebig mit seinem Treiben, und je mehr über ihn selbst in bester aufklärerischer Absicht geschrieben und gedruckt wurde, »desto mehr Bausteine für künftige Gebäude okkultistischer Weltbilder wurden zusammengetragen«.[63] Die Aufklärer hätten demnach zwar gute Argumente für die Vertreibung des Teufels, aber die neu entstandenen Medien hätten sich zum Steigbügelhalter des Satans gemacht:[64]

> Das Jahrhundert der Aufklärung erwies sich zum guten Schluß als ein Segen für den Teufel. Zu Beginn des neuen Zeitalters hatte er zwar befürchten müssen, von scharfsinnigen Philosophen ins Reich der Phantasie verbannt zu werden, doch dann entdeckte ihn die Journaille und er sie. Der Teufel hatte noch einmal Glück gehabt.

Aber reicht diese Medienschelte aus, um eine weiterhin ungebrochene und bis heute bestehende ideologische Existenz des Teufels auch außerhalb des kirchlichen Raums zu erklären? Dort hatte der finstere Geselle doch immer schon seinen festen Platz, im »Volksaberglauben« und in den unterschiedlichsten Spielarten des magischen Denkens. Denn bei allem Respekt: Der Teufel kam im Zweifelsfall immer schon ganz gut ohne Gott und seine Kirche aus. Es mag sein, dass die hier zitierte »Journaille« das okkultistische Treiben des Teufels verstärkt hat, aber für seine (Fort-) Existenz kann sie sicher nicht verantwortlich gemacht werden. Lange schon hatte es sich der »Herr der Finsternis« in der Vorstellungswelt der Menschen bequem gemacht, und weder die Kirchen noch die Aufklärung hatten ihn letztlich vollständig vertreiben können. Übrigens mochte es ihm gefallen haben, dass vermutlich die meisten Menschen, die seit dem frühen 20. Jahrhundert die Kirchen verlassen, weiterhin magische Vorstellungen mit in die Welt tragen – sei es nun von Engeln oder eben von Dämonen. Jeder esoterische und okkultistische Gedanke hilft auch dem Teufel, seine außerkirchliche Existenz zu sichern. Und ansonsten gilt noch heute, was 1830 Heinrich Heine schrieb: Beim Teufel sei es wie bei vielen anderen Dingen auch: Sie existieren »nur so lange als man an sie glaubt«, und »nur die Gläubigen haben ihn bisher gesehen«.[65]

Heute scheint es angesichts zunehmend leerer Kirchen zuweilen so, als habe der Teufel sogar den christlichen Gott (oder zumindest seine Kirchen) überlebt, auch wenn er auf ihn als Gegenspieler bis zu einem gewissen Grad auch weiter angewiesen ist. In der ausgesprochen unübersichtlichen Welt des Okkultismus findet sich heute der sogenannte Satanismus, der ausdrücklich antichristlich ausgerichtet ist. Hier geht es nicht um eine Austreibung des Teufels, sondern ganz im Gegenteil um einen nahezu klassischen Pakt mit dem Teufel. Seine Anhänger, die meistens völlig unbeachtet von ihrer Umwelt ihrem Glauben anhängen, bemühen höchst unterschiedliche Rituale der schwarzen Magie. Immer wieder verschrecken satanische Gruppen oder Einzelpersonen die Öffentlichkeit, wenn in den Medien spektakuläre Einzelfälle ihres Treibens publik werden. Dies ist besonders der Fall, wenn dabei etwa sexualmagische Praktiken angewandt werden und Körperverletzungen oder sogar Tötungsdelikte ans Licht der Öffentlichkeit kommen.

Gerade ein von Jugendlichen getragener Satanismus war in den vergangenen Jahrzehnten ein wiederkehrendes Thema der Medienberichterstattung. Auch wenn es sich dabei vermutlich nur um eine kleine Gruppe von Anhängern handelt, sind hier die Befürchtungen der Mehrheitsgesellschaft groß, dass Jugendliche sich einer Welt verschreiben, in der die Durchsetzungskraft des Stärkeren (und des Bösen) als Normalität verstanden und auch vor Straftaten nicht zurückgeschreckt wird. Damit stehen satanistische Gruppen immer auch unter einem politischen und juristischen Verdacht. Aber sind die schwarz gekleideten jungen Leute mit ihren fantasiereichen Symbolen und Kleidern tatsächlich Kampfgefährten des gefürchteten und scheinbar allmächtigen Teufels? Oder wollen sie, wie andere Esoteriker oder religiöse Freigeister, »einfach nur spielen«? Einige Beobachter jedenfalls quittieren ihr Auftreten zuweilen eher mit Spott. So empfand der Liedermacher Sebastian Krämer vor einigen Jahren angesichts mancher selbst ernannter Satanisten nur noch »Mitleid für Satan«, so der Titel eines seiner Lieder:[66]

Hallo du da, verhungerter bleicher, kleiner Nachwuchssatanist!
Sag, was rauchst'n du da,
ist das Katzenscheiße oder Kartoffelbovist?
Ich glaub, dein Kruzifix da ist falsch herum.
Ach, darauf kommt es gerade an.
Jesus ist es, glaub ich, egal. Der hängt so oder so mit dran.
Stell deine Seele doch mal bei Ebay rein.
Da hat man Sinn für's Kuriose.
Was sie dem Teufel wert ist,
reicht ja nicht mal für 'ne ordentliche Hose.
Wie bitte, ich hab dich nicht verstanden …

Kleiner Tip von Christ zu Antichrist:
Sprich ganze Sätze, dann weißt du wenigstens,
daß du nicht selbst das nächste Tieropfer bist.
Mach mal Inventur, schau dir den Salat an!
Mein Gott, wenn ich dich so anseh, krieg ich Mitleid mit Satan.
Mitleid mit Satan …

Es war ein langer Weg von Andreas Musculus und seinen Schriften gegen die Teufel bis zu diesem Spott über »Nachwuchssatanisten«. Der Theologe und Professor aus Frankfurt an der Oder hatte vor über vier Jahrhunderten schließlich den Satan noch persönlich erlebt – als dieser an seiner hölzernen Kanzel rüttelte oder Dämonen in seine Wohnung schickte, wo sie als Poltergeister »mit Pfeifen, Lachen und Brummen« ihr Unwesen trieben und einmal sogar das Bett samt dem darin schlafenden Gottesmann in Bewegung versetzten.[67] Zu Beginn des 21. Jahrhunderts sind solche Auftritte des Teufels erkennbar seltener geworden. Aber verschwunden ist er als menschliche Projektionsfläche und als Konstruktion des Bösen offensichtlich nicht. Denn solange der Mensch Ereignisse als feindselig und bedrohlich empfindet und sie auf imaginäre teuflische Gestalten zurückführt, bleiben die Existenz und das Wirken des Teufels zumindest potenziell plausibel. Der Teufel, so hat es der italienische Religionswissenschaftler Alfonso Di Nola konstatiert, stellte immer schon eine Lösung dar, »die eine rationale Erklärung des Faktischen ablehnt«.[68] Das macht ihn gewissermaßen zeitlos – und solange es magisches Denken gibt, ist der Teufel letztlich unsterblich. Es mag so scheinen, als sei der Teufel als menschliche Vorstellung tatsächlich tot. Womöglich schläft er aber nur.

ABERGLAUBE

Vierblättriges Kleeblatt
Lieschen fand's am Rain.
Vor Freude es zu haben
Sprang Lieschen übern Graben
Und brach ihr bestes Bein.

Spinnelein am Morgen
Lieschen wurd es heiß
Der Tag bracht keinen Kummer
Und abends vor dem Schlummer
Bracht Vater Himbeereis.

Der Storch bringt nicht die Kinder.
Die Sieben bringt kein Glück.
Und einen Teufel gibt es nicht
In unsrer Republik.

Bertolt Brecht, 1950[1]

Die Macht über die Menschen

Bertolt Brecht schreibt gegen den Aberglauben an

Bertolt Brecht (1898–1956) war fraglos ein Mann, der an den Fortschritt glaubte. Oder zumindest wünschte er sich wohl sein Leben lang, dass die Menschheit sich fortentwickelt, dass sie neue Erkenntnisse und Gewissheiten akzeptiert und dass sie alte und schädliche Vorstellungen auch beherzt über Bord werfen kann. Ganz in diesem Sinne beschäftigte er sich in seinem berühmten Drama *Leben des Galilei*, das er 1938/39 im Exil verfasste, mit dem italienischen Mathematiker, Physiker und Philosophen Galileo Galilei (1564–1642). Dieser hatte mit seinen bahnbrechenden wissenschaftlichen Leistungen und seiner Bejahung des kopernikanischen Weltbilds mit der Sonne als Zentrum des Universums das Missfallen der katholischen Kirche erregt und wurde deshalb in einem Prozess der Inquisition zu Hausarrest verurteilt. Gegen das Papsttum waren wissenschaftlicher Erkenntnisgewinn und Fortschritt damals nicht durchzusetzen. Die politischen und kirchlichen Gegenkräfte waren einfach zu stark. So heißt es in dem Stück:[2]

> Nun wird der Großteil der Bevölkerung von ihren Fürsten, Grundbesitzern und Geistlichen in einem perlmutternen Dunst von Aberglauben und alten Wörter gehalten … Eine

Menschheit, stolpernd in diesem tausendjährigen Perlmutterdunst von Aberglauben und alten Wörtern, wird nicht fähig sein, die Kräfte der Natur zu entfalten.

Doch Brecht wollte als politischer Kämpfer mit seiner Figur des Galilei zeigen, dass sich Aufklärung und Fortschritt auf Dauer letztlich doch nicht unterdrücken lassen.[3] Für diese Überzeugung, so lässt sich nachträglich nur allzu gut erkennen, war er auch bereit, politische Kompromisse selbst dann einzugehen, wenn sie seinen eigentlichen Vorstellungen letztlich widersprachen. Als er Ende 1948 nach langem Exil schließlich in Ostberlin eintraf und sich rasch in den Dienst der bald darauf gegründeten DDR stellte, mokierte er sich zwar mit Blick auf die Partei und Regierung über »den stinkenden Atem der Provinz hier« und zeigte sich von der kleinbürgerlichen Gesinnung der Minister und Funktionäre abgestoßen. Aber als klassenkämpferischer Künstler blieb er politisch dennoch auf Linie und verhielt sich gegenüber der DDR-Regierung durchgängig loyal.[4] Denn er teilte mit vielen anderen heimgekehrten Exilanten und Verfolgten der Naziherrschaft die sozialistischen Utopien jener Zeit. Und im Osten sollte nun das bessere Deutschland aufgebaut werden.

Die junge Bundesrepublik unter der Regierung Konrad Adenauers mit ihrem Kurs der Westbindung und Wiederbewaffnung stieß dementsprechend auf den politischen Widerstand Brechts. Er sah wie andere auch alte revanchistische Kräfte am Werk, den Kapitalismus, den Militarismus und die Kirchen, die mit aller Macht den Weg in eine neue deutsche Zukunft verhindern wollten – wie in seinem *Galilei* sah er hier die Verhinderer des Fortschritts am Werk. Zu diesen Feinden der Aufklärung, wie er sie verstand, zählte für ihn dabei nicht nur die Kirche, sondern eben auch der Aberglaube. Auch ihn gelte es zu überwinden, wenn es mit der sozialistischen deutschen Zukunft etwas werden solle. Und deshalb schrieb Bertolt Brecht gegen den Aberglauben an: etwa gegen den »Aberglauben der Bauern«, den er in seinem Gedicht »Frühling 1938« anprangert,[5] oder gegen das Leben in »den engen Städten und engen Köpfen mit Aberglauben und Pest«, wie es im *Leben des Galilei* heißt.

1950 folgte schließlich sein Gedicht »Aberglaube«, in dem er mit dem Kleinkinderglauben von den glücksbringenden Zahlen oder Kleeblättern ebenso abrechnete wie mit dem Klapperstorch. Seine Zeilen waren unverkennbar ein politischer Beitrag zum Kampf der Systeme zwischen Ost- und Westdeutschland, denn abschließend wagte Bertolt Brecht die mutige Feststellung, dass es einen Teufel »in unsrer Republik« nicht gebe. Während in Westdeutschland mit seinem Kapitalismus die alten Kräfte samt Unvernunft und Aberglauben wieder an der Macht seien, hätten sich die Menschen im sozialistischen Deutschland demnach auf die Seite der Vernunft und der politischen Aufklärung geschlagen. In der jungen DDR gebe es kein magisches Denken mehr, keine Zahlenmystik und keinen Kinderglauben von Glücksbringern – und eben auch keinen Teufel. Im neuen Arbeiter- und Bauernstaat, so war auch dieses Gedicht zu verstehen, werde die Vernunft endgültig über den Aberglauben siegen. Ein Sieg für den jungen sozialistischen Staat – und ein wiederkehrendes Thema in der Propaganda.

Bertolt Brecht steuerte mit seiner Kunst seinen Teil zur offiziellen Parteiarbeit bei. Die junge DDR sah sich der marxistisch-leninistischen Weltanschauung verpflichtet, die angeblich »wissenschaftlich-atheistisch, also gegen den Aberglauben gerichtet« ist.[6] Allein die unbestreitbaren Erkenntnisse der Natur- und Gesellschaftswissenschaften seien Grundlage des neuen Staates, behauptete 1958 das *Neue Deutschland*:[7]

> Im dialektischen Materialismus ist darum keinerlei Platz für Aberglaube und Religion, für Knechtschaft und Reaktion. Er ist eine in sich geschlossene, harmonische Auffassung von der Welt, konsequent atheistisch und wissenschaftlich.

Atheismus erschien also als ein Zustand der Befreiung vom alten Denken und alter Bevormundung, von Fremdherrschaft und Repression – und eben auch vom Aberglauben, der nichts anderes sei als der Überrest alter Strukturen von Ausbeutung und reaktionärer Herrschaft. Im neuen sozialistischen Deutschland werde es das alles nicht mehr geben. Und welch historischen Fortschritt die junge DDR damit darstelle, machte nach offizieller Lesart der Blick über die Grenze nach Westdeutschland deutlich. Geradezu mitleidig könne Ostdeutschland im Wettstreit der politischen Systeme auf das rückständige Westdeutschland schauen, schrieb die *Berliner Zeitung* im Jahr 1951. Dort habe das historisch überholte Denken inzwischen längst wieder in einem besorgniserregenden Maße an Einfluss gewonnen:[8]

> Wie eine Seuche hat neben der ›Astrologie‹ der ›Okkultismus‹ die Menschen drüben ergriffen, wobei unter ›Okkultismus‹ die ganze Reihe sinnloser und vernunftwidriger Dinge zu verstehen ist, angefangen bei der Unterhaltung mit Verstorbenen bis zum Gedankenlesen, Hellsehen, Weissagen, Gespenstererscheinungen.

Meistens handle es sich dabei selbstverständlich um das Werk von Schwindlern und Betrügern, so hieß es. Vor einem Westberliner Gericht habe sich beispielsweise ein Mann zu verantworten gehabt, der einen »Astrolographen« angepriesen habe, mit dem sich angeblich Kontakt zu den Geistern im Jenseits aufnehmen ließ – selbstverständlich ein Schwindel, wie die DDR-Zeitung genüsslich kommentierte. Gern wurden auch abergläubische Vorfälle in Westdeutschland aufgegriffen, vor allem wenn dabei der Eindruck verfestigt wurde, dort hätten immer noch alte Nazis ihre Hände im politischen Spiel. Eher belustigt tauchte in der DDR-Presse ebenfalls 1951 eine Nachricht auf, wonach eine Münchner Spiritistin erklärt habe, Kontakt mit dem Geist des ehemaligen SA-Führers Ernst Röhm hergestellt zu haben. Eine der wenig überraschenden Botschaften aus dem Jenseits, so spottete die *Berliner Zeitung*, sei dabei der Hinweis gewesen, dass Adolf Hitler in der Hölle schmore …[9]

Solche Erscheinungen in Westdeutschland sollten nach offizieller DDR-Lesart deutlich machen, dass magisches Denken eben immer das Ergebnis und zugleich eine Stütze der kapitalistischen Wirtschafts- und Gesellschaftsordnung sei: Den Kapitalisten komme jedweder Okkultismus nämlich sehr gelegen, hieß es in einem Zeitungsbericht:[10]

> Den kapitalistischen Mächten des Westens ist diese Zeiterscheinung ganz angenehm. Ähnlich wie die Astrologie ist sie ein willkommenes Mittel, um das Volk von den eigentlichen Problemen abzulenken, es zu verdummen und schicksalsergeben zu machen. Sie ist auch eines der letzten Rettungsmittel eines mystifizierenden Idealismus im Kampf gegen den dialektischen Materialismus.

Aberglaube war aus Sicht der DDR-Ideologie ein Instrument der politischen Unterdrückung, ein Herrschaftsinstrument. Und die Befreiung der Menschen in dem sozialistischen Staat drücke sich demnach auch in der Überwindung dieses alten magischen Denkens aus. Der Blick auf die abergläubische Bundesrepublik blieb ein durchgängiges Motiv der DDR-Medien. 1964 berichtete die *Berliner Zeitung* wieder über spektakuläre Fälle aus dem kapitalistischen Nachbarstaat: »40 Hexenprozesse, dazu eine unvorstellbare Zahl von Verfahren gegen Kurpfuscher und Hellseher« habe es in Westdeutschland wieder gegeben.[11] Und noch 1985 zeigte sich das *Neue Deutschland* schockiert:[12]

> Aberglaube in diesen Dimensionen hat Tausende skrupelloser Geschäftsleute auf den Plan gerufen. Experten schätzen, daß heute in der BRD etwa 12 000 Parapsychologen, Hellseher, Telepathen, Hexenaustreiber und Astrologen ihr Unwesen treiben. Dabei nutzen diese Quacksalber wachsende Unwissenheit, die Angst vor Arbeitslosigkeit, Sozialabbau und Perspektivlosigkeit besonders unter der Jugend rigoros aus.

Doch zumindest in den Anfangsjahren der sozialistischen Republik waren offensichtlich noch nicht alle Menschen in der DDR politisch auf Kurs, denn zuweilen spiegeln selbst offizielle Berichte ein Fortbestehen abergläubischer Traditionen gerade in ländlichen Gebieten. Die wurden nun aber zunehmend als politisch unbedenkliches »Brauchtum« einer Region eingestuft, das es durchaus zu bewahren gelte. So berichtete die *Neue Zeit*, das Parteiblatt der Blockpartei CDU, etwa über die Weihnachtsbräuche im Erzgebirge. Dazu gehörte die Vorstellung, wonach in den kommenden Jahren der Tod ins Haus einkehrt, wenn am Heiligen Abend etwas zerbrochen wird. Und den Nächten zwischen Weihnachten und Neujahr wurden besondere Zauberkräfte zugeschrieben. Doch dieses Denken, so will der Zeitungsartikel glauben machen, habe gegenüber früheren Zeiten seinen »dämonische Angst und Bangigkeit verbreitenden Charakter verloren«. Solche Phänomene seien schlicht »ein Stück Sitte, ein Stück heimatliches Leben geworden«. Beruhigend heißt es weiter:[13]

> Es ist erstaunlich, wie sehr sich dieses alte Brauchtum durch die Jahrhunderte hindurch erhalten hat. Es wird vererbt, wie die alten Möbel und Hausratsstücke vererbt werden. Und die Söhne pflegen daran zu hängen, wie die Väter daran hingen. Sie sehen keine Rückständigkeit und Armseligkeit darin. Das Gegenteil ist der Fall: Der Erzgebirger empfindet gerade diese alten Weihnachtssitten als einen besonderen Reichtum, der nicht jedem – vor allem dem Städter und Großstädter nicht – gegeben ist.

In der DDR gab es also offiziell höchstens traditionelles regionales Brauchtum, aber keinen Aberglauben – »keinen Mißbrauch auf den Gebieten der Hypnose und Suggestion, der Astrologie, Handlesekunst und des Hellsehens«, wie es hieß.[14] Aber stimmt das auch? Zweifel an dieser offiziellen Darstellung waren immer schon angebracht. Als 1956 ein führender Leipziger SED-Vertreter öffentlich den »Aberglauben« als Fortschrittsfeind bezeichnete, fügte er die Bemerkung hinzu: »und, Genossen, wir spüren das auch noch innerhalb der Partei«.[15] Und die staatliche Filmproduktion DEFA griff 1960 abergläubisches Denken auf, um es demonstrativ zu widerlegen: Als in einem kleinen Dorf ein weißes Schwein schwarze Ferkel geworfen hatte, so das Drehbuch, fürchteten sich die Einwohner nach einem weit verbreiteten Glauben vor einem drohenden Unglück. Sollte dieses etwa der von Partei und Behörden geplante Eintritt der Bauern in die sozialistische Landwirtschaftliche Produktionsgenossenschaft (LPG) sein? Im Film nimmt die Geschichte selbstverständlich ein gutes sozialistisches Ende, weil schließlich doch alle in der neuen Genossenschaft ihr Glück finden – und der Aberglaube vom Unglück der schwarzen Ferkel hatte sich als Hokuspokus erwiesen.[16] Ganz so, wie es die Parteilinie vorgab …

Die Überwindung abergläubischen Gedankenguts sollte nach Willen von Staat und Partei auch das Ziel aller Erziehungsanstrengungen im Dienste der neuen sozialistischen Persönlichkeit in dem Arbeiter- und Bauernstaat sein. So trug eine Stunde im Rahmen des Unterrichts für die Jugendweihe 1956 den Titel »Geisterglaube, Aberglaube, Wissenschaft – Wie der Mensch lernte, die Natur zu beherrschen und den Aberglauben zu überwinden«.[17] Dazu passend erging sich Walter Ulbricht anlässlich der Jugendweihe 1957 in Ausführungen über die Geschichte der Aufklärung, in deren Tradition er den Arbeiter-und-Bauern-Staat sah:[18]

> Schon der große bürgerliche Humanist Johann Gottfried Herder sagt in seiner Schulrede im Jahre 1798: »Naturwissenschaft und Naturlehre muß ein Knabe lernen, damit er sich seines Lebens erfreue, die Wohltaten der Natur erkenne und recht gebrauche und endlich einmal so mancher Aberglaube und Irrtum verschwinde, der das menschliche Geschlecht nie glücklich gemacht hat.«

Ulbricht versäumt es bei dieser Rede auch nicht, wie Bertolt Brecht auf Galilei zurückzukommen, der trotz der kirchlichen Inquisitoren letztlich ein Symbol für die Unaufhaltsamkeit des Fortschritts geworden sei. So wie der Gelehrte einst den Menschen neue Einsichten brachte, »so führt heute die Entwicklung unaufhaltsam zum Sozialismus«.[19] Auch deshalb stufte das Politbüro der SED 1958 eine solide Kenntnis des dialektischen Materialismus als wichtige Grundbedingung ein, »um Aberglaube und jeglichen Glauben an übernatürliche Wesen zu überwinden und sozialistische Menschen zu erziehen«.[20]

Zu diesem Zeitpunkt war Bertolt Brecht schon zwei Jahre tot, er war am 14. August 1956 im Alter von 58 Jahren gestorben – seine Leidenschaft für eine utopische Gesellschaft, die eben auch dem Aberglauben endgültig den Garaus machen wollte, gehörte allerdings weiter zur offiziellen Staatsrhetorik. Dabei blieb der selbst erklärte Kampf gegen den Aberglauben keine Propaganda, die SED-Diktatur setzte auch auf harte juristische Verfolgung. So sah das gesetzliche Verbot von Wahrsagerei und Astrologie bei Zuwiderhandlungen drastische Geld- und Freiheitsstrafen vor, und Einzelpersonen sowie vermeintliche oder tatsächliche okkultistische Gruppen wurden mit Überwachungs- und Verbotsmaßnahmen überzogen. Das Resultat waren teils drakonische Strafen gegen Wahrsager, Astrologen oder Spiritisten verschiedenster Art. Unter diesem Verfolgungsdruck schien das magische Denken in der DDR ab Mitte der 1960er-Jahre schließlich weitgehend verschwunden zu sein. Die Geschichtsforschung, die bislang allerdings nur über erste vorläufige Ergebnisse verfügt, geht davon aus, dass es seitdem keine Strukturen okkultistischer Gruppierungen von Bedeutung mehr gab. Und mehr noch: »Im Gegensatz zu anderen gesellschaftspolitischen Maßnahmen der DDR-Führung erwies sich der Kampf gegen den Aberglauben«, urteilte der Historiker Andreas Anton im Jahr 2018, »als überaus erfolgreiches gesellschaftspolitisches und weltanschauliches Projekt.«[21]

Einen Teufel gab es vielleicht nicht in dieser Republik – aber zumindest die eine oder andere Wahrsagerin, die interessierten DDR-Bürgern die Karten legte. Aufnahme aus dem Bezirk Treptow, 1960.

Nur auf individueller Ebene wurden fortan – dann allerdings offenbar während der gesamten DDR-Zeit – magische Rituale praktiziert: von Wünschelrutengängern, Wahrsagern und Astrologen, beim Pendeln oder beim Gläserrücken,[22] was durchaus der jahrhundertelangen Geschichte des magischen Denkens und der darin zuweilen erkennbaren eigentümlichen Zeitlosigkeit des Phänomens entspricht. So blieb womöglich nach wenigen Jahrzehnten staatlicher Propaganda gegen abergläubische Praktiken lediglich ein Rest an kollektiver magischer Erfahrung – womöglich aber ein wiederbelebbarer Rest. Plausibel bleibt aber die Einschätzung, dass in der DDR-Bevölkerung, wenngleich auf niedrigem Niveau, eine mehr oder weniger diffuse Sehnsucht nach diesen Sicherungstechniken für das alltägliche Leben die Zeit der Diktatur überstanden hat. Offensichtlich war der neue sozialistische Mensch gegenüber dem magischen Denken letztlich doch nicht vollständig immun …

Mit ihrer politischen Propaganda gegen den Aberglauben stellte sich die DDR-Diktatur selbstbewusst in die Tradition des aufklärerischen Denkens – was allerdings eine Farce war. Denn ihre Ideologie war keine Fortschreibung der Aufklärung. Allein die so lauthals gepriesene Wissenschaftlichkeit des »dialektischen Materialismus« war von Anfang an ein logischer Zirkelschluss: Die Ideologie des real existierenden Sozialismus wähnte sich immerfort im Besitz der Wahrheit, war also selbst totalitär und somit unwissenschaftlich. Die Heftigkeit der Attacken gegen jedweden Aberglauben und auch gegen die Institutionen der Kirche erklärt sich deshalb rückblickend vor allem aus der Tatsache, dass der DDR-Sozialismus selbst ein Glaubensangebot war. Als diesseitige Beglückungsgemeinschaft war dieser »Sozialismus« ein Heilsangebot, das an kirchlich-religiöse Vorläufer erinnert. Die neue Weltanschauung wurde offiziell als »Glaube« propagiert, der Sozialismus gerade in der Anfangszeit der jungen Republik als Erlösungsangebot gepriesen.[23]

Aus diesem Grund ähnelte der Kampf gegen das magische Denken in der DDR auch stark dem jahrhundertelangen Kampf der christlichen Kirchen gegen den Aberglauben. Auch dem jungen Sozialismus auf ostdeutschem Boden musste als eigenständigem Glaubensangebot daran gelegen sein, einen lästigen Konkurrenten zu denunzieren und ihm den Garaus zu machen. Der Kampf gegen die politischen und kirchlichen Herrschaftssysteme der Vergangenheit, wie sie in Brechts *Galilei* noch einmal deutlich wurden, war letztlich ja selbst ein totalitärer. Die Deutungshoheit über das Leben und damit letztlich die Macht über die Menschen nahm die sozialistische Heilsgemeinschaft exklusiv für sich in Anspruch.

Damit unterstrich der DDR-Sozialismus jedoch nur das politische Potenzial des Aberglaubens; tatsächlich war magisches Denken seit Jahrhunderten ein politisches Phänomen und eine Herausforderung für jede politische Ordnung. Die Herrschenden mussten stets im Blick haben, welche Autoritäten neben ihnen Einfluss auf die Menschen hatten oder sogar für sich in Anspruch nahmen, Macht über das Schicksal der Menschen zu haben. Wer über spektakuläre Heil- oder Wunderkräfte verfügte, wer den Weg zu atemberaubenden Schätzen wies, wer mit welchem Teufel auch immer im Bunde war oder sogar die (politische) Zukunft voraussagen konnte – für den musste sich die Obrigkeit interessieren. Dabei war es nicht immer geboten, den Aberglauben zu bekämpfen, wie dies die junge DDR so vehement tat. Für die Legitimität der eigenen Macht beim Volk konnte es nützlich sein, sich mit dem magischen Denken bis zu einem gewissen Grad zu verbünden. Nicht anders hatten es ja auch die Könige und der herrschende Adel seit Jahrhunderten mit dem christlichen Glauben und der Kirche gemacht: Wer weltliche Macht ausüben wollte, konnte sich zumindest über längere Zeit nicht erfolgreich gegen diesen Gott und die Kleriker stellen.

Auch gegen den Aberglauben des Volkes vorzugehen war für die Herrscher zuweilen mühsam, und wohl die meisten von ihnen waren dem magischen Denken ohnehin selbst zugeneigt. Zumindest die Astrologie mit ihren Prognosen war stets eine feste Säule monarchischer Herrschaft. Der erwähnte brandenburgische Kurfürst Joachim I., der auf diese Weise vor einer Flutwelle gewarnt wurde, war da keine Ausnahme. Sowohl die Könige als auch die Herrscher kleiner Fürstentümer umgaben sich zuweilen mit Frauen und Männern, von denen sie sich magische Hilfe im Krisenfall versprachen, sei es bei Krankheit, sei es in politischen Konflikten. Zudem waren die Herrscher selbst Gegenstand des magischen Denkens, schließlich gingen sie wie lange Zeit auch das Volk davon aus, dass sie für ihre Herrschaft von Gott ausersehen seien, von ihm geschützt und geleitet würden. Da verwundert es nicht, dass ihnen immer wieder magische Fähigkeiten zugeschrieben wurden, die weit über das gängige Maß christlicher Vorsehung hinausgingen. Wahre Wunder- und Zauberkräfte sollten von manchem gekrönten Haupt ausgehen …

Selbst ein solcher Freigeist wie Friedrich der Große (1712–1786), der sich als erklärter Atheist nichts aus dem christlichen Gott machte und jeglichen Aberglauben als Unfug abtat, war Gegenstand solcher Projektionen. So sagten die Menschen Friedrich einst nach, er sei im Besitz der Krone eines sagenhaften Schlangenkönigs und in seinen zahlreichen Kriegen hätten ihn zwei Zauberbücher aus seinem Besitz vor feindlichen Kugeln bewahrt.[24] Auch einige seiner Diener, so wurde kolportiert, seien Zauberer, und der König selbst habe mit seiner magischen Macht einst sogar nicht näher bezeichnete Zwerge aus Norddeutschland bis übers Schwarze Meer hinaus vertrieben.[25] Solche Vorstellungen des »Volksaberglaubens« trugen letztlich dazu bei, Herrschaft in gewisser Weise zu legitimieren. Und das war gut für einen absolutistischen Herrscher, wenn die Untertanen beispielsweise darauf setzten, dass ihr König im Besitz schützender Zauberbücher ist. Was sollte dann schon passieren?

Friedrich der Große mag über solche Gerüchte und magischen Mutmaßungen erhaben gewesen sein, aber schon sein Nachfolger auf dem Thron, Friedrich Wilhelm II. (1744–1797), war – um es vorsichtig auszudrücken – dem magischen Treiben seiner Zeit gegenüber mehr als aufgeschlossen. Der König nahm selbst schon mal an nächtlichen Geisterbeschwörungen teil[26], und noch kurz vor seinem Tod ließ er ein Manuskript der sogenannten »Lehninschen Weissagungen« aus dem Geheimen Staatsarchiv holen.[27] Dieses Machwerk war eine Fälschung, die aber doch über Jahrhunderte hinweg immer wieder für Verunsicherung und Angst am preußischen Hofe sorgte. In diesem angeblich im 14. Jahrhundert vom Abt des brandenburgischen Klosters Lehnin verfassten Text wird, wenngleich vage formuliert, das Schicksal der preußischen Herrscher prognostiziert. Besonders brisant ist darin die Prophezeiung, dass das Königshaus und das Volk zum Katholizismus übertreten und einst ganz Deutschland von einem katholischen König unter päpstlicher Führung stehen werde.[28] Für Preußen, das sich sozusagen als Schutzmacht des deutschen Protestantismus gerierte, war eine solche Zukunftsaussicht selbstverständlich eine Schreckensvorstellung! Obwohl diese »mittelalterliche« Prophezeiung ganz offensichtlich eine katholisch motivierte Fälschung war, sorgte sie in der Öffentlichkeit und unter den Hohenzollern für große Aufregung. Selbst im Ersten Weltkrieg spielten die »Lehninschen Weissagungen« in französischen Zukunftsprognosen noch ebenso eine Rolle wie in deutschen Vorhersagen zu Beginn der Weimarer Republik.[29] Prophezeiungen, das zeigt auch dieser Fall, besaßen stets eine imminente politische Dimension. Und was für absolutistische Könige galt, gilt ebenso für moderne Staaten. Auch die können nicht zulassen, dass Zukunftsannahmen verbreitet werden, die aus übersinnlichen Quellen gespeist werden.[30]

Politisch brenzlig wurde es für jedwede Herrschaft, wenn magisches Denken oder magische Rituale unmittelbar die politische Sicherheit und Ordnung bedrohten. Denn dabei geht es letztlich um die Frage, ob die Menschen der irdischen, staatlichen Herrschaft folgen oder ob sie sich womöglich über sie hinwegsetzen, wenn es ihrem magischen Denken angeraten erscheint. Beobachtungen wie hier über den »Volksaberglauben Tirols« aus dem Jahr 1859 müssen stets den Argwohn von politischer Herrschaft hervorrufen:[31]

> Fast überall übt der Aberglaube Zauber, die Geisterwelt gehorcht ihm, die Menschenwelt ist ihm unterworfen, die organische, wie die unorganische Natur ist ihm zinspflichtig und stets dienstbereit.

Keiner politischen Obrigkeit konnte das magische Denken ihrer Zeit gleichgültig sein. Denn es ging stets auch um die Frage, ob sich die abergläubischen Menschen dem Staat, seinen Behörden und Gesetzen auch wirklich unterordnen. Schon im Alltag, so die

Befürchtung, würden die staatlichen Stellen womöglich gar nicht mehr eingeschaltet. 1869 schreibt eine bayerische Zeitung:[32]

> Der Abergläubische geht, wenn er bestohlen worden ist, nicht zuerst zu Polizei und Gendarmerie, sondern zu allererst zu einer alten Frau oder auch zu einem alten Herrn, die im Geruche sympathetischer Künste stehen.

Gleich ob mittelalterliche Fürstenherrschaft oder moderner Staat: Für die politische Ordnung ist es eine Gefahr, wenn »die Menschenwelt« nicht den Herrschenden, sondern dem Aberglauben »unterworfen« ist. Könnte es nicht auch sein, dass abergläubische Menschen, weil sie tendenziell den Gesetzen der magischen Kräfte mehr vertrauen als den staatlichen Gesetzen, eher straffällig werden? Zugleich, so wollte es der österreichische Kriminologe Hans Gross (1847–1915) herausgefunden haben, bedienten sich selbst Berufsverbrecher der magischen Angebote des Aberglaubens:[33]

> Es ist merkwürdig, welche Wirkung heute noch der Aberglaube auf eine Reihe von Menschen hat, welche sich gerade das Verbrechen zum Lebenszwecke gemacht haben. Verbrecher speculieren oft auf den Aberglauben, oft stehen sie selbst in sehr arger Weise unter seiner Herrschaft und lassen sich durch ihren Aberglauben zu unerklärlichen Dingen verleiten.

Manchmal ließen sich Kriminalfälle nur durch das abergläubische Denken des »Gaunervolkes« verstehen und damit lösen, so der österreichische Kriminologe weiter:[34]

> Ich selbst sah noch ›Schlummerlichter‹, die aus dem Fette unschuldiger Kinder geformt waren und dazu dienten, um zu sehen, ob noch jemand in dem zu beraubenden Haus wach sei. Ja selbst große Verbrechen können auch heute noch ihre Klärung nur im Aberglauben finden.

Im Sinne der öffentlichen Ordnung erschien es durchaus hilfreich, die eine oder andere magische Praxis schlicht zu verbieten. Der Schwung der Aufklärung macht es mit Ende des 18. Jahrhunderts nicht nur möglich, »die kläglichen und die Menschheit entehrenden« abergläubischen Vorurteile zu überwinden, sondern auch ihre Rituale unter Strafe zu stellen. So hieß es 1789 in einer Darlegung des peinlichen Rechts im Kurfürstentum Sachsen, dass »Segensprecher, Wahrsager, Planetenleser und andere, die mit abergläubigen Künsten umgehen, willkührlich mit Gefängnis und Zuchthausstrafe belegt werden sollen«.[35] Aber auch die »Kunden« solcher magischen Anbieter standen unter Verfolgungsdruck:[36]

> Diejenigen, die sich bey Wahrsagern Raths erholen, sind mit Geldbusse, und nach Gelegenheit der Umstände, besonders, wenn es wiederholt geschehen ist, auch härter zu bestrafen.

Andere Länder gingen ähnliche Wege, wobei der Betrugsvorwurf für die juristische Verfolgung zentral blieb. Im Polizeistrafgesetzbuch für Bayern hieß es im Jahr 1900:[37]

> Wer gegen Lohn oder zur Erreichung eines sonstigen Vortheils sich mit angeblichen Zaubereien oder Geisterbeschwörungen, mit Wahrsagen, Kartenschlagen, Schatzgraben. Zeichen- und Traumdeuten oder anderen dergleichen Gaukeleien abgibt, wird an Geld bis zu fünfzig Thalern … oder mit Haft bestraft.

Zugleich gewann in der Folge der Aufklärung mit der Kriminalisierung auch die Strategie der Pathologisierung abergläubischer Menschen an Gewicht. Auch das findet sich schon 1789 in Sachsen: Wer ein Bündnis mit dem Teufel eingegangen sei, solle entweder zu einem entsprechenden »Unterrichte« eines Seelsorgers geschickt oder auch »dem Arzte übergeben« werden.[38] Wer magische Rituale nutzte, wer in individuellen oder kollektiven Notfällen den traditionellen christlichen Hilfsangeboten abergläubische

Techniken vorzog, der erschien nicht mehr nur als altmodisch, sondern womöglich als krank. Um 1900 wurde einem Angeklagten, »der ein Verbrechen unter dem Einfluss eines Aberglaubens verübt hat«, gewöhnlich »ein Recht auf besondere Nachsicht zugestanden«.[39]

Einzelfälle des abergläubischen Denkens ließen sich also konkret unter Strafe stellen und sanktionieren. Für jede politische Herrschaft blieb hingegen kollektives Handeln wie Aufzüge und Demonstrationen, deren Grundlage ekstatische spirituelle Erfahrungen waren, eine potenzielle Bedrohung. Das spektakuläre Auftreten von Geistern, die Entdeckung einer Wunderquelle oder eine Marienerscheinung hatten stets das Potenzial, die öffentliche Ordnung zu stören oder sogar infrage zu stellen. Die staatliche Obrigkeit des 19. Jahrhunderts hatte da entsprechend schlechte Erfahrungen vor allem mit dem Katholizismus gemacht. Die katholische Volksfrömmigkeit hatte eindrucksvoll unter Beweis gestellt, welche Wucht der Glaube an übernatürliche Dinge und Erscheinungen in der Öffentlichkeit entwickeln und wie schnell die staatliche Ordnung dann an ihre Grenzen kommen konnte. Paradebeispiele hierfür waren die Marienerscheinungen im französischen Lourdes im Jahr 1858, dann erneut ein ähnlicher Fall im nordfranzösischen Pontmain. Wie bei anderen Ereignissen auch prägten dort binnen weniger Tage Massen von Besuchern wie bei einem religiösen Flashmob die Szenerie. Der Historiker David Blackbourn beschrieb dieses Ereignis folgendermaßen:[40]

> An den Erscheinungsstätten pflückten die Wallfahrer Blätter von Bäumen und Büschen, um sie als Talisman mitzunehmen. Spätankömmlinge trugen Erde fort, weil sie ihr magisch heilende Kräfte ähnlich denen der wundertätigen Quelle zuschrieben. An manchen Stätten wollten Dutzende, ja Hunderte von Pilgern selbst Visionen gehabt oder Zeichen am Himmel gesehen haben. Es kursierten Gerüchte von Ungläubigen, die wie vom Blitz getroffen worden waren oder ihr Pferd lahmend vorfanden.

Es sind nicht die abgerissenen Blätter und die weggeschaffte Erde, die die politische Obrigkeit an solchen Zusammenkünften wirklich interessierten. Vielmehr war es die Tatsache, dass solche zuerst spontanen und dann organisierten Massenzusammenkünfte immer auch eminent politisch waren. Oft genug wurden solche Erscheinungen nämlich von den Gläubigen als ein Zeichen des himmlischen Zorns über die vermeintlich gottlose politische Herrschaft verstanden.[41] So gesehen hatte jede Wallfahrt, vor allem wenn es sich um spontane Ausbrüche einer Massenbegeisterung handelte, das Zeug für soziale und politische Unruhen.

Auch in Deutschland wurde das nur allzu deutlich, nachdem im Jahr 1876 drei kleinen Mädchen in dem kleinen Dörfchen Marpingen im Saarland die heilige Jungfrau erschienen war. Inmitten des sogenannten Kulturkampfes zwischen dem preußischen Staat und der katholischen Kirche wertete Berlin das religiöse Treiben als politische Aufwiegelung und schickte schließlich sogar Soldaten in das Gebiet. Rigoros sollte das Erscheinungsspektakel beendet werden. Bei der Räumung des Geländes wurden wohl 60 Zivilisten durch Schläge mit Gewehrkolben oder in wenigen Fällen sogar durch Bajonettstöße verletzt. Zahlreiche Bauern wurden verhaftet, fast 200 Pfarrer wegen »illegaler klerikaler Betätigung« verurteilt.[42]

Solche Massenerscheinungen lenken den Blick auf die Träger des abergläubischen Denkens: die Frommen, die Geistergläubigen, die Abergläubischen. Von ihnen machten sich die Kritiker des magischen Denkens seit der Aufklärung immer auch ein (Zerr-)Bild. Zum Kampf gegen den Aberglauben gehörte dementsprechend immer auch die Stereotypisierung der abergläubischen Menschen. Dahinter steckt in jedem Falle die Annahme, dass diese etwas tun, was ihnen oder der Gesellschaft schadet. So wurden zugleich Feindbilder geschaffen oder verstärkt. Ganze gesellschaftliche Gruppen wurden verdächtigt oder diffamiert, einzelne Menschen aus sozialen Kontexten verstoßen, verfolgt oder sogar getötet – so wie im Extremfall die unschuldigen »Hexen« der frühen Neuzeit.

Neben dem Betrüger und dem Kranken erschien traditionell der ungebildete, einfache Mensch als Träger abergläubischen Denkens. Vom »einfachen Volk« ist in den Traktaten gegen den Aberglauben stets die Rede, zumeist von der Landbevölkerung, die abseits der Städte und damit abgeschnitten vom Fortschritt in Wissenschaft und Forschung in den Tälern der Ahnungslosigkeit weiterhin den magischen Vorstellungen ihrer Ahnen nachhängt. Das ist allerdings über weite Strecken eine höchst parteiische Darstellung der »Gebildeten«, die pikanterweise ja selbst von magischen Vorstellungen nie ganz frei waren. Erinnert sei hier nur an das auch in diesen Kreisen gern gepflegte »Planetenlesen« oder »Tischrücken«. Letzteres wurde übrigens in politischer Hinsicht durchaus als »Opium des Volkes« kritisiert: Wer sich dieser magischen Praxis hingebe, verliere den Blick für die politischen Notwendigkeiten und Herausforderungen, klagte 1853 ein Autor der *Landshuter Zeitung*. Kein drohender Krieg in Europa, keine Debatte um Grundrechte für alle Deutschen könne die Betroffenen aus ihrem magischen Treiben herausreißen:[43]

> Die Sache beginnt … bedenklich zu werden. Deutschland vergißt über dem »Tischrücken« Alles und Alles … Es gibt keine wichtigere Frage mehr über's Tischrücken … Das Tischrücken bedroht unsere ganze sociale und politische Ordnung, denn wer will in Abrede stellen, daß die rückende Bewegung, dieser elektrisch-magnetische Strom am Ende alle Geister ergreife und eine kolossale Umwälzung mit sich bringe.

Wer sich mit magischen Dingen betäubt, verfalle sozusagen der politischen Dummheit. Maßgeblichen Anteil an der Diffamierung abergläubischer Menschen als »Dumme« hat der deutsche Protestantismus, der im Zuge des Glaubenskriegs mit dem Katholizismus diesen als Ort der Einfalt geißelte. Martin Luther hatte bereits das Abergläubische im römischen Glauben verurteilt, und beim Aufbau der neuen evangelischen Kirchen sollte die

Entrümpelung der bisherigen kirchlichen Praxis von Magie eine wichtige Rolle spielen. Mit dem 18. Jahrhundert verstärkte sich in gebildeten protestantischen Kreisen die Vorstellung, selbst in die Rolle des deutschen Kulturträgers hineingewachsen zu sein, während die Katholiken mit ihrem mittelalterlich anmutenden Glauben die Abgehängten der Moderne seien.

Zum Betrüger, Kranken oder Dummen gesellten sich in den Zuschreibungen des Abergläubischen auch oft die Fremden: Herumreisende, das viel zitierte »fahrende Volk«, »Zigeuner« oder schlicht »Landstreicher«. Diese böten nicht nur allerlei angebliche zaubermächtige Arzneien an, sondern auch Amulette oder Glücksbringer. Außerdem, so glaubte der Theologe Ferdinand Sterzinger im 18. Jahrhundert zu wissen, verkauften diese den Gutgläubigen »zu großen Unkosten« auch gern Wünschelruten, weil sie damit angeblich unterirdische Schätze aufspüren könnten.[44] Der »Betrüger« war also in dieser Konstruktion immer auch der Fremde, der ohnehin am Rande der Gesellschaft stand. Seine soziale Ausstoßung wurde mit jedem Vorwurf des Betrugs durch Aberglauben verstärkt.

Besonders bedrohlich – das hatten die Hexenprozesse gezeigt – war und blieb der Verdacht, mit dem Teufel im Bunde zu sein. Gegen diese Menschen schien dann Gewalt legitimiert – zum angeblichen Schutz der Gemeinschaft vor dem Werk des Satans. So war die Existenz des Teufels, einer der zentralen Bestandteile des magischen Denkens, stets ein Anlass zur gesellschaftlichen und politischen Ausgrenzung bestimmter Gruppen.[45] Zu den Verdächtigen gehörten auch die Freimaurer. Ihre Mitglieder, so hieß es zuweilen, seien sämtlich mit dem Teufel im Bund. Angeblich müssten sie bei ihrer Aufnahme in eine Loge dem Christentum und Gott abschwören. Und weil sie das Kreuz mit den Füßen träten, so behauptete eine Darstellung im 19. Jahrhundert, sei ihnen auf der Fußsohle ein Kreuzeszeichen eingebrannt, an dem man sie zweifelsfrei erkennen könne.[46]

Auch die Juden gehörten in der Welt des magischen Denkens zu den traditionellen Verdächtigen, die sich angeblich mit dem Teufel einlassen. Die Geschichte des Antisemitismus ist voller entsprechender Verdächtigungen der Juden – allein schon die hebräische Schrift mit ihren ungewohnten Zeichen weckte offensichtlich immenses Misstrauen (»auch der Teufel schreibt Krickel-krackel«). Sie würden nicht nur Zauberei betreiben, sondern setzten diese auch mit Vorliebe gegen die Christen ein. Dass sie die Viehställe verhexen, war lange eine weit verbreitete Vorstellung. Allerdings existierte offensichtlich auch eine gewisse Bewunderung für die vermeintlichen magischen Fähigkeiten der Juden: Sie könnten nämlich zugleich auch Gewitter unschädlich machen oder Feuer bannen, zuweilen angeblich auch einen Kranken gesundbeten.[47]

Solche antisemitischen Vorstellungen hielten sich noch bis ins 20. Jahrhundert[48] und provozierten Ausgrenzung und Gewaltexzesse gegen diese religiöse Minderheit. Bis in die Barbarei des »Dritten Reichs« hinein hatte dieser antisemitische Teufelsglaube Bestand, und nach 1933 schuf der höchst magisch geprägte staatliche Rassismus und Antisemitismus den Raum zur Legitimierung weiterer Gewalt. Als bei dem Pogrom vom 9./10. November 1938 Synagogen und jüdische Geschäfte brannten und Menschen ermordet wurden, sahen manche christliche Kleriker ihre Chance, sich des alten kirchlichen Hasses auf die Juden zu bedienen und ihn neu anzufachen. Der thüringische Landesbischof Martin Sasse (1890–1942) gab voller antisemitischer Begeisterung ein Bändchen mit Luther-Zitaten heraus, um damit den »gottgesegneten Kampf« gegen die Juden zu unterstützen. Jede Synagoge sei »ein Teufelsnest«, und wer einen Juden sehe, solle bedenken: »Da geht ein leibhaftiger Teufel!«[49]

Wer so etwas formuliert, hat selbst eine erkennbare Disposition für magisches Denken – und hier ist nicht nur der antisemitisch-christliche Fanatiker gemeint. Die NS-Diktatur selbst basierte auf einem bis dahin kaum gekannten Wirrwarr von magischen und mystischen Vorstellungen. Dazu gehörten der Rassismus und Antisemitismus, der Kult um das »Blut«, diffuse Fantasien von einem angeblichen »Germanentum« sowie Vorstellungen von einer »geschichtlichen Aufgabe« des deutschen Volkes und der angeblichen »Vorsehung«, die den Deutschen nicht nur den »Führer« geschickt habe, sondern ihn in seinem Handeln auch noch leite und beschütze. Solcherlei Aberglaube war eine wichtige Grundlage für das NS-Herrschaftssystem und die Akzeptanz und die Unterstützung durch den Großteil der deutschen Bevölkerung. Nach dem missglückten Bombenattentat auf Adolf Hitler am 8. November 1939 durch Georg Elser im Münchner Bürgerbräukeller schien wieder die »Vorsehung« am Werk gewesen zu sein. Das erklärte sogar der Münchner Erzbischof und Kardinal Michael Faulhaber. Dieser schickte Hitler ein Glückwunschtelegramm und ordnete in der Münchner Frauenkirche ein Tedeum an, »um im Namen der Erzdiözese der göttlichen Vorsehung zu danken, daß der Führer dem verbrecherischen Anschlag, der auf sein Leben gemacht wurde, glücklich entronnen ist«.[50]

Die Gegner der Diktatur hatten den Aberglauben der NS-Bewegung früh angeprangert. Der 1937 in Frankreich lebende und publizierende Schriftsteller Bruno Altmann (1878–1943) sprach angesichts des Antisemitismus in Deutschland zutreffend vom »Aberglauben des Blutkultus«, der sich sogar an den Universitäten etabliert habe, nahm aber vor allem Adolf Hitler selbst in den Blick, der sich augenscheinlich von metaphysischen Vorstellungen leiten ließ – vor allem von der von ihm so oft zitierten »Vorsehung«:[51]

> Selbstverständlich glaubt der Diktator auch an glück- oder unglückbringende Sterne und Sternlagen … Hitlers Aberglaube ist sachlich und psychologisch durchaus verständlich. Er, der nichts Rechtes gelernt hat, der vor allem nicht die soziologischen Bedingungen der Geschichte und Politik werten kann, er muss ja beim Rückblick auf seine Karriere die Überzeugung gewinnen, dass diese Erfolgsserie sozusagen nicht mit richtigen Dingen erzielt worden ist.

Wenn eine Staatsführung auf magische Unterstützung baut oder okkulte Praktiken zurate zieht, bleibe das für ein Land nicht ohne Folgen, so Altmann weiter. Und insbesondere in Diktaturen, so erkannte er zutreffend, »sind Abirrungen des Diktators niemals Privatangelegenheiten«. Magisches Denken hat dann unmittelbare politische Konsequenzen.

Zugleich sorgte sich das »Dritte Reich« als totalitäres System stets um die eigene Deutungsmacht in der Welt des magischen Denkens. Wenn der Eindruck entstand, die NS-Ideologie mit ihren Vorstellungen von »Blut« und »Rasse«, von »Vorsehung« und dem »Teufel« bekomme von anderen magischen Angeboten Konkurrenz oder werde durch sie gefährdet, resultierten daraus Verfolgung und Repression. Und wieder sind es Zukunftsprognosen, die von den Sicherheitsbehörden der Diktatur befürchtet werden. Gerade mit Beginn des Zweiten Weltkriegs am 1. September 1939 gab es nach Beobachtungen des Sicherheitsdienstes der SS eine massiv gestiegene Nachfrage nach solchen Techniken:[52]

> Die Gerüchtemacherei durch Wahrsager, Hellseher, Zigeunerinnen usw. wurde in letzter Zeit wieder stärker, besonders in ländlichen Kreisen beobachtet. Meist befassen sich die Gerüchte mit dem Kriegsende, das noch immer meist zu einem kurzfristig angesetzten Termin vorausgesagt wird. Ähnliche Wahrsagungen wurden in der Umgebung von Reichenberg, Salzburg und Bayreuth von umherziehenden Zigeunerinnen verbreitet. Aus Königsberg wird gemeldet, daß dort ein am Rande der Stadt gelegenes Zigeunerdorf von ›Wahrheitssuchenden‹ geradezu überlaufen wird. Aus Schlesien wird mitgeteilt, daß dort in verschiedenen Orten die Unsitte des Horoskop-Stellens sich stärker verbreitet.

Eine organisierte Verfolgung des magischen Milieus setzte schließlich 1941 ein, nachdem sich Rudolf Heß, als »Stellvertreter des Führers« immerhin einer der mächtigsten Männer der Diktatur, überraschend mit einem Flugzeug nach England abgesetzt hatte. Hitler selbst bestand umgehend darauf, dass gegenüber der Öffentlichkeit von angeblichen »Wahnvorstellungen« die Rede sein sollte, die seinen langjährigen Vertrauten zu diesem Schritt bewegt hätten.[53] So wurde in der öffentlichen Propaganda nicht nur der vermeintlich angeschlagene Gesundheitszustand von Rudolf Heß angeführt, vielmehr, so erklärte das NSDAP-Organ *Völkischer Beobachter*, habe dieser »in letzter Zeit steigend seine Zuflucht zu den verschiedensten Hilfen, Magnetiseuren, Astrologen usw.« gefunden.[54] Tatsächlich hatte Heß schon seit Langem keine Berührungsängste gegenüber esoterischen Ideen gezeigt. Astrologie oder Hellseherei akzeptierte er wohl ebenso wie die Anthroposophie Rudolf Steiners, und auch für alternative Heilverfahren wie die Homöopathie hatte er sich schon seit Jahren eingesetzt.[55]

Mit dem Heß-Flug begann in Deutschland die offene Verfolgung des magischen Milieus: Im Juni 1941 startete die »Aktion gegen Geheimlehren und sogenannte Geheimwissenschaften«, mit der die Polizeibehörden zu einem gezielten Schlag gegen das vermeintlich »Okkulte« in Deutschland ausholten. Hausdurchsuchungen, Verhöre, Zuchthausstrafen oder auch Verschleppung in Konzentrationslager waren die Folgen für die Betroffenen. Propagandaminister Joseph Goebbels notierte anschließend zufrieden in seinem Tagebuch:[56]

> Alle Astrologen, Magnetopathen, Anthroposophen etc. verhaftet und ihre gesamte Tätigkeit lahmgelegt. Damit ist diesem Schwindel endgültig ein Ende gemacht. Sonderbarerweise hatte nicht ein einziger Hellseher vorausgesehen, dass er verhaftet wurde. Ein schlechtes Berufszeichen!

Reinhard Heydrich als Leiter des Reichssicherheitshauptamtes benannte den politischen Kern dieser Verfolgung: Das deutsche Volk dürfe nach seiner Ansicht nicht weiter »okkulten Lehren« preisgegeben werden, »die vorgeben, daß das Tun und Lassen des

Menschen von geheimnisvollen magischen Kräften abhängig sei«.[57] So gesehen trafen also auch 1941 wieder einmal Konkurrenten aufeinander, Konkurrenten um die Macht über die Menschen und auch um unterschiedliche Glaubensangebote.

Es bleibt indes fraglich, inwieweit solche Verfolgungen das magische Denken in seinen so unterschiedlichen Facetten letztlich wirklich zurückdrängen konnten. Nachhaltig dürften sie jedenfalls nicht gewesen sein. Wie allein die erwähnten zahlreichen »Hexenprozesse« in Westdeutschland nach 1945 gezeigt haben, hatten traditionelle Vorstellungen unter veränderten Vorzeichen auch nach dem Ende des »Dritten Reiches« weiterhin Konjunktur. Und auch die DDR dürfte, wie gezeigt, mit ihrem Feldzug gegen den Aberglauben womöglich nur eine weitere, womöglich aber nicht nachhaltige Zurückdrängung des magischen Denkens ins Private erreicht haben. Jedenfalls kam das Allensbacher Institut für Demoskopie 2005 nach entsprechenden Befragungen in West- und Ostdeutschland zur folgenden Einschätzung:[58]

> Während die Bevölkerung in Ostdeutschland im allgemeinen in Glaubensfragen sehr viel weniger aufgeschlossen ist als die Bevölkerung in Westdeutschland, unterscheidet sie sich in puncto Aberglauben so gut wie gar nicht von der westdeutschen.

So liegt die Vermutung nahe, dass magisches Denken auch für eine totalitäre Herrschaft nur schwer zu bekämpfen ist. Als jahrhundertealte Sicherungstechnik konnte und wurde der Aberglaube in seiner langen Geschichte offensichtlich auch in Zeiten von Repression und Verfolgung weiter praktiziert – im engsten Familienkreis, mit Freunden oder vertrauenswürdigen Nachbarn. Eine flächendeckende Verfolgung des Aberglaubens, wie sie auch die DDR propagiert hat, musste in der langen Geschichte des magischen Denkens immer wieder ihre Grenzen finden. Dieses Phänomen war immer zu flüchtig, zu flexibel, um es wirklich dauerhaft zu unterbinden.

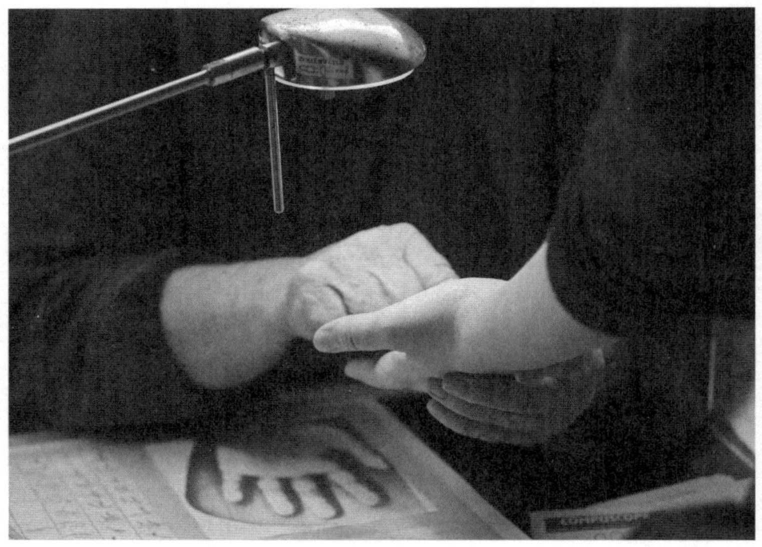

Geblieben ist bis heute bei einigen Zeitgenossen der Wunsch, sich aus der Hand lesen zu lassen wie hier auf der Esoterikmesse in Köln 2016. Solche magischen Sehnsüchte konnte kein totalitäres Regime aus der Welt schaffen.

Zugleich zeigt sich am Umgang mit dem Aberglauben immer auch der Zustand einer Gesellschaft. Diktaturen mit einem eigenen Anspruch auf Wahrheit konnten und können keine konkurrierenden Weltdeutungen neben sich ertragen – und setzen ihrerseits einen Glaubenskrieg gegen magisches Denken in Gang. Damit ist der Umgang mit dem Aberglauben letztlich wohl immer auch ein Indikator für den zivilisatorischen Zustand einer Gesellschaft. In einer modernen freiheitlichen Gesellschaft müssen nicht alle Menschen das Gleiche glauben, hier muss es kein einheitliches spirituelles Angebot geben, wie es religiöse Fundamentalisten noch immer in vielen Staaten der Welt erzwingen wollen. So wie religiöse Freiheit zu einer freiheitlichen Gesellschaft gehört, so ist auch magisches Denken das gute Recht jedes Einzelnen. Das mag nicht allen »Aufgeklärten« gefallen, aber auch das gehört zur Freiheit. Der Aberglaube hat ein grundsätzliches Existenzrecht – und bleibt gleichwohl eine Herausforderung für die Moderne.

Wie immer in Zeiten geistiger Krisen, haben die Apostel mystischer »Wahrheiten« gewaltigen Zulauf. Das sind die Zeiten, in denen der Weizen der religiösen Sektengründer ebenso reift, wie der der politischen Rattenfänger, die ihren Gläubigen das Traumland ewiger Glückseligkeit verheißen. Scharen von »Heugeistern«, Hellsehern, Astrologen, Horoskopstellern, Gesundbetern bieten ihre Dienste der verängstigten Menschheit an …

Aus einem Zeitschriftenaufsatz im Jahr 1931[1]

Ausblick: Mit der Wünschelrute in die Moderne

Wir tun uns schwer mit dem Eingeständnis, dass wir im Grunde in einer Art »magischen Moderne« leben. Sicher, einige Mitmenschen haben keine Hemmungen, offen einzuräumen, dass sie mit Engeln reden, an Waldgeister glauben oder ihren Partner gezielt nach dem Sternzeichen ausgesucht haben. Aber das trauen sich die wenigsten. Die allermeisten Zeitgenossen scheuen das offene Eingeständnis, abergläubisch zu sein – zumindest wenn es über ein paar Kleinigkeiten hinausgeht: auf Holz zu klopfen, um Dinge nicht zu »beschreien«, oder nicht unter einer aufgeklappten Leiter durchzugehen, weil das doch Unglück bringt. Die Zurückhaltung ist verständlich, denn noch immer schwebt über dem abergläubischen Menschen die Vermutung, dass es ihm an Sinn und Verstand fehlt, dass er schlicht dumm und ungebildet ist. Wuchtig wie immer hatte das einst Theodor W. Adorno erklärt, als er pauschal mit den Anhängern des »Okkultismus« abrechnete:[2]

> Okkultismus ist die Metaphysik der dummen Kerle.

Solche Urteile sind nicht neu in der Geschichte, seit der Aufklärung wird den Anhängern des Aberglaubens wegen ihres magischen

Denkens fehlende Vernunft und Urteilskraft attestiert. Doch, das haben die Beispiele in diesem Buch eindrucksvoll gezeigt, das Phänomen selbst wurde damit nicht aus der Welt geschafft. Der Aberglaube und mit ihm seine Anhänger haben sich nicht unterkriegen lassen: nicht von Adorno, nicht von der ganzen Aufklärung und schon gar nicht von den christlichen Kirchen, obwohl die doch in den vergangenen Jahrhunderten einen Großteil ihrer Energien darauf verwendet haben, den lästigen – und übrigens auch wirtschaftlichen – Konkurrenten loszuwerden.

Das Mittelalter war über weite Strecken nicht nur eine Zeit tiefer christlicher Religiosität und Frömmigkeit, sondern auch eine magische Zeit mit einem reichen Repertoire an abergläubischen Angeboten. Und auch wenn sich vieles verändert hat, so gehört der Aberglaube heute doch noch zu unserer Kultur. Als eindrucksvolles Beispiel dafür kann die Wünschelrute gelten. Sie hat als eines der wichtigsten magischen Werkzeuge eine lange Tradition, und es gibt sie noch immer. Zumeist in Gestalt eines Zweigs von einem Haselnussstrauch sollte sie in den Händen eines dazu befähigten Menschen ursprünglich vor allem dazu dienen, unterirdische Bodenschätze aufzuspüren. Schon zu Beginn der Neuzeit wurde sie systematisch im Bergbau eingesetzt,[3] und noch zu Beginn des 18. Jahrhunderts gab es entsprechende Tipps für das Auffinden von Bodenschätzen, beispielsweise in der Nähe von Leipzig:[4]

> Letztlich kann man die Ertze auch durch die Glücks- oder Wünschel-Ruthe finden, wenn man nehmlich einen kleinen Zwiesel-Ast oder einen … gebogenen Draht in die Hand fasst, und im festen Glauben ungezweifelter Imagination (daß die Ruthe sich beugen werde, wenn man das Ertz in der Reihe nennen wird) die Ertze und die Orte nennt, bey welchem sich nun die Ruthe beuget, das ist der Ort und das darinnen anzutreffende Ertz.

Wurden der Wünschelrute anfangs selbst magische Kräfte unterstellt, so hatte sich zu diesem Zeitpunkt schon weitgehend die

Magische Hilfe für die Bergleute bei der Suche nach wertvollen Bodenschätzen: ein Wünschelrutengänger in einer Darstellung der Zeitschrift *Die Gartenlaube* (1859).

Vorstellung durchgesetzt, dass es vielmehr der Mensch ist, der mit der Rute in der Hand erst diese wundersamen Dinge möglich macht, weil in seinem Inneren eine spezifische »Kraft« wirkt.[5]

»Es muß der Ruthen-Gänger eines beständigen unpartheyischen und sedaten Gemüthes seyn«, also auch bescheiden und sittsam, so hieß es, denn sonst funktioniere das ganze Verfahren nicht.[6]

Doch das Wünschelrutengehen blieb auch im Bergbau umstritten, nicht zuletzt wegen des offensichtlich schwankenden Erfolgs dieses Verfahrens. Dennoch erhielten Mitte des 18. Jahrhunderts professionelle Rutengänger sogar Aufträge von staatlichen Bergbaubehörden. Die waren sich aber augenscheinlich nicht ganz sicher, ob eine solche Auftragsvergabe nicht doch etwas merkwürdig anmutete. Deshalb verlangten sie zugleich, dass die Rutengänger sich »keines abergläubischen Behelfs darbey bedienen«.[7] Die eigentümliche Einschränkung zeigt, wie umstritten die Wünschelrute zu diesem Zeitpunkt schon war. Und sie blieb es. Folgerichtig stellte 1767 ein Beobachter fest, dieses magische Hilfsmittel habe »unter den Hoch- und den Tiefgelehrten gar viel Streit verursacht«.[8]

Das ist so geblieben. Denn noch immer machen sich Frauen und Männer mit magischen Gerten auf den Weg: um Krankheiten aufzuspüren, um Grundstücke nach sogenannten Erdstrahlen abzusuchen oder auch um deutschen Spitzensportlern zu internationalen Erfolgen zu verhelfen. Das verriet die ehemalige Skifahrerin Michaela Gerg 2019 einem Journalisten der *Süddeutschen Zeitung*, der anschließend über die Athletin schrieb:[9]

> Schon als Kind war sie nicht beim Arzt, sondern beim Heilpraktiker in Bad Tölz. Vor Olympia hatte der ihr mal gezeigt, wie man mit einer Wünschelrute umgeht – wegen der Medaillenchancen. Zunächst hat sie das belächelt, doch der Heilpraktiker erzählte, dass er bei Olympia 1972 vom Nationalen Olympischen Komitee gerufen worden war, um im Olympischen Dorf mit der Wünschelrute schlechte Schlafplätze zu finden – und diese Plätze habe man dann den größten Konkurrenten gegeben.

So zeigt sich an der Wünschelrute, wie magische Praktiken den Weg in die Moderne fanden. Dies gelang auch, weil sie sich als erstaunlich wandlungs- und anpassungsfähig erwiesen. Der Glaube an übernatürliche Kräfte hatte zwar stets traditionelle Bestandteile, die regional durchaus unterschiedlich ausgeprägt waren. Aber es konnten ständig neue Vorstellungen hinzukommen, bestehende ergänzt oder verändert werden. Der Aberglaube zeigt sich somit als ein dynamisches System, mit dem die Hilfesuchenden auf die Veränderungen ihrer Welt gegebenenfalls mit neuen oder veränderten Ritualen reagieren können. Das wird auch dadurch erleichtert, dass die Menschen für die Anwendung der allermeisten Riten nicht erst umständlich eine Institution bemühen und um Zustimmung bitten müssen – keinen Priester, keine Kirche, keine Gemeindeversammlung. Letztlich kann jeder einzelne Mensch nach eigenem Dafürhalten seine magischen Möglichkeiten einsetzen, wann und wo immer er will. Das macht den Aberglauben mobil und schnell, zuweilen aber auch unübersichtlich und für jede Obrigkeit tendenziell unberechenbar.

Die Wandlungsfähigkeit des Aberglaubens zeigt sich auch an einer gewissen Globalisierung traditioneller magischer Vorstellungen, durch die deren Attraktivität gesteigert und an eine noch breitere Anhängerschaft gebunden werden konnte. Dieser Prozess, der bis heute anhält, setzte schon im 19. Jahrhundert ein. Dafür stehen das Auftreten und der Einfluss der legendären »Madame Blavatsky« (Helena Petrowna Blavatsky, 1831–1891), die als einflussreiche Trägerin okkulten Wissens eine Begründerin der Theosophie war und mit ihren Gedanken auch die Grundlage für die Anthroposophie Rudolf Steiners legte. Als eine wichtige Wegbereiterin des magischen Denkens in Europa gründete sie nicht nur eine neue spirituelle Bewegung, wofür sie sehr bewusst die Bühne der Öffentlichkeit betrat.[10] Sie sorgte auch dafür, dass sich Okkultismus und Spiritismus nun mit hinduistischen und buddhistischen Vorstellungen verbanden.

Dieser Prozess der Aneignung gerade fernöstlicher Angebote hält an: Wenn heute in Europa die Menschen ihre Wohnräume nach tatsächlichen oder vermeintlichen Richtlinien von Feng Shui einrichten, um die Voraussetzungen für eine möglichst maximale Harmonie in ihrer unmittelbaren Umgebung zu schaffen, so greifen sie – ob nun bewusst oder nicht – auf Gedanken aus der außereuropäischen Glaubenswelt zurück. Ähnliches gilt übrigens ebenso für Teile der hierzulande praktizierten Naturheilkunde und auch für das weite Feld der zahlreichen Wellness-Angebote.

Gerade bei Fragen von Krankheit und Gesundheit hat sich gezeigt, wie eng die Konjunktur abergläubischen Denkens mit dem Auftreten von Krisen und damit von Ängsten verwoben ist. Das schlägt sich bis heute in so bezeichneten alternativen Behandlungsmethoden nieder, die eng mit magischen Vorstellungen verknüpft sind. Und auch die Lehren Hildegards von Bingen und anderer Heilerinnen des Mittelalters scheinen zuweilen keineswegs der Vergangenheit anzugehören. Im Moment der individuellen Krise, etwa einer schweren Erkrankung, kann der Aberglaube bis heute eine Hilfe sein – und aufgrund der Erwartungshaltung des Patienten womöglich auch ein Beitrag zu seiner Genesung.

Auch in kollektiven Krisen hatten magische Vorstellungen stets Konjunktur: Dies zeigte sich in der »Kleinen Eiszeit« zu Beginn der Neuzeit, als selbst ernannte Sternkundige, Heilsbringer oder Okkultisten unterschiedlichster Couleur alle Hände voll zu tun hatten, ebenso wie in den wirtschaftlichen und politischen Krisenjahren der Weimarer Republik, als ähnliche Akteure der »verängstigten Menschheit« ihre Dienste anboten.[11] Krisenzeiten sind eben immer auch magische Zeiten. Ganz offensichtlich ist der Schlüssel zum magischen Denken die Angst – egal, ob es um die Angst vor dem »Butzemann« im Kinderzimmer geht oder um die Angst vor dem Tod in Zeiten von Seuchen. Not lehrt nicht nur zu beten, wie es gemeinhin heißt, sie ist offensichtlich auch der Anlass für abergläubisches Handeln. Jetzt schnell noch einen Drudenfuß zeichnen, eine Segensformel murmeln oder endlich einen »Untoten« fesseln und mit einem Vorhängeschloss versehen – so lässt sich womöglich noch verhindern, dass (noch größeres) Unheil über die Menschen kommt. Denn gegen fast jede

Bedrohung, das zeigt die Geschichte, gab es immer auch ein magisches Gegenmittel.

Das konnte zuweilen allerdings auch eine bedrückende Schuldumkehr zur Folge haben: Wer Opfer eines Unheils geworden war – wer vom Blitz erschlagen wurde, von einer feindlichen Kugel getroffen wurde, einer Erkrankung erlegen war oder sogar vom Teufel geholt wurde –, hatte womöglich nicht die Vorzeichen beachtet und sich nicht durch magische Rituale ausreichend geschützt. Die Betroffenen sind also entweder selbst schuld, oder sie können dem Geschehen schlicht nicht ausweichen, weil es von übernatürlicher langer Hand geplant ist. Denn nichts geschah und geschieht in der Welt des Aberglaubens grundlos: Das vorbestimmte »Schicksal«, die »Sterne« oder irgendein höheres Wesen haben das Geschehen und womöglich das ganze Leben eines Menschen in gewissem Sinne »vorprogrammiert«. Deshalb gibt es im Prinzip für alles einen Grund – für jede Erkrankung, jedes Erdbeben und jede wirtschaftliche Krise. Doch die jeweilige Ursache lässt sich nur innerhalb der Welt des Aberglaubens verstehen, nämlich von denen, die daran glauben, die diese Zusammenhänge erkennen und akzeptieren. Mit »rationalen« Methoden und Mitteln der »Vernunft« sind diese Ursachen hingegen nicht zu erkennen. Die Einsicht in die Welt des Aberglaubens war und ist somit reine Glaubenssache.

Daraus resultiert ein zentraler Wesenszug des magischen Denkens: die Negierung von wissenschaftlichen Methoden, die andere Ursachen für vermeintlich magische Ereignisse und Zusammenhänge verantwortlich machen. In der Welt des Aberglaubens gibt es in der Regel keine Wahrscheinlichkeiten, selten empirische Erhebungen oder medizinische Datenreihen und auch keinen Zufall. Und damit unterscheiden sich die Menschen, die sich dem magischen Denken verschrieben haben oder ihm zuneigen, von anderen Zeitgenossen. Sie verweigern dem rationalen Denken den Anspruch, ihre Welt durchdringen und beurteilen zu können. Denn auf diese Weise könne eben nicht alles »gesehen« werden, wie es ein Gesprächspartner in einem sozialwissenschaftlichen Forschungsinterview in den 1980er-Jahren einmal formulierte:[12]

> Es gibt Menschen, die sehen nur das Materielle. Also einfach sehen, als optisches Phänomen gemeint. Es gibt Menschen, die sehen gelegentlich die Aura eines Menschen. Für einen nur materiell sehenden Menschen wird also die Welt letztlich Materielles beinhalten und nicht mehr. Beim Menschen, der auch die Aura sieht, weil er einfach aurasichtig ist, wird die Welt notwendigerweise einen größeren Umfang haben, nämlich bestimmte nichtmaterielle Phänomene beinhalten.

In dieser Welt des Aberglaubens haben die hier so bezeichneten »materialistischen« und mit ihnen alle wissenschaftlichen Perspektiven keinen Sinn: Sie sind sozusagen blind für das magische Geschehen, und sie werden demnach auch nie die Aura eines Menschen erblicken, keine Geister oder Seelen von Verstorbenen wahrnehmen und auch keinen Kontakt mit Engeln aufnehmen. Deshalb sind auch ihre Instrumente unbrauchbar für alles Übersinnliche: ihre wissenschaftlichen Methoden, ihre Philosophie, ihre evidenzbasierte Medizin. Sie sind schlicht nutzlos und mit ihnen die »Vernunft« und der »Intellekt«, wenn es um die Einsicht in die »wirklichen« Dinge »hinter« dieser Welt geht. Damit ist der Aberglaube zu weiten Teilen traditionell von Anti-Intellektualismus und Wissenschaftsfeindlichkeit geprägt. Nicht das »Wissen« gilt als Schlüssel zu Erkenntnis und einem gelungenen Leben, sondern der »Glaube«, das »Fühlen« und das »Empfinden«.[13]

Die Wissenschaftsfeindlichkeit macht – neben anderen Faktoren – den Aberglauben zu einem Phänomen mit gesellschaftspolitischen Folgen, weil sie als Einfallstor auch für antidemokratische Gedanken gilt. Angesichts der Proteste gegen die staatlichen Auflagen während der Corona-Pandemie skizzierte Ende 2021 der damalige Chef des nordrhein-westfälischen Verfassungsschutzes, Burkhard Freier, diesen Zusammenhang so:[14]

> Menschen, die eine tiefe Wissenschaftsfeindlichkeit entwickelt haben, sind mit Aufklärung oft nur noch schwer zu erreichen. Das Phänomen kennen wir schon länger, im Rechtsextremismus ist Wissenschaftsfeindlichkeit schon seit hundert Jahren ein großes, identitätsstiftendes Thema und geht einher mit Männlichkeitskult, dem Glauben an heidnische Götter, einer Abwertung von seriöser Medizin als »Schulmedizin«.

Teile des esoterischen Milieus in Deutschland haben sich offenbar im Zuge der Corona-Pandemie politisch radikalisiert. Die Leipziger Autoritarismus-Studie von 2020 kommt zunächst zu dem Ergebnis, dass sich bei Demonstrationen gegen die Corona-Politik besonders jene Menschen versammeln, die auch durch »ihren Aberglauben geeint sind«. Außerdem gebe es aber auch einen Zusammenhang zwischen »Verschwörungsmentalität und Aberglaube für das Zustandekommen der rechtsextremen Einstellung«.[15] Dass der Aberglaube einen Menschen tendenziell dazu verführt, sich eher einer geistigen oder irdischen Autorität zu unterwerfen, steht seit den entsprechenden Ausführungen von Theodor W. Adorno in den 1950er-Jahren im Raum. Demnach ist der streng abergläubische Mensch letztlich einer übernatürlichen Macht gänzlich untertan und stellt deren Entscheidungen auch nicht infrage.[16] Deshalb seien im Prinzip abergläubische Menschen für totalitäre politische Angebote empfänglicher – für Adorno war dies zugleich eine der Lehren aus den Erfahrungen mit der NS-Diktatur mit ihren metaphysischen Zügen.

Auch bei den Protesten gegen die Corona-Maßnahmen beobachtete die Leipziger Autoritarismus-Studie, wie sehr abergläubische Menschen tendenziell in einer eigenen Welt leben – und damit auch eine prinzipielle Offenheit für Verschwörungsideen besäßen:[17]

> Die drei geteilten Grundüberzeugen »Nichts passiert durch Zufall«, »Nichts ist, wie es scheint« und »Alles ist miteinander verbunden« … fassen die Gemeinsamkeiten von Verschwörungs-

mentalität und esoterischem Aberglauben auf einer beschreibenden Ebene gut zusammen. Beide »Denkformen« sind durch eine erhöhte Bereitschaft gekennzeichnet, in der Welt bestimmte Zeichen zu finden, das heißt anzunehmen, dass Phänomene aufgrund ähnlicher Gestalt oder Struktur aufeinander Einfluss nehmen können oder miteinander in Beziehung stehen.

Der abergläubische Mensch sieht in unserer Welt Zusammenhänge und Plausibilitäten, die andere nicht sehen. Und »Nichts ist, wie es scheint« ist heute zu einem politisch durchaus gefährlichen Hebel geworden. Pandemie, Klimakatastrophe und Krieg in Europa markieren eine Krisenzeit, in der – das lehrt die Geschichte – magisches Denken potenziell wieder an Gewicht gewinnt, »Scharen von ›Heugeistern‹, Hellsehern, Astrologen, Horoskopstellern, Gesundbetern bieten ihre Dienste der verängstigten Menschheit an«, wie es schon in der Krisenzeit am Ende der Weimarer Republik hieß. Und dies scheint heute wieder der Fall zu sein.

Dieses Buch hat es sich zur Aufgabe gemacht, mit einer Geschichte des magischen Denkens den Blick auf einen oft ignorierten Teil unserer emotionalen Identität zu richten. Denn, so die Annahme, einen Gutteil des Aberglaubens tragen wir in unserem »mentalen Rucksack« noch immer mit uns herum. Dabei war es geboten, dem Phänomen weitgehend vorurteilsfrei und respektvoll zu begegnen – und dies schließt alle Wunderheilerinnen und Tischrücker, Teufelsanbeter und Sternengläubige gleichermaßen ein. Niemand muss ihre Glaubensvorstellungen teilen, genauso wenig wie die Inhalte der vielen religiösen Angebote unserer Zeit. Doch in einer offenen und freiheitlichen Gesellschaft müssen sie alle akzeptiert werden: Jeder darf glauben, was er für plausibel hält. Der Aberglaube macht niemanden zu einem schlechteren Menschen.

Aber zu dieser Feststellung gehört zugleich die Klarstellung, dass der Aberglaube einen Menschen auch nicht zu einem besseren

Menschen macht. Toleranz und Akzeptanz haben nämlich da ihre Grenzen, wo es um einen magisch fundierten Wahrheitsanspruch geht. Nicht die Sterne und die Astrologen machen hierzulande die Gesetze, keine höhere Welt und kein metaphysisches Wissen von »Eingeweihten« weisen den Weg aus sozialen, wirtschaftlichen, ökologischen und politischen Krisen. Es ist nicht das metaphysische Wissen von »Eingeweihten«, das uns die Mittel in die Hand gibt, die Krisen und Herausforderungen unserer Zeit zu meistern. Für eine bessere Welt sind wir allein zuständig, und das schaffen wir ausschließlich aus eigener Kraft. Dafür lohnt es sich fast schon, dreimal auf Holz zu klopfen …

Anmerkungen

Einleitung: Die Alraune im »mentalen Rucksack«

1 Goethe, *Werke*, Bd. 12, S. 494.
2 *Handwörterbuch des deutschen Aberglaubens* (HdA), Bd. 6, Sp. 1246 f. (Art. »Ölbergspruch«), sowie HdA, Bd. 7, Sp. 1385 (Art. »Schutzbrief«).
3 Art. »Religiöse Kriegsliteratur«, in: *Theologische Literaturzeitung*, 40. Jg. Nr. 14 (10. Juli 1915), S. 313–319, hier S. 317.
4 Art. »Spuk und Trug« (Julius Bretzel), in: *Süddeutsche Zeitung* vom 24. August 2021, S. 10.
5 Art. »Corona weckt auch unter Kirchenanhängern Aberglauben«, www.erzdioezese-wien.at/site/home/nachrichten/article/83510.html

Wenn die Angst kommt

1 Canetti, *Masse und Macht*, S. 9.
2 Art. »Kinderschreck«, in: HdA, Bd. 4, Sp. 1366–1374, hier Sp. 1368.
3 Art. »Samiklaus«, in: Wander, *Deutsches Sprichwörter-Lexikon*, Bd. 3, Sp. 1857 f.

4 Art. »Kinderschreck«, in: HdA, Bd. 4, Sp. 1366–1374, hier Sp. 1372.
5 Ebd., Sp. 1370.
6 Zur notwendigen Differenzierung von Angst und Furcht vgl. Bär, *Furcht*, S. 26 ff.
7 Ebd., S. 72 f.
8 Ebd., S. 30 f.
9 Delumeau, *Angst im Abendland*, Bd. 1, S. 95.
10 Schindler, *Aberglaube*, S. 48 f.
11 Gurjewitsch, *Teuflische Gewohnheiten*, S. 136 f.
12 Art. »Regen«, in: HdA, Bd. 7, Sp. 577–586, hier Sp. 581.
13 Gurjewitsch, *Teuflische Gewohnheiten*, S. 137.
14 Art. »Regen«, in: HdA, Bd. 7, Sp. 577–586, hier Sp. 581.
15 Zit. n. Borst, *Mittelalter*, S. 385.
16 Delumeau, *Angst*, Bd. 1, S. 39. Dagegen: Voltmer, *Jean Delumeau*, S. 80.
17 Dazu grundlegend: Blom, *Die Welt aus den Angeln*, hier S. 20.
18 Ebd., S. 52.
19 Bauller, *Laster-Spiegel*, S. 15.
20 Vgl. Delumeau, *Angst*, Bd. 2, S. 336.
21 Ebd., S. 337.
22 Zit. n. ebd., S. 339.
23 Dinzelbacher, *Angst im Mittelalter*, S. 12.
24 Ebd., S. 271.
25 Schilling, *Luther*, S. 76 f.
26 Wander, *Deutsches Sprichwörter-Lexikon*, Bd. 2, Sp. 775.
27 Zit. n. Blom, *Die Welt aus den Angeln*, S. 171.
28 »Abbildung und Beschreibung deß wunderwürdigen unvergleichlichen Cometen«, Nürnberg 1680; www.digitale-sammlungen.de/de/view/bsb00100510?page=,1 (Zugriff: 18. Februar 2022).
29 Canetti, *Masse und Macht*, S. 9.
30 Fischer, *Nacht*, S. 67.
31 Dinzelbacher, *Angst im Mittelalter*, S. 13.
32 Fischer, *Nacht*, S. 67.
33 Dinzelbacher, *Angst im Mittelalter*, S. 52.
34 Ebd., S. 83.
35 Art. »Nacht«, in: HdA, Bd. 6, Sp. 768–793, hier Sp. 779.

36 Art. »Mitternacht«, in: HdA, Bd. 6, Sp. 418–439, hier Sp. 421.
37 Art. »Geisterstunde, -zeit«, in: HdA, Bd. 3, Sp. 555 f.
38 Allerkamp, »Vorwort«, S. 11.
39 Raabe, »Das letzte Recht«, S. 219.
40 Daxelmüller, *Zauberpraktiken*, S. 297.
41 Ebd., S. 295 f.
42 Duby, *Unseren Ängsten auf der Spur*, S. 130.
43 Böhme, »Kulturgeschichte der Angst«, S. 275.
44 Koch, »Angst als Gegenstand«, S. 1 f.
45 Art. »Diese Szene wird bleiben. Warum der Chef des Verfassungsschutzes in Nordrhein-Westfalen sich große Sorgen wegen der Querdenker macht und bei vielen eine aggressive Demokratiefeindlichkeit beobachtet«, in: *Süddeutsche Zeitung* vom 14. Dezember 2021, S. 2.
46 Böhme, »Kulturgeschichte der Angst«, S. 279.
47 Daxelmüller, *Zauberpraktiken*, S. 35.

Wundersam gesund

1 Flügel, *Volksmedizin und Aberglaube*, S. III.
2 Hildegard von Bingen, *Physica*, 7, 5, S. 456.
3 Vgl. Art. »Einhorn«, in: *Lexikon des Mittelalters*, Bd. III, Sp. 1741 f.
4 Hildegard von Bingen, *Physica*, 7, 5, S. 457.
5 Reichholf, *Einhorn, Phönix, Drache*, S. 243.
6 Art. »Drache«, in: HdA, Bd. 2, Sp. 364–404, hier Sp. 389.
7 Magin, *Trolle, Yetis, Tatzelwürmer*, S. 62 f.
8 Zit. n. Reichholf, *Einhorn, Phönix, Drache*, S. 182.
9 Flügel, *Volksmedizin und Aberglaube*, S. 26.
10 Ebd., S. 53.
11 Brehm, *Thierleben*, Bd. 1, S. 692.
12 Gurjewitsch, *Teuflische Gewohnheiten*, S. 138.
13 Labouvie, »›Gauckeleyen‹«, S. 271.
14 Bähr, *Furchtlosigkeit*, S. 187.
15 Flügel, *Volksmedizin und Aberglaube*, S. 27.
16 Löwenstimm, *Aberglaube und Strafrecht*, S. 108.
17 Schott, *»Imagination«*, S. 102.

18 Bachhiesl, »Krimineller Aberglaube«, S. 199.
19 Ebd.
20 Art. »Kreuzburg«, in: *Kölnische Zeitung* vom 15. Juli 1892 (»Abend-Ausgabe«), S. 3.
21 Ebd.
22 Art. »Elbing«, in: *Berliner Tageblatt* vom 11. November 1891 (»Morgen-Ausgabe«), Erstes Beiblatt.
23 Art. »Sieben strafrechtsgeschichtliche Findlinge«, in: *Neues Archiv für sächsische Geschichte*, Bd. 9 (1888), S. 153–160, hier S. 160.
24 Ebd.
25 Strack, *Das Blut*, S. 44.
26 Ebd., S. 45.
27 Landolt, J. H.: Art. »Über Moses Mendelssohn«, in: Geiger, Ludwig (Hg.): *Zeitschrift für die Geschichte der Juden in Deutschland*, Bd. 5 (1892), Heft 3, S. 395–399, hier S. 398.
28 Rehlinghaus, *Semantik des Schicksals*, S. 303.
29 Hitler, *Mein Kampf*, S. 428 f.
30 Schindler, *Aberglaube des Mittelalters*, S. 178 f.
31 Art. »Hiesiger Volksaberglaube« (Fortsetzung), in: *Vaterstädtische Blätter. Altes und Neues aus Lübeck*, Nr. 8, 20. Februar 1910, S. 30–32, hier S. 31.
32 Ebd.
33 Flügel, *Volksmedizin und Aberglauben*, S. 49.
34 Ebd., S. 26.
35 Schöck, *Hexenglaube*, S. 106.
36 Ebd., S. 107.
37 Art. »Augen«, in: HdA, Bd. 1, Sp. 679–701, hier Sp. 686.
38 Art. »Aberglaube und Unmenschlichkeit«, in: *Unterhaltungsblatt der Neusten Nachrichten* (München) vom 12. September 1875, S. 870 f., hier S. 870.
39 Art. »Ölbergspruch«, in: HdA, Bd. 6, Sp. 1246 f., hier Sp. 1246.
40 Sogenannter Schutzbrief vom 13. Oktober 1875, in: Freytag, *Aberglauben*, S. 486.
41 Zit. n. Winkle, *Masse und Magie*, S. 267.
42 Art. »Unfug der Kettenbriefe«, in: *Hamburger Fremdenblatt* vom 22. Mai 1918.
43 Zit. n. Marzell, *Zauberpflanzen*, S. 29.

44 Ebd., S. 19.
45 Freytag, *Aberglauben*, S. 374.
46 Droste-Hülshoff, *Letzte Gaben*, S. 262 f.
47 Friedell, *Kulturgeschichte*, Bd. 2, S. 999.
48 Gottschling, *Wer heilt, hat recht*, S. 160 f.
49 Ebd., S. 17 f. und 68 f.
50 https://anthrowiki.at/COVID-19-Pandemie#Impfung; Zugriff: 2. Januar 2021.
51 Knoblauch, »Das Ding dreht sich«, S. 266 f.
52 Vgl. Strehlow, *Hildegard-Heilkunde*, S. 11.

Die Geister bitten zu Tisch

1 Art. »Die Weiße Frau« auf Schloß Bernstein im Burgenland (von Johannes Illig), in: *Zeitschrift für Parapsychologie*, Heft 2, Februar 1929, S. 49–75, hier S. 54.
2 Vgl. Sawicki, *Leben mit den Toten*, S. 229–234.
3 Lotz, *Tischrücken*, S. 11.
4 Ebd., S. 11–16.
5 Ebd., S. 17 f.
6 Ebd., S. 18.
7 Ebd., S. 18–27.
8 Ebd., S. 53.
9 Art. »Neue Fortschritte im Tischrücken«, in: *Kurier für Niederbayern* vom 30. April 1853, Beilage, S. 2.
10 Art. »Das Tischrücken«, in: *Westricher Zeitung* vom 24. April 1853.
11 Sawicki, *Leben mit den Toten*, S. 235 f.
12 Ebd., S. 234.
13 Steub, *Sängerkrieg in Tirol*, S. 95 (13. Mai 1853).
14 Sawicki, *Leben mit den Toten*, S. 233–238.
15 Schauenburg, *Tischrücken und Tischklopfen*, S. 24.
16 Haeckel, *Welträthsel*, S. 361.
17 Sawicki, *Leben mit den Toten*, S. 115 f.
18 Zit. n. ebd., S. 117.
19 Wötzel, *Nähere Erklärung*, S. 22.
20 Ebd., S. 21.
21 Ebd., S. 22.

22 Art. »Barau«, in: *Reales Staats-Zeitungs- und Conversationslexikon*, Leipzig 1744, Sp. 200.
23 Müllenhoff, *Sagen*, S. 180.
24 Art. »Die Weiße Frau« auf Schloß Bernstein im Burgenland (von Johannes Illig), in: *Zeitschrift für Parapsychologie*, Heft 2, Februar 1929, S. 49–75, hier S. 52.
25 Art. »Geschichte einer Geistererscheinung und Erlösung«, in: *Magikon* 1840, Heft 2, S. 162–169, hier S. 162 f.
26 Art. »Ein Hausgeist«, in: *Magikon* 1840, Heft 2, S. 170–172, hier S. 170 f.
27 Sawicki, *Leben mit den Toten*, S. 64.
28 Müllenhoff, *Sagen*, S. 553.
29 Gantet/d'Almeida, »Einleitung«, in: Dies., *Gespenster und Politik*, S. 20.
30 Art. »Klage, Klagemutter, Wehklage«, in: HdA, Bd. 4, Sp. 1439–1442.
31 Art. »Gespenst«, in: HdA, Bd. 3, Sp. 766–771, hier Sp. 768.
32 Quitzmann, *Die heidnische Religion*, S. 40.
33 Art. »Gespenst«, in: HdA, Bd. 3, Sp. 766–771, hier Sp. 768.
34 Art. »Friedrich der Große«, in: HdA, Bd. 3, Sp. 99–103, hier Sp. 101.
35 Meier, *Gedancken von Gespenstern*, S. 45 f.
36 Ebd., S. 46.
37 Ebd., S. 47.
38 Johannes 20,17–18, in: *Die Bibel*, S. 1217.
39 Apostelgeschichte 9,1–5, in: *Die Bibel*, S. 1231.
40 Mayer, *Abhandlung des Daseyns der Gespenster*, S. 8.
41 Gantet/d'Almeida, »Einleitung«, in: Dies., *Gespenster und Politik*, S. 21.
42 Rieger, *Der Teufel im Pfarrhaus*, S. 11–15.
43 Art. »Spectrum«, in: *Großes vollstaendiges Universal-Lexicon* (Zedler), Bd. 38, Sp. 1372–1383, hier Sp. 1380.
44 Gantet, »Bloß ein Schein«, S. 80.
45 Vgl. auch »Die protestantische Theologie: Streit um den Teufel und die Geister«, in: Sawicki, *Leben mit den Toten*, S. 62–65.
46 Keyser, *Uhuhu*, S. 175.
47 Art. »Geistererscheinungen«, in: *Herders Conversations-Lexikon*, 1855, Bd. 3, S. 40.

48 Art. »Aber- und Gespensterglaube«, in: *Der Neuigkeitsbote* vom 23. Januar 1841, S. 3.
49 Gantet/d'Almeida, »Einleitung«, in: Dies., *Gespenster und Politik*, S. 23.
50 Arndt, *Vier Bücher vom Wahren Christenthum*, S. 96.
51 Zit. n. Freytag, *Aberglauben*, S. 388.
52 Art. »Der Glaube an Gespenster, in einigen historisch-philosophischen Ansichten dargestellt (Schluß)«, in: *Neues Hannoversches Magazin*, 25. Stück vom 29. März 1805, S. 386–398, hier S. 386.
53 Franz/Nösler, *Archäologie der Angst*, S. 62.
54 Art. »Wiedergänger«, in: HdA, Bd. 9, Sp. 570–578, hier Sp. 573 f.
55 Rader, *Gespenster der alten Kaiser*, S. 181 f.
56 Franz/Nösler, *Geköpft und gepfählt*, S. 82.
57 Ebd., S. 85 f.
58 Blumenberg u. a., »Einleitung«, S. 23.
59 *Archiv für Gemeines Deutsches und für Preußisches Strafrecht*, Bd. 20, Berlin 1872, S. 247.
60 Strack, *Das Blut*, S. 65.
61 Blumenberg u. a., »Einleitung«, S. 19.
62 Ebd., S. 14.
63 *Schutzengel-Hilf*, S. 4 f.
64 *Ein Wort*, S. 1.
65 www.welt.de/print-welt/article185325/Umfrage-An-Schutzengel-glauben-mehr-Deutsche-als-an-Gott.html; Zugriff: 16. August 2022.
66 Vgl. als ein Beispiel für einschlägige Internet-Seiten: www.erzengel-online.de/; Zugriff: 16. August 2022.

Es steht doch in den Sternen

1 Lang, »Astrologie und Börse«, S. 21.
2 Ebd., S. 23 f.
3 Ebd., S. 24.
4 Kopper, *Hjalmar Schacht*, S. 112 f.
5 Vgl. Kopper, *Hjalmar Schacht*, S. 117–120.
6 Lang, »Astrologie und Börse«, S. 24.

7 Vgl. entsprechende Annonce in *Das Wunder* 1928, 1, S. 147.
8 Lang, *Das Horoskop*, S. 3 f.
9 Ebd, S. 4.
10 Schubert, *Alltag im Mittelalter*, S. 280 f.
11 MacCulloch, *Die Reformation*, S. 221.
12 Brosseder, Art. »Astrologie«, in: *Enzyklopädie der Neuzeit Online*; Zugriff: 20. August 2022.
13 Carion, Prognostication.
14 Hollender, »Porträt Carion«, S. 40.
15 Rublack, *Der Astronom und die Hexe*, S. 178 f.
16 Ebd., S. 183.
17 Kepler, *Gesammelte Werke*, Bd. XXI, 2.2, S. 398.
18 Rublack, *Der Astronom und die Hexe*, S. 183.
19 Kepler, *Gesammelte Werke*, Bd. IV, S. 163.
20 Rublack, *Der Astronom und die Hexe*, S. 184.
21 Kepler, *Gesammelte Werke*, Bd. XII, S. 374.
22 Rublack, *Der Astronom und die Hexe*, S. 184.
23 Art. »Astrologie«, in: *Lexikon des Mittelalters*, Bd. I, Sp. 1135–1145, hier Sp. 1142.
24 Brosseder, Art. »Astrologie«, in: *Enzyklopädie der Neuzeit Online*; Zugriff: 20. August 2022.
25 Art. »Vom Ursprunge der Astrologie« (Johann Beckmann), in: *Hannoversches Magazin* vom 16. September 1763, Sp. 1175–1184.
26 Art. »Der Berliner Planetenleser«, in: *Berlinische Monatsschrift*, Dezember 1784, S. 551–555, hier S. 551.
27 Ebd., S. 554.
28 Ebd., S. 552.
29 Flügel, *Volksmedizin und Aberglaube*, S. 49.
30 Höhn, *Der Astro-Friseur*, S. 7.
31 Vgl. etwa www.singleboersevergleich.com/partnersuche-partnervermittlung/sternzeichen-wer-passt-zu-wem; Zugriff: 7. September 2022.
32 Höhn, *Der Astro-Friseur*, S. 7.
33 Vgl. für den Okkultismus Sawicki, *Spiritismus und das Okkulte in Deutschland*, S. 59.
34 Mayer, »Astrologie und Wissenschaft«, S. 88 f.
35 Friedrich, *Weltuntergang*, S. 377.

36 Vgl. *Fürstenfeldbrucker Zeitung* vom 18. April 1928, S. 8.
37 Art. »Das Horoskop für 1925«, in: *Rosenheimer Anzeiger* vom 29. November 1924, S. 11.
38 Art. »Prophezeiungen vom Jahre 1923«, in: *Coburger Zeitung* vom 16. April 1923, S. 2 f.
39 Art. »Eindrücke von Hellsehern über Deutschlands Zukunft«, in: *Zentralblatt für Okkultismus*, Heft 1, Juli 1923, S. 16–21, hier S. 16.
40 Art. »Hindenburg in vierzehn Horoskopen«, in: *Zentralblatt für Okkultismus,* Heft 4, Oktober 1932, S. 181–183, hier S. 182.
41 Zit. n. Mayer, »Astrologie und Wissenschaft«, S. 92.
42 Art. »Um die Astrologie« (von Max Kolmsprenger), in: *AZ am Morgen* vom 11. März 1925, S. 5.
43 Stenson-Raché, »Astrologie und Verbrechen«, S. 68.
44 Ebd., S. 71 f.
45 Ebd., S. 73 f.
46 Hellwig, *Okkultismus und Strafrechtspflege*, S. 17 f.
47 Ebd., S. 22.
48 Ebd., S. 105.
49 Ebd.
50 Art. »Astrologischer Lichtbildervortrag«, in: *Coburger Zeitung* vom 6. April 1927, S. 2.
51 Art. »Das Horoskop des Vertrags von Versailles«, in: *Münchner Neueste Nachrichten* vom 25. Juni 1925, S. 7.
52 Art. »Herr ›Minister‹ Winter. Was der Betriebsanwalt in den Versammlungen erzählte«, in: *Leipziger Volkszeitung* vom 10. Oktober 1928, S. 10.
53 Lang, *Das Horoskop*, S. 30.
54 Lang, *Hohlwelttheorie*.
55 Howe, *Uranias Kinder*, S. 142.
56 Zu Astrologen im »Dritten Reich« vgl. ebd.
57 Boberach, *Meldungen aus dem Reich*, Bd. 3, S. 475 f.
58 Elisa von Hof, Art. »Voll krasse Zeiten«, in: *Der Spiegel* Nr. 3, 15. Januar 2022, S. 110–112, hier S. 110.
59 Tlusty, Ann-Kristin, Beitrag »Astrologie-Begeisterung: Opium für die Millennials«, in: Deutschlandfunk Kultur, Sendung vom 5. Januar 2021; www.deutschlandfunkkultur.de/astrologie-

begeisterung-opium-fuer-die-millennials-100.html; Zugriff: 8. September 2022.

60 Elisa von Hof, Art. »Voll krasse Zeiten«, in: *Der Spiegel* Nr. 3, 15. Januar 2022, S. 110–112, hier S. 111.

61 Adorno, *Theorie der Halbbildung*, S. 189.

62 Adorno, *Minima Moralia*, S. 321, S. 325.

63 Adorno, *Aberglaube aus zweiter Hand*, S. 174.

Die Kirche in der Zwickmühle

1 Magnus, *Der Aberglauben in der Medizin*, S. 1.

2 Fieger, *Sterzinger*, S. V.

3 *Don Ferdinand Sterzingers Bemühung*, S. 115.

4 Ebd., Vorbericht.

5 Ebd.

6 Ebd.

7 Im Hof, *Aufklärung*, S. 156.

8 Ebd., S. 151.

9 Hölscher, *Frömmigkeit*, S. 85.

10 *Don Ferdinand Sterzingers Bemühung*, Vorbericht.

11 Fieger, *Sterzinger*, S. 100.

12 *Don Ferdinand Sterzingers Bemühung*, S. 29.

13 Ebd., S. 125.

14 Ebd., S. 115.

15 Ebd., S. 91.

16 Sterzinger, *Gespenstererscheinungen*, S. 3.

17 Waibel, »›Anti-Aberglaubiana‹«, S. 171 f.

18 Ebd., S. 172–175.

19 Ebd., S. 181 f.

20 Sterzinger, *Wunderkuren*, S. 85.

21 Sawicki, *Leben mit den Toten*, S. 59 f.

22 Wolf, *Geschichte*, S. 478 f.

23 Model, *Ausfahrt der Hexen*, S. 6.

24 Gurjewitsch, *Stumme Zeugen*, S. 306 f.

25 Eming/Wels, »Einleitung«, S. 6.

26 Gurjewitsch, *Stumme Zeugen*, S. 309.

27 Vgl. Schmidt-Biggemann, »Sakrament«, S. 37.

28 Art. »Hostie«, in: HdA, Bd. 4, Sp. 412–422, hier Sp. 415 f.
29 Lotter, »Hostienfrevelvorwurf«, S. 541.
30 Rader, *Hokuspokus*, S. 67.
31 Lotter, »Hostienfrevelvorwurf«, S. 543.
32 Gurjewitsch, *Stumme Zeugen*, S. 306.
33 Ebd., S. 306.
34 Ebd., S. 315.
35 Delumeau, *Angst im Abendland*, Bd. 1, S. 96.
36 Freytag, *Aberglauben*, S. 369.
37 Eis, *Altdeutsche Zaubersprüche*, S. 128.
38 *Don Ferdinand Sterzingers Bemühung*, S. 93, S. 97.
39 Fieger, *Sterzinger*, S. 101.
40 Gurjewitsch, *Stumme Zeugen des Mittelalters*, S. 305 f.
41 Zit. n. Eis, *Altdeutsche Zaubersprüche*, S. 148.
42 Freytag, *Aberglauben*, S. 372 f.
43 Schäfke, »Angerührt«, S. 15 f.
44 Borst, *Mittelalter*, S. 386.
45 Art. »essen«, in: HdA, Bd. 2, Sp. 1022–1059, hier Sp. 1057.
46 Vgl. www.lehmanns.de/shop/sachbuch-ratgeber/58449378-9783755759669-1728-schluckbildchen-von-mutter-maria; Zugriff: 28. März 2022.
47 Zit. n. Hölscher, *Frömmigkeit*, S. 84.
48 Spehr, *Aufklärung und Ökumene*, S. 383.
49 Nicolai, *Beschreibung*, Bd. 2, S. 466 f.
50 Forster, *Ansicht vom Niederrhein*, S. 102 f.
51 Spener, *Theologische Bedencken*, S. 271.
52 Roper, *Hexenwahn*, S. 62 f.
53 Art. »Konfession«, in: HdA, Bd. 5, Sp. 170–182, hier Sp. 174 f.
54 Ebd., Sp. 175.
55 Ebd., Sp. 173.
56 Gurjewitsch, *Stumme Zeugen des Mittelalters*, S. 314.
57 Ebd., Sp. 178 f.
58 Fischer, *Aberglauben*, S. I.
59 Zit. n. Kiefer, *Cagliostro*, S. 613.
60 Ebd., S. 612–614.
61 Im Hof, *Aufklärung*, S. 246.
62 Model, *Ausfahrt der Hexen*, S. 6.

63 Ebd.
64 Schmidt-Biggemann, »Sakrament«, S. 44 f.

Verhext!

1 Fischer, *Aufklärung*, S. 63.
2 Meyer, *Hexenprozeß*, S. 4 f.
3 Ebd., S. 3 f.
4 Ebd., S. 5.
5 Ebd., S. 6.
6 Reck, *Modelle moderner Gegenaufklärung*, S. 43.
7 Harmening, *Zauberei im Abendland*, S. 70.
8 Bähr, *Furcht*, S. 188.
9 Harmening, *Zauberei im Abendland*, S. 61.
10 Schmitt, *Hexenhammer*, Tl. 1, S. 10.
11 Ebd., S. 19.
12 Ebd., Tl. 3, S. 90.
13 Roper, *Hexenwahn*, S. 13.
14 Rublack, *Der Astronom*, S. 115.
15 Gurjewitsch, *Stumme Zeugen*, S. 337.
16 Roper, *Hexenwahn*, S. 31.
17 Ebd., S. 40.
18 Meyer, *Hexenprozeß*, S. 7.
19 Ebd., S. 8 f.
20 Kauertz, *Wissenschaft und Hexenglaube*, S. 80.
21 Meyer, *Hexenprozeß*, S. 9 f.
22 Ebd., S. 10.
23 Ebd.
24 Schmitt, *Hexenhammer*, Tl. 2, S. 25.
25 Meyer, *Hexenprozeß*, S. 10 f.
26 Schmitt, *Hexenhammer*, Tl. 3, S. 134 f.
27 Meyer, *Hexenprozeß*, S. 13 f.
28 Ebd., S. 14.
29 Ebd., S. 17.
30 Ebd., S. 17–19.
31 Roper, *Hexenwahn*, S. 21.
32 Ebd., S. 189–194.

33 Ebd., S. 213.
34 Ebd., S. 123, S. 136.
35 Dillinger, *Kinder im Hexenprozess*, S. 84.
36 Schindler, *Aberglaube des Mittelalters*, S. 298.
37 *Don Ferdinand Sterzingers Bemühung*, S. 151.
38 Roper, *Hexenwahn*, S. 28.
39 Freytag, *Aberglauben*, S. 399.
40 Black, *Deutsche Dämonen*, S. 236 f.
41 Harmening, *Zauberei im Abendland*, S. 81–83.
42 Black, *Deutsche Dämonen*, S. 241.
43 Ebd., S. 349 f.
44 *Offenburger Tageblatt* vom 26. August 1950, S. 5.
45 Black, *Deutsche Dämonen*, S. 237.
46 Schneider, »Soldaten der Aufklärung«, S. 288.
47 Black, *Deutsche Dämonen*, S. 239.
48 Schöck, *Hexenglaube*, S. 9 f.
49 Ebd., S. 11.
50 Freytag, *Aberglauben*, S. 13 f.
51 Cunningham, *Wicca*, S. 45.
52 www.zauberkreis.ch/hexentum/wie-wird-man-eine-hexe/; Zugriff: 4. April 2022.
53 Daxelmüller, *Zauberpraktiken*, S. 217.

Die 13 und die magischen Zeichen

1 Böklen, *Die Unglückszahl Dreizehn*, S. 1.
2 Vgl. *Hamburgisches Adressbuch für 1867*, S. 231.
3 Staatsarchiv Hamburg 411–2 II H 4972 a.
4 Tantner, *Die Hausnummer*, S. 7–17.
5 Ebd., S. 60.
6 Art. »Die Unglückszahl 13«, in: *Illustrierter Sonntag* vom 28. Dezember 1930, Beilage o. P.
7 Art. »Seemanns Aberglaube«, in: *Der Bazar. Illustrierte Damenzeitung* vom 8. Dezember 1867, S. 371 f., hier S. 372.
8 Art. »Aberglaube«, in: *Neue Freie Presse*, Morgenblatt, 2. März 1877, S. 5.

9 Art. »Unglückstage«, in: HdA, Bd. 8, Sp. 1427–1440, hier Sp. 1432 f.

10 Art. »Ei«, in: HdA, Bd. 2, Sp. 595–644, hier Sp. 632.

11 Art. »Todesvorzeichen«, in: HdA, Bd. 8, Sp. 993–1010, hier Sp. 1000.

12 Art. »Die Prophezeiungen für das Jahr 1913« (H. Ahlenstiel), in: *Zentralblatt für Okkultismus*, Heft 9, März 1913, S. 457–471, hier S. 459.

13 Göttert, *Daumendrücken*, S. 201.

14 Daxelmüller, Christoph: Art. »Zahlensymbolik, -mystik«, in: *Lexikon des Mittelalters*, Bd. 9, Sp. 445 f.

15 Korff, »13. Die erzählte Zahl«.

16 Böklen, *Die Unglückszahl Dreizehn*, S. 1 f.

17 Art. »Biene«, in: HdA, Bd. 1, Sp. 1226–1252, hier Sp. 1247.

18 Art. »Storch«, in: HdA, Bd. 8, Sp. 498–507, hier S. 504.

19 Art. »Hiesiger Volksaberglaube«, in: *Vaterstädtische Blätter* vom 13. Februar 1910, S. 27 f., hier S. 28.

20 Ebd.

21 Carstens, H.: »Totenbräuche aus Dithmarschen«, in: *Am Ur-Quell. Monatsschrift für Volkskunde*, Bd. 1 (1890), S. 7–11, hier S. 9.

22 Art. »Die Unglückszahl 13«, in: *Illustrierter Sonntag* vom 28. Dezember 1930, Beilage o. P.

23 Ebd.

24 Ebd.

25 Ebd.

26 Tantner, *Die Hausnummer*, S. 60.

27 Institut für Demoskopie, *Aberglaube*, S. 3.

28 Forschungsgruppe fowid, *Aberglaube 2005*, vgl. S. 3.

29 Art. »Freitag«, in: HdA, Bd. 3, Sp. 45–73, hier Sp. 48.

30 Art. »Sprichwörter aus der Grafschaft Hohnstein« (K. Ed. Haase), in: *Am Urquell*, Bd. 4 (1893), S. 255–257, hier S. 257.

31 Art. »Freitag«, in: HdA, Bd. 3, Sp. 45–73, hier Sp. 55.

32 Ebd., Sp. 65.

33 Art. »Der Freitag. Ein alter Völkerglaube« (B. Saubert), in: *Am Urquell*, Bd. 4 (1893), S. 267 f., hier S. 267.

34 Pückler-Muskau, *Briefe*, Bd. 4, S. 290.

35 Art. »Spiegel«, in: HdA, Bd. 9, Sp. 547–577, hier Sp. 565.

36 Ebd., Sp. 549.
37 Strackerjan, *Aberglaube*, S. 143.
38 Art. »Spiegel«, in: HdA, Bd. 9, Sp. 547–577, hier Sp. 565 f.
39 Franz, *Die kirchlichen Benediktionen*, S. 468 f.
40 Lammert, *Volksmedizin*, S. 84.
41 Art. »Spiegel«, in: HdA, Bd. 9, Sp. 547–577, hier Sp. 553.
42 https://feng-shui.de/spieglein-spieglein-an-der-wand-wohin-mit-dir/; Zugriff: 22. November 2022.
43 www.fengshui-shopping.de/artikel_102784_ritual.htm; Zugriff: 22. November 2022.
44 Art. »Drudenfuß«, in: *Lexikon des Mittelalters*, Bd. 3, Sp. 1414.
45 Schönwerth, *Aus der Oberpfalz*, S. 215.
46 Hartmann, *Über schwarze und weiße Magie*, S. 137.
47 Byr, *Nachruhm*, S. 119.
48 *Kasperl, Puppenspiele*, S. 15.
49 Goethe, *Faust*, S. 89 f.
50 Ebd., S. 96.
51 *Don Ferdinand Sterzingers Bemühung*, S. 115.
52 www.zauberkreis.ch/hexentum/was-sind-hexen/; Zugriff: 4. April 2022.
53 www.magie-esoterik-versand.de/catalog/Amulette/Keltisch-Germanische-Amulette/Runenstern-Pentagramm::124.html; Zugriff: 24. November 2022.
54 Art. »Aberglaube in Sitten und Bräuchen der Gegend um den Altenstein«, in: *Thüringer Warte*, Bd. 5 (1908/09), S. 267–270, hier S. 270.
55 Art. »C.M.B.«, in: HdA, Bd. 2, Sp. 1 f.
56 Art. »Dreikönige«, in: HdA, Bd. 2, Sp. 448–459, hier Sp. 454.
57 Art. »Kreis«, in: HdA, Bd. 5, Sp. 462–478, hier S. 464.
58 Strackerjan, *Aberglaube*, S. 335.
59 Staatsarchiv Hamburg 411–2 II H 4972 a.

Der Teufel in der Pluderhose

1 Heine, *Gesammelte Werke*, S. 192.
2 Spieker, *Lebensgeschichte des Andreas Musculus*, S. 185.
3 Art. »Musculus (Meusel), Andreas«, in: Noack/Splett, *Bio-Bibliographien*, S. 391–423, hier S. 391 f.

4 Baumann-Koch, *Gebetsliteratur*, S. 27.
5 Spieker, *Lebensgeschichte des Andreas Musculus*, S. III.
6 Zander-Seidel, »Der Teufel in Pluderhosen«, S. 49.
7 Musculus, *Vom Hosen Teuffel*, o. P.
8 Zander-Seidel, »Der Teufel in Pluderhosen«, S. 61.
9 Ebd., S. 60.
10 Delumeau, *Angst*, Bd. 2, S. 368.
11 Baumann-Koch, *Gebetsliteratur*, S. 34.
12 Janssen, *Geschichte des deutschen Volkes*, Bd. 8, S. 528.
13 Musculus, *Von des Teufels Tyranney*, o. P.
14 Musculus, *Wider den Fluchteufel*, o. P.
15 Musculus, *Eheteufel*, o. P.
16 Ebd.
17 Fischer, *Das Buch vom Aberglauben*, S. 10.
18 Di Nola, *Der Teufel*, S. 386.
19 Art. »Teufel«, in: *Lexikon des Mittelalters*, Bd. VIII, Sp. 578–591, hier Sp. 582.
20 Di Nola, *Der Teufel*, S. 381.
21 Köster, *Erörterungen der wichtigsten Schwierigkeiten*, S. 18.
22 Heisterbach, *Dialogus Miraculorum*, Bd. 3, S. 1067.
23 Heisterbach, *Dialogus Miraculorum*, Bd. 2, S. 517.
24 Di Nola, *Der Teufel*, S. 283.
25 Vgl. Eco, *Geschichte der Hässlichkeit*, S. 90–105.
26 Heisterbach, *Dialogus Miraculorum*, Bd. 3, S. 1069–1071.
27 Roper, *Hexenwahn*, S. 128 f.
28 Fischer, *Das Buch vom Aberglauben*, S. 4.
29 Ebd.
30 Art. »Wechselbalg«, in: HdA, Bd. 9, Sp. 835–864, hier Sp. 851.
31 Roper, *Hexenwahn*, S. 62.
32 Rieger, *Der Teufel im Pfarrhaus*, S. 142.
33 Vgl. ebd., S. 40.
34 Winter, *Katholisches Ritual*, S. 62.
35 Art. »Eine Teufelsbeschwörung«, in: *Der Wendelstein. Katholisches Volksblatt für das bayerische Oberland* vom 27. November 1887, S. 2 f.
36 Ebd., S. 3.

37 Art. »Eine Teufelsbeschwörung (Schluß)«, in: *Der Wendelstein. Katholisches Volksblatt für das bayerische Oberland* vom 3. Dezember 1887, S. 9 f., hier S. 9.
38 Ebd., S. 10.
39 Rieger, *Der Teufel im Pfarrhaus*, S. 149 f.
40 Art. »Speichel«, in: HdA, Bd. 8, Sp. 149–155, hier Sp. 151.
41 Art. »Beschwörung, beschwören«, in: HdA, Bd. 1, Sp. 1109–1129, Sp. 1121.
42 Mannhardt, *Folgen des Aberglaubens*, S. 53 f.
43 Dinzelbacher, *Angst im Mittelalter*, S. 59.
44 Art. »Eine Teufels-Austreibung«, in: *Karlsruher Tagblatt* vom 4. August 1910 (Drittes Blatt), S. 3.
45 Vgl. Krug, *Pisteologie*, S. 127.
46 Höfler, *Volksmedizin*, S. 10 f.
47 *Des Freiherrn v. Münchhausen nachgelassene Werke*, S. 297.
48 Ebd., S. 298–300.
49 Musculus, *Von des Teufels Tyranney*, o. P.
50 Clingius, *Errette Deine Seele*, S. 357.
51 Dazu grundlegend: Kittsteiner, *Abschaffung des Teufels*.
52 Kindleben, *Non-Existenz*, S. 18 f.
53 Ebd., S. 47.
54 Ebd., S. 25.
55 Kittsteiner, *Abschaffung des Teufels*, S. 73.
56 Art. »Kindleben, Christian Wilhelm«, in: *Allgemeine Deutsche Biographie*, Bd. 15 (1882), S. 765–768.
57 Vgl. Flasch, *Der Teufel*, S. 345.
58 Roskoff, *Geschichte des Teufels*, Bd. 2, S. 606.
59 Ebd., S. 607.
60 Flasch, *Der Teufel*, S. 400.
61 Ebd., S. 380.
62 Zit. n.: Di Nola, *Der Teufel*, S. 426.
63 Doering-Manteuffel, *Das Okkulte*, S. 103.
64 Ebd., S. 134.
65 Heine, *Reisebilder*, Bd. 3, S. 58 f.
66 Krämer, *Akademie der Sehnsucht*, S. 44–47.
67 Spieker, *Lebensgeschichte des Andreas Musculus*, S. 185.
68 Di Nola, *Der Teufel*, S. 20.

Die Macht über die Menschen

1 *Die Gedichte von Bertolt Brecht*, S. 974 f.
2 Brecht, *Galilei*, S. 124 f.
3 Jaretzky, *Brecht*, S. 105.
4 Ebd., S. 131–134.
5 *Die Gedichte von Bertolt Brecht*, S. 815 f.
6 Art. »Ideologie des Aberglaubens hemmt den Fortschritt«, in: *Neues Deutschland* vom 27. März 1956, S. 7.
7 Art. »Der dialektische Materialismus ist unvereinbar mit religiösem Glauben« (Horst Ullrich), in: *Neues Deutschland* vom 29. März 1958, S. 4.
8 Art. »Die Höllengeister erzählen. Vom Unfug des Okkultismus/ Auch eine Erscheinung der westlichen ›Kultur‹«, in: *Berliner Zeitung* vom 12. Oktober 1951, S. 3.
9 Ebd.
10 Ebd.
11 Art. »Jährlich 40 Hexenprozesse«, in: *Berliner Zeitung* vom 22. Juli 1964, S. 2.
12 Art. »In der BRD floriert das Geschäft mit Aberglauben«, in: *Neues Deutschland* vom 26. Juli 1985, S. 5.
13 Art. »Aberglaube ohne Dämonie«, in: *Neue Zeit* vom 15. Dezember 1949, S. 4.
14 Anton, *Das Paranormale*, S. 96.
15 Art. »Ideologie des Aberglaubens hemmt den Fortschritt«, in: *Neues Deutschland* vom 27. März 1956, S. 7.
16 Vgl. Art. »Kongreßteil Kultur. Von den kulturellen Veranstaltungen anläßlich des VI. Deutschen Bauernkongresses«, in: *Neues Deutschland* vom 13. Dezember 1960, S. 11.
17 Anton, *Das Paranormale*, S. 97 f.
18 Art. »Lernen für das Leben – lernen für den Sozialismus. Rede des Genossen Walter Ulbricht zur Eröffnung des Jugendweihetages in Sonneberg«, in: *Neues Deutschland* vom 1. Oktober 1957, S. 4.
19 Ebd.
20 Art. »Bericht des Politbüros an die 36. Tagung des Zentralkomitees«, in: *Neues Deutschland* vom 13. Juni 1958, S. 4.
21 Anton, *Das Paranormale*, S. 296.

22 Ebd., S. 274–276.
23 Bendikowski, *Der deutsche Glaubenskrieg*, S. 325–329.
24 Bendikowski, *Friedrich der Große*, S. 172.
25 Art. »Friedrich der Große«, in: HdA, Bd. 3, Sp. 99–103, hier Sp. 100 f.
26 Barclay, »Friedrich Wilhelm II. (1786–1797)«, S. 187.
27 Hilgenfeld, *Die Lehninische Weissagung*, S. 47.
28 Vgl. ausführlicher: Freytag, *Aberglauben im 19. Jahrhundert*, S. 179–189.
29 Art. »Lehninsche Weissagung«, in: HdA, Bd. 5, Sp. 1019–1023, hier Sp. 1021.
30 Freytag, *Aberglauben im 19. Jahrhundert*, S. 189.
31 Alpenburg, *Mythen und Sagen Tirols*, S. 337.
32 Art. »Glaube und Aberglaube«, in: *Kurier für Niederbayern, Tagblatt aus Landshut* vom 22. März 1869, S. 1.
33 Zit. n. Bachhiesl, »Aberglaube und Kriminalwissenschaft«, S. 149.
34 Zit. n. ebd.
35 Erhard, *Handbuch des Chursächsischen peinlichen Rechts*, S. 183 f.
36 Ebd., S. 184.
37 *Das Polizeistrafgesetzbuch für das Königreich Bayern*, S. 44 f.
38 Erhard, *Handbuch des Chursächsischen peinlichen Rechts*, S. 183.
39 Bachhiesl, *Krimineller Aberglaube*, S. 204.
40 Blackbourn, *Marpingen*, S. 58 f.
41 Ebd., S. 56.
42 Ebd., S. 271–293.
43 Art. »Deutschland – rückt Tische!«, in: *Landshuter Zeitung* vom 23. April 1853, S. 383 f.
44 *Don Ferdinand Sterzingers Bemühung*, S. 92.
45 Vgl. Di Nola, *Der Teufel*, S. 428–435.
46 Art. »Freimaurer«, in: HdA, Bd. 3, Sp. 23–43, hier Sp. 32 f.
47 Art. »Jude, Jüdin«, in HdA, Bd. 4, Sp. 808–833, hier Sp. 811–813.
48 Ebd., Sp. 812.
49 Sasse, »Weg mit ihnen«, S. 4 f.
50 Large, *Hitlers München*, S. 382.
51 Art. »Aberglaube im Dritten Reich«, in: *Pariser Tageszeitung* vom 28. März 1937, S. 3.
52 Boberach, *Meldungen aus dem Reich*, Bd. 3, S. 475 f.

53 Kershaw, *Hitler 1936–1945*, S. 493.
54 Art. »Die Aufklärung des Falles Rudolf Heß«, in: *Völkischer Beobachter* (Wiener Ausgabe) vom 14. Mai 1941, S. 1.
55 Vgl. Bendikowski, *Hitlerwetter*, S. 103.
56 Goebbels, *Tagebücher*, Tl. 1, Bd. 9, S. 370.
57 Werner, *Anthroposophen*, S. 309.
58 Institut für Demoskopie, »Gute und ungute Vorzeichen«, S. 4.

Ausblick: Mit der Wünschelrute in die Moderne

1 Art. »Gespenster« (Peter Ponto), in: *Neue Bahnen*, Heft 7, Juli 1931, S. 1.
2 Adorno, *Minima Moralia*, S. 325.
3 Knoblauch, *Das Ding dreht sich*, S. 260.
4 Pachelbel-Gehag, *Fichtel-Berg*, S. 270.
5 Knoblauch, *Das Ding dreht sich*, S. 263.
6 Pachelbel-Gehag, *Fichtel-Berg*, S. 270.
7 Knoblauch, *Die Welt der Wünschelrutengänger*, S. 79 f.
8 Cancrin, *Bergwerke*, S. 156.
9 Art. »Mit Stockeinsatz und Wünschelrute« (Thomas Becker), in: *Süddeutsche Zeitung* vom 9. Februar 2019, S. 78.
10 Keller/Sharandak, *Madame Blavatsky*, S. 8.
11 Art. »Gespenster« (Peter Ponto), in: *Neue Bahnen*, Heft 7, Juli 1931, S. 1.
12 Zit. n. Otremba/Nigge, *Das Problem des magischen Denkens*, S. 368.
13 Vgl. grundlegend: Bering, *Die Epoche der Intellektuellen*.
14 Art. »Diese Szene wird bleiben. Warum der Chef des Verfassungsschutzes in Nordrhein-Westfalen sich große Sorgen wegen der Querdenker macht und bei vielen eine aggressive Demokratiefeindlichkeit beobachtet«, in: *Süddeutsche Zeitung* vom 14. Dezember 2021, S. 2.
15 Decker/Brähler, *Autoritäre Dynamiken*, S. 203, S. 292, S. 297.
16 Vgl. Adorno, *Studien zum autoritären Charakter*, S. 55.
17 Schließler et al., *Aberglaube*, S. 292 f.

Literatur

Adorno, Theodor W.: »Theorie der Halbbildung«, in: Busch, Alexander (Hg.): *Soziologie und moderne Gesellschaft. Verhandlungen des 14. Deutschen Soziologentages vom 20. bis 24. Mai 1959 in Berlin*, Stuttgart 1959, S. 169–191.

Adorno, Theodor W.: »Aberglaube aus zweiter Hand«, in: *Soziologische Schriften I, Gesammelte Schriften*, Bd. 8, Frankfurt am Main 1997, S. 147–176.

Adorno, Theodor W.: *Minima Moralia. Reflexionen aus dem beschädigten Leben*, Frankfurt am Main [23]1997.

Adorno, Theodor W. / Frenkel-Brunswik, Else / Levinson, Daniel J. / Sanford, R. Nevitt: *Studien zum autoritären Charakter*, Frankfurt am Main 1973.

Allerkamp, Andrea: »Vorwort«, in: Blumenberg et al., *Suspensionen*, S. 9–11.

Alpenburg, Johann Nepomuk (Hg.): *Mythen und Sagen Tirols*, Zürich 1857.

Anton, Andreas: *Das Paranormale im Sozialismus. Zum Umgang mit heterodoxen Wissensbeständen, Erfahrungen und Praktiken in der DDR*, Berlin 2018.

Archiv für Gemeines Deutsches und für Preußisches Strafrecht.

Arndt, Johann: *Vier Bücher vom Wahren Christenthum*, Halle [11]1755.

Bachhiesl, Christian: »Aberglaube und Kriminalwissenschaft um 1900. Der Positivismus der Kriminologen und ihre Rationalisierung des Irrationalen«, in: Kreissl, *Kulturtechnik Aberglaube*, S. 145–167.

Bachhiesl, Sonja Maria: »Krimineller Aberglaube um 1900 am Beispiel schwangerer Frauen und kleiner Kinder«, in: *Archiv für Kriminologie* 229 (2012), S. 198–206.

Bähr, Andreas: *Furcht und Furchtlosigkeit. Göttliche Gewalt und Selbstkonstitution im 17. Jahrhundert*, Göttingen 2013.

Barclay, David E.: »Friedrich Wilhelm II. (1786–1797)«, in: Kroll, Frank-Lothar (Hg.): *Preußens Herrscher. Von den ersten Hohenzollern bis Wilhelm II.*, München 2000, S. 179–196.

Bauller, Johann Jacob: *Hell-Polirter Laster-Spiegel*, Ulm 1681.

Baumann-Koch, Angela: *Frühe lutherische Gebetsliteratur bei Andreas Musculus und Daniel Cramer*, Frankfurt am Main 2001.

Bendikowski, Tillmann: *Friedrich der Große*, München 2011.

Bendikowski, Tillmann: *Der deutsche Glaubenskrieg. Martin Luther, der Papst und die Folgen*, München 2016.

Bendikowski, Tillmann: *Ein Jahr im Mittelalter. Essen und Feiern, Reisen und Kämpfen, Herrschen und Strafen, Glauben und Lieben*, München 2019.

Bendikowski, Tillmann: *Hitlerwetter. Das ganz normale Leben in der Diktatur: Die Deutschen und das Dritte Reich 1938/39*, München 2022.

Bering, Dietz: *Die Epoche der Intellektuellen 1898–2001. Geburt, Begriff, Grabmal*, Berlin [2]2011.

Die Bibel. Altes und Neues Testament. Einheitsübersetzung, Leck 2013.

Black, Monica: *Deutsche Dämonen. Hexen, Wunderheiler und die Geister der Vergangenheit im Nachkriegsdeutschland*, Stuttgart 2021.

Blackbourn, David: *Marpingen. Das deutsche Lourdes in der Bismarckzeit*, Saarbrücken 2007.

Blom, Philipp: *Die Welt aus den Angeln. Eine Geschichte der Kleinen Eiszeit von 1570 bis 1700 sowie der Entstehung der modernen Welt, verbunden mit einigen Überlegungen zum Klima der Gegenwart*, München 2017.

Blumenberg, Carolin / Heimes, Alexandra / Weitzmann, Erica / Witt, Sophie (Hgg.): *Suspensionen. Über das Untote*, Paderborn 2015.

Boberach, Heinz (Hg.): *Meldungen aus dem Reich. Die geheimen Lageberichte des Sicherheitsdienstes der SS 1938–1945*, Herrsching 1984.

Böhme, Hartmut: »Zur Kulturgeschichte der Angst«, in: Koch, *Angst*, S. 275–282.

Böklen, Ernst: *Die »Unglückszahl« Dreizehn und ihre mythische Bedeutung*, Leipzig 1913.

Borst, Arno: *Lebensformen im Mittelalter*, Berlin [5]2010.

Brecht, Bertolt: *Leben des Galilei. Schauspiel*, Berlin 1974.

Die Gedichte von Bertolt Brecht in einem Band, Frankfurt am Main [9]1997.

Brehm, Alfred: *Illustrirtes Thierleben. Eine allgemeine Kunde des Thierreichs*, Bd. 1, Hildburghausen 1864.

Brosseder, Claudia, Art. »Astrologie«, in: *Enzyklopädie der Neuzeit Online*; Zugriff: 20. August 2022.

Byr, Robert: *Nachruhm. Eine Erzählung in zwei Bänden*, Bd. 1, Berlin 1875.

Caesarius von Heisterbach: *Dialogus Miraculorum, Dialog über die Wunder*, 5 Teilbände, übersetzt und kommentiert von Nikolaus Nösges und Horst Schneider, Turnhout 2009.

Cancrin, Franz Ludwig von: *Beschreibung der vorzüglichsten Bergwerke*, Frankfurt am Main 1767.

Canetti, Elias: *Masse und Macht*. Frankfurt am Main 1994.

Carion, Joannes: *Prognostication und Erklerung der großen Wesser*, Augsburg 1522.

Clingius, Franciscus: *Errette Deine Seele. Das ist: Treuherzige Warnung für Abfall von der Lutherischen zur Papistischen Lehre*, Leipzig 1709.

Cunningham, Scott: *Wicca. Einführung in die Spiritualität und Praxis der neuen Hexenkunst*, Hamburg 2020.

Daxelmüller, Christoph: *Zauberpraktiken. Eine Ideengeschichte der Magie*, München/Zürich 1994.

Decker, Oliver / Brähler, Elmar (Hgg.): *Autoritäre Dynamiken. Alte Ressentiments – neue Radikalität. Leipziger Autoritarismus-Studie 2020*, Gießen 2020.

Decker, Oliver / Schuler, Julia / Yendell, Alexander / Schließer, Clara / Brähler, Elmar: »Das autoritäre Syndrom. Dimensionen und Verbreitung der Demokratie-Feindlichkeit«, in: Decker/Brähler, *Autoritäre Dynamiken*, S. 179–209.

Delumeau, Jean: *Angst im Abendland. Die Geschichte kollektiver Ängste im Europa des 14. bis 18. Jahrhunderts*, 2 Bde., Reinbek 1985.

Diekmann, Stefanie: »Fotografische Wiedergänger. Anmerkungen zur Geisterfotografie«, in: Blumenberg et al., *Suspensionen*, S. 131–141.

Dillinger, Johannes: *Kinder im Hexenprozess. Magie und Kindheit in der Frühen Neuzeit*, Stuttgart 2013.

Di Nola, Alfonso: *Der Teufel. Wesen, Wirkung, Geschichte*, Kreuzlingen/München 1990.

Dinzelbacher, Peter: *Angst im Mittelalter. Teufels-, Todes- und Gotteserfahrung: Mentalitätsgeschichte und Ikonographie*, Paderborn/München/Wien/Zürich 1996.

Doering-Manteuffel, Sabine: *Das Okkulte. Eine Erfolgsgeschichte im Schatten der Aufklärung. Von Gutenberg bis zum World Wide Web*, München 2008.

Douval, H. E.: *Bücher der praktischen Magie, Stufe 8: Magie und Astrologie*, Hamburg 2022.

Droste-Hülshoff, Annette von: *Letzte Gaben. Nachgelassene Blätter*, hg. von Levin Schücking, Hannover 1860.

Duby, Georges: *Unseren Ängsten auf der Spur. Vom Mittelalter bis zum Jahr 2000*, Köln 1996.

Eco, Umberto (Hg.): *Die Geschichte der Hässlichkeit*, München 2010.

Eis, Gerhard: *Altdeutsche Zaubersprüche*, Berlin 1964.

Eming, Jutta: »Magie und Wunderbares. Aspekte ihrer ästhetischen und epistemischen Konvergenz«, in: Eming/Wels, *Begriff der Magie*, S. 81–111.

Eming, Jutta / Wels, Volkhard: *Der Begriff der Magie in Mittelalter und Früher Neuzeit*, Wiesbaden 2020.

Eming, Jutta / Wels, Volkhard: »Einleitung«, in: Dies. (Hgg.): *Begriff der Magie*, S. 1–13.

Enzyklopädie der Neuzeit Online. Im Auftrag des Kulturwissenschaftlichen Instituts (Essen) und in Verbindung mit den Fachherausgebern hg. von Friedrich Jaeger, 2005–2012.

Erhard, Christian Daniel: *Handbuch des Chursächsischen peinlichen Rechts*, 1. Teil, Leipzig 1789.

Fieger, Hans: *P. Don Ferdinand Sterzinger, Bekämpfer des Aberglaubens und Hexenwahns und der Pfarrer Gaßnerschen Wunderkuren*, München/Berlin 1907.

Filatkina, Natalia / Bergmann, Franziska (Hgg.): *Angstkonstruktionen. Kulturwissenschaftliche Annäherungen an eine Zeitdiagnose*, Berlin/Boston 2021.

Fischer, Ernst Peter: *Durch die Nacht. Eine Naturgeschichte der Dunkelheit*, München 2015.

Fischer, Heinrich Ludwig: *Das Buch vom Aberglauben*, Hannover 1790.

Fischer, Heinrich Ludwig: *Beiträge zur Beantwortung der Frage: ob Aufklärung schon weit genug gediehen oder vollendet sey? Als Anhang zu dem Buch vom Aberglauben*, Hannover 1794.

Flasch, Kurt: *Der Teufel und seine Engel*, München 2015.

Flügel, Georg Josef: *Volksmedizin und Aberglaube im Frankenwalde. Nach zehnjähriger Beobachtung dargestellt*, München 1863.

Forschungsgruppe Weltanschauungen in Deutschland: *Aberglaube an (Un-)Glücksbringer* (15. August 2005).

Forster, Georg: *Ansichten vom Niederrhein, von Brabant, Flandern, Holland, England und Frankreich im April, Mai und Junius 1790*, Bd. 1, Berlin 1791.

Franz, Adolph: *Die kirchlichen Benediktionen im Mittelalter*, Bd. 1, Freiburg 1909.

Franz, Angelika / Nösler, Daniel: »Die Archäologie der Angst«, in: *Archäologie in Deutschland*, Nr. 5 (2016), S. 62–65.

Franz, Angelika / Nösler, Daniel: *Geköpft und gepfählt. Archäologen auf der Jagd nach den Untoten*, Darmstadt 2016.

Freytag, Nils: *Aberglauben im 19. Jahrhundert. Preußen und seine Rheinprovinz zwischen Tradition und Moderne (1815–1918)*, Berlin 2003.

Friedell, Egon: *Kulturgeschichte der Neuzeit*, Bd. 2, München [172015].

Friedrich, Otto: *Morgen ist Weltuntergang. Berlin in den zwanziger Jahren*, Berlin 1998.

Gantet, Claire: »›Bloß ein Schein: ein Schein denn, der aber dennoch etwas thut, der den Menschen peinigt …‹ – Gespenster, Autorität und Metaphorisierung des Teufels im Heiligen Römischen Reich um 1700«, in: Gantet/d'Almeida, *Gespenster und Politik*, S. 79–102.

Gantet, Claire / d'Almeida, Fabrice (Hgg.): *Gespenster und Politik. 16. bis 21. Jahrhundert*, Paderborn 2007.

Goebbels, Joseph: *Die Tagebücher des Joseph Goebbels*, hg. von Elke Fröhlich, Teil I: *Aufzeichnungen 1923–1941*, Bd. 9, *Dezember 1940 – Juli 1941*, München 1998.

Goethe, Johann Wolfgang von: *Faust. Eine Tragödie*, Tübingen 1808.

Goethe, Johann Wolfgang von: *Werke* (Hamburger Ausgabe), Bd. 12, München [14]2005.

Göttert, Karl-Heinz: *Daumendrücken. Der ganz normale Aberglaube im Alltag*, Stuttgart 2003.

Gottschling, Sven: *Wer heilt, hat recht. Chancen und Grenzen der Alternativmedizin*, Frankfurt am Main [2]2019.

Grabner, Elfriede: Art. »Mondglaube und Mondkraft in der Volksmedizin«, in: *Zeitschrift des Historischen Vereines für Steiermark*, Jg. 54 (1963), S. 79–89.

Gurjewitsch, Aaron J.: »Teuflische Gewohnheiten«, in: Beck, Rainer (Hg.): *Streifzüge durch das Mittelalter. Ein historisches Lesebuch*, München [3]1991, S. 132–144.

Gurjewitsch, Aaron J.: *Stumme Zeugen des Mittelalters. Weltbild und Kultur der einfachen Menschen*, Frankfurt am Main 2000.

Haeckel, Ernst: *Die Welträthsel. Gemeinverständliche Studien über monistische Philosophie*, Bonn 1899.

Hamburgisches Adressbuch für 1867, Hamburg 1867.

Handwörterbuch des deutschen Aberglaubens (HdA), hg. von Hanns Bächthold-Stäubli unter Mitwirkung von Eduard Hoffmann-Krayer, 10 Bde., Berlin/Leipzig 1927–1942, Nachdruck Augsburg 2008.

Harmening, Dieter: *Zauberei im Abendland. Vom Anteil der Gelehrten am Wahn der Leute*, Würzburg 1991.

Hartmann, Franz Seraphin: *Über schwarze und weiße Magie in den Bezirken Dachau und Bruck*, München 1882.

Heine, Heinrich: *Reisebilder*, Bd. 3, Hamburg 1830.

Heine, Heinrich: *Gesammelte Werke*, Köln 2017.

Hellwig, Albert: *Okkultismus und Strafrechtspflege. Über die Verwendung von Hellsehern bei Aufklärung von Verbrechen*, Bern/Leipzig 1924.

Herders Conversations-Lexikon, Bd. 3, Freiburg 1855.

Hildegard von Bingen: *Heilkraft der Natur – »Physica«. Rezepte und Ratschläge für ein gesundes Leben*, Freiburg/Basel/Wien 1993.
Hilgenfeld, Adolf: *Die Lehninische Weissagung über die Mark Brandenburg, nebst der Weissagung von Benedictbeuren über Baiern*, Leipzig 1875.
Hitler, Adolf: *Mein Kampf*, München 1942.
Höfler, Max: *Volksmedizin und Aberglaube in Oberbayerns Gegenwart und Vergangenheit*, München 1888.
Höhn, Max: *Der Astro-Friseur. Die perfekte Frisur für jedes Sternzeichen*, Hamburg 2014.
Hölscher, Lucian: *Geschichte der protestantischen Frömmigkeit in Deutschland*, München 2005.
Hollender, Martin: Art. »Lucas Cranachs Porträt des Astrologen Johannes Carion«, in: *Bibliotheks-Magazin. Mitteilungen aus den Staatsbibliotheken in Berlin und München*, 2015, Heft 1, S. 39–45.
Howe, Ellic: *Uranias Kinder. Die seltsame Welt der Astrologen und das Dritte Reich*, Weinheim 1995.

Im Hof, Ulrich: *Das Europa der Aufklärung*, München 1993.
Institut für Demoskopie Allensbach: *Allensbacher Berichte 2005*, Nr. 7: »Gute und ungute Vorzeichen. Aberglaube existiert weiter«.

Janssen, Johannes: *Geschichte des deutschen Volkes seit dem Ausgang des Mittelalters*, Bd. 8, Freiburg 1894.
Jaretzky, Reinhold: *Bertolt Brecht*, Reinbek 2006.

Kaiser, Jochen Christoph: »Die soziale Lage und die besonderen Probleme und Herausforderungen in den östlichen Provinzen Preußen-Deutschlands«, in: *Blätter für deutsche Landesgeschichte* 2008, S. 249–267.
Kasperl. Puppenspiele für jung und alt (Fidel Fidelius), Esslingen/München, o. J. [[3]1854].
Kauertz, Claudia: *Wissenschaft und Hexenglaube. Die Diskussion des Zauber- und Hexenwesens an der Universität Helmstedt (1576–1626)*, Bielefeld 2001.
Keller, Ursula / Sharandak, Natalja: *Madame Blavatsky. Eine Biographie*, Berlin 2013.
Kepler, Johannes: *Gesammelte Werke*, Bd. IV, München 1941.

Kepler, Johannes: *Gesammelte Werke*, Bd. XII, München 1990.

Kepler, Johannes: *Gesammelte Werke*, Bd. XXI, 2.2, München 2009.

Kershaw, Ian: *Hitler, 1936–1945*, Stuttgart 2000.

Keyser, Georg Adam: *Uhuhu oder Hexen-Gespenster-Schazgräber und Erscheinungs-Geschichte*, 1, Erfurt 1785.

Kiefer, Klaus H. (Hg.): *Cagliostro. Dokumente zu Aufklärung und Okkultismus*, München 1991.

Kittsteiner, Heinz Dieter: »Die Abschaffung des Teufels im 18. Jahrhundert. Ein kulturhistorisches Ereignis und seine Folgen«, in: Schuller, Alexander / Rahden, Wolfgang von (Hgg.): *Die andere Kraft. Zur Renaissance des Bösen*, Berlin 1993, S. 55–92.

Klein, Leonie: »Die Darstellung und Funktion von Angst im Märchen *Schneewittchen*. Die Gebrüder Grimm und Walt Disney im Vergleich«, in: Filatkina/Bergmann, *Angstkonstruktionen*, S. 149 – 178.

Knoblauch, Hubert: *Die Welt der Wünschelrutengänger und Pendler. Erkundungen einer verborgenen Wirklichkeit*, Frankfurt am Main/New York 1991.

Knoblauch, Hubert: »Das Ding dreht sich. Die Wünschelrute, die Entzauberung und das Populäre«, in: Kreissl, *Kulturtechnik Aberglaube*, S. 253–268.

Koch, Lars (Hg.): *Angst. Ein interdisziplinäres Handbuch*, Stuttgart 2013.

Koch, Lars: »Einleitung: Angst als Gegenstand kulturwissenschaftlicher Forschung«, in: Ders., *Angst*, S. 1–4.

Köster, Heinrich Martin Gottfried: *Erörterung der wichtigsten Schwierigkeiten in der Lehre von dem Teufel*, Gießen 1776.

Kopper, Christopher: *Hjalmar Schacht. Aufstieg und Fall von Hitlers mächtigstem Bankier*, München/Wien 2006.

Korff, Gottfried: »13. Die erzählte Zahl«, in: Tyradellis, Daniel / Friedlander, Michael S.: *10+5=Gott. Die Macht der Zahlen*, Berlin 2004, S. 94.

Korff, Gottfried (Hg.): *Kasten 117. Aby Warburg und der Aberglaube im Ersten Weltkrieg*, Tübingen 2007.

Krämer, Sebastian: *Akademie der Sehnsucht. 13 Lieder für Singstimme und Klavier*, [o.O.] 2012.

Kreissl, Eva (Hg.): *Kulturtechnik Aberglaube. Zwischen Aufklärung und Spiritualität. Strategien zur Rationalisierung des Zufalls*, Bielefeld 2013.

Krug, Wilhelm Traugott: *Pisteologie oder Glaube, Aberglaube und Unglaube sowohl an sich als im Verhältnisse zu Staat und Kirche betrachtet*, Leipzig 1825.

Labouvie, Eva: »›Gauckeleyen‹ und ›ungeziemende abergläubische Seegensprüchereyen‹. Magische Praktiken um Schwangerschaft, Geburt und Wochenbett«, in: Kreissl, *Kulturtechnik Aberglaube*, S. 271–297.

Lammert, Gottfried: *Volksmedizin und medizinischer Aberglaube in Bayern und den angrenzenden Bezirken, begründet auf die Geschichte der Medizin und Cultur*, Würzburg 1869.

Lang, Johannes: *Das Horoskop des Reichsbankpräsidenten Dr. Schacht und die Zukunft von Währung und Wirtschaft*, Hamburg 1926.

Lang, Johannes: »Astrologie und Börse. Das Horoskop des deutschen Reichsbankpräsidenten Dr. Schacht – Die Konstellation des ›Schwarzen Freitag‹ und ihre Wiederholung«, in: *Das Wunder*, 1928,1, S. 21–25.

Lang, Johannes: *Die Hohlwelttheorie*, Frankfurt am Main [2]1938.

Large, David Clay: *Hitlers München. Aufstieg und Fall der Hauptstadt der Bewegung*, München 2018.

Lexikon des Mittelalters, 9 Bde., München 2003.

Löwenstimm, August: *Aberglaube und Strafrecht*, Berlin 1897.

Lotter, Friedrich: »Hostienfrevelvorwurf und Blutwunderfälschung bei den Judenverfolgungen von 1298 (›Rintfleisch‹) und 1336–1338 (›Armleder‹)«, in: *Fälschungen im Mittelalter*, Internationaler Kongreß der Monumenta Germaniae Historica München, 16.–19. September 1986, Teil V, Hannover 1988, S. 533–583.

Lotz, Karl: *Das sogenannte Tischrücken oder: Der Verkehr mit Verstorbenen*, Kaiserslautern 1855.

MacCulloch, Diarmaid: *Die Reformation 1490–1700*, München 2008.

Magin, Ulrich: *Trolle, Yetis, Tatzelwürmer. Rätselhafte Erscheinungen in Mitteleuropa*, München 1993.

Magnus, Hugo: *Der Aberglauben in der Medizin*, Breslau 1903, Neudruck Hamburg 2011.

Mannhardt, Wilhelm: *Die praktischen Folgen des Aberglaubens mit besonderer Berücksichtigung der Provinz Preußen*, Berlin 1878.

Marzell, Heinrich: *Zauberpflanzen, Hexentränke. Brauchtum und Aberglaube*, Stuttgart 1964.

Mayer, Andreas Ulrich: *Abhandlung des Daseyns der Gespenster nebst einem Anhange vom Vampyrismus*, Augsburg 1768.

Mayer, Gerhard: »Astrologie und Wissenschaft – ein prekäres Verhältnis. Teil 1: Historischer Rückblick auf die deutschsprachige Astrologie im 20. Jahrhundert und gegenwärtige Entwicklungen«, in: *Zeitschrift für Anomalistik*, Bd. 20 (2020), S. 86–117.

Meier, Georg Friedrich: *Gedancken von Gespenstern*, Halle 1747.

Meyer, Hermann: *Ein Hexenprozeß aus dem 17. Jahrhundert aus den Acten dargestellt*, Hannover 1867.

Model, Johann Michael: *Models beantwortete Frage: Ob man die Ausfahrt der Hexen zulaßen könne? Wider den heutigen Hexenstürmer P. Ferdinand Sterzinger*, München 1769.

Müllenhoff, Karl (Hg.): *Sagen, Märchen und Lieder der Herzogthümer Schleswig Holstein und Lauenburg*, Kiel 1845.

Des Freiherrn v. Münchhausen nachgelassene Werke, Weimar 1854.

Musculus, Andreas: *Vom Hosen Teuffel*, Frankfurt an der Oder 1555.

Musculus, Andreas: *Von des Teufels Tyranney*, Erfurt 1561.

Musculus, Andreas: *Wider dem Fluchteufel. Von dem unchristlichen, erschrecklichen und grausamen Fluchen und Gottslesterung trewe und wolmeinende Vermanung und Warnung*, Ursel 1561.

Noack, Lothar / Splett, Jürgen: *Bio-Bibliographien, Brandenburgische Gelehrte der Frühen Neuzeit. Mark Brandenburg mit Berlin-Cölln 1506–1640*, Berlin 2009.

Otremba, Joachim / Nigge, Gerhard: *Das Problem des magischen Denkens. Eine sozialwissenschaftliche Analyse*, Berlin 1989.

Pachelbel-Gehag, Johann Christoph von: *Ausführliche Beschreibung des Fichtel-Berges in Norgau liegend*, Leipzig 1716.

Das Polizeistrafgesetzbuch für das Königreich Bayern nach dem Stande der Gesetzgebung ab 1. Januar 1900, München [4]1900.

Pückler-Muskau, Hermann von: *Briefe eines Verstorbenen*, Bd. 4, Stuttgart 1831.

Quitzmann, Anton: *Die heidnische Religion der Baiwaren. Ein erster faktischer Beweis für die Abstammung dieses Volkes*, Leipzig/Heidelberg 1860.

Raabe, Wilhelm: »Das letzte Recht«, in: Heye, Paul / Kurz, Peter (Hgg.): *Deutscher Novellenschatz*, Berlin [2]1910, S. 205–280.

Rader, Olaf B.: »Die Gespenster der alten Kaiser. Falsche Friedriche, Barbablanca und die politische Sehnsucht nach dem Heiligen Reich«, in: Gantet/d'Almeida, *Gespenster und Politik*, S. 181–197.

Rader, Olaf B.: *Hokuspokus. Bluthostien zwischen Wunderglauben und Budenzauber*, Paderborn 2015.

Reales Staats-Zeitungs- und Conversationslexikon, Leipzig 1744.

Reck, Bernhard C.: *Modelle moderner Gegenaufklärung. »Magisches Denken« und seine politischen Implikationen*, Hamburg 2007.

Rehlinghaus, Franziska: *Die Semantik des Schicksals. Zur Relevanz des Unverfügbaren zwischen Aufklärung und Erstem Weltkrieg*, Göttingen 2015.

Reichholf, Josef H.: *Einhorn, Phönix, Drache. Woher unsere Fabeltiere kommen*, Frankfurt am Main [2]2018.

Rieger, Miriam: *Der Teufel im Pfarrhaus. Gespenster, Geisterglaube und Besessenheit im Luthertum der Frühen Neuzeit*, Stuttgart 2011.

Roper, Lyndal: *Hexenwahn. Geschichte einer Verfolgung*, München 2007.

Roskoff, Gustav: *Geschichte des Teufels*, 2 Bde., Leipzig 1869.

Rublack, Ulinka: *Der Astronom und die Hexe. Johannes Kepler und seine Zeit*, Stuttgart 2018.

Sasse, Martin (Hg.): *Martin Luther über die Juden: Weg mit ihnen!*, Freiburg 1938.

Sawicki, Diethard: *Leben mit den Toten. Geisterglauben und die Entstehung des Spiritismus in Deutschland 1770–1900*, Paderborn/München/Wien/Zürich 2002.

Sawicki, Diethard: »Spiritismus und das Okkulte in Deutschland, 1880–1930«, in: *Österreichische Zeitschrift für Geschichtswissenschaften*, Bd. 14, Nr. 3 (2003), S. 53–71.

Schäfke, Werner: »Angerührt. Angerührtzettel und Pilgerzeichen. Sehen, begreifen und bezeugen«, in: Becks, Leonie / Deml, Matthias / Hardering, Klaus (Hgg.): *Caspar, Melchior, Balthasar. 850 Jahre Verehrung der Heiligen Drei Könige im Kölner Dom*, Köln 2014, S. 15–19.

Schauenburg, Carl Hermann: *Tischrücken und Tischklopfen, eine Thatsache*, Düsseldorf 1853.

Scheer, Monique: »Des Gefangenen Amulett. Funktionen des Kriegsgegners im volkskundlichen Aberglaubendiskurs«, in: Korff, *Kasten 117*, S. 245–259.

Schilling, Heinz: *Martin Luther. Rebell in einer Zeit des Umbruchs. Eine Biographie*, München [2]2013.

Schindler, Heinrich Bruno: *Der Aberglaube des Mittelalters. Ein Beitrag zur Culturgeschichte*, Breslau 1858.

Schlager, Claudia: »Seherinnen und Seismographen. Ausschnitthaftes zur Trouvaille ›Barbara Weigand‹ aus Aby Warburgs Kriegskartothek«, in: Korff, *Kasten 117*, S. 215–242.

Schließler, Clara / Hellweg, Nele / Decker, Oliver: *Aberglaube, Esoterik und Verschwörungsmentalität in Zeiten der Pandemie*, in: Decker/Brähler, *Autoritäre Dynamiken*, S. 283–308.

Schmidt-Biggemann, Wilhelm: »Sakrament: Geheimnis, Magie, Kult und Recht«, in: Eming/Wels, *Magie*, S. 35–46.

Schmitt, J. W. R.: *Der Hexenhammer von Jakob Sprenger und Heinrich Institoris*, Berlin[3] 1922.

Schneider, Gerhard: Art. »Aberglaube«, in: Hirschfeld, Gerhard / Krumeich, Gerd / Renz, Irina: *Enzyklopädie Erster Weltkrieg*, Paderborn/München/Wien/Zürich 2003, S. 323.

Schneider, Martin: »Soldaten der Aufklärung. Die ›Deutsche Gesellschaft Schutz vor Aberglauben‹ und ihr Kampf gegen Parapsychologie und Okkultismus (1953–1963)«, in: Lux, Anna / Paletschek, Sylvia (Hgg.): *Okkultismus im Gehäuse. Institutionalisierungen der Parapsychologie im 20. Jahrhundert im internationalen Vergleich*, Berlin/Boston 2016, S. 277–306.

Schöck, Inge: *Hexenglaube in der Gegenwart. Empirische Untersuchungen in Südwestdeutschland*, Tübingen 1978.

Schönwerth, Franz: *Aus der Oberpfalz. Sitten und Sagen*. Teil 1, Augsburg 1857.

Schott, Heinz (Hg.): *Der sympathetische Arzt. Texte zur Medizin im 18. Jahrhundert*, München 1998.

Schott, Heinz: »Imagination – Einbildungskraft – Suggestion: Zur ›Scharlatanerie‹ in der neuzeitlichen Medizin«, in: *Berichte zur Wissenschaftsgeschichte* 27 (2004), S. 99–108.

Schubert, Ernst: *Alltag im Mittelalter. Natürliches Lebensumfeld und menschliches Miteinander*, Darmstadt 2012.

Schutzengel-Hilf, oder Wohlthaten, welche die heiligen Schutzengel

jederzeit dem Menschen erwiesen haben, von einem Priester der Gesellschaft Jesu, Regensburg 1850.
Spehr, Christopher: *Aufklärung und Ökumene. Reunionsversuche zwischen Katholiken und Protestanten im deutschsprachigen Raum des späten 18. Jahrhunderts*, Tübingen 2005.
Spener, Philipp Jacob: *Theologische Bedencken*, Bd. 1, Halle 1700.
Spieker, Christian Wilhelm: *Lebensgeschichte des Andreas Musculus*, Frankfurt an der Oder 1858.
Stenson-Raché, Holger: »Astrologie und Verbrechen. Ein Kapitel über die Nutzanwendung kriminalpsychologischer Astrologie zur Untersuchung und Aufklärung von Verbrechen«, in: *Das Wunder*, 1929, Heft 3, S. 68–74.
Sterzinger, Ferdinand: *Beurtheilung der Gaßnerischen Wunderkuren, von einem Seelsorger und Eiferer für die katholische Religion*, [o. O.] 1775.
Sterzinger, Ferdinand: *Die Gespenstererscheinungen. Eine Phantasie oder Betrug, durch die Bibel, Vernunftlehre und Erfahrung bewiesen*, München 1786.
Don Ferdinand Sterzingers Bemühung den Aberglauben zu stürzen, München 1785.
Steub, Ludwig: *Sängerkrieg in Tirol. Erinnerungen aus den Jahren 1842–1844*, Stuttgart 1882.
Strack, Hermann L.: *Das Blut im Glauben und Aberglauben der Menschheit*, München [7]1900.
Strackerjan, L. (Hg.): *Aberglaube und Sagen aus dem Herzogthum Oldenburg*, Bd. 2, Oldenburg 1867.
Strehlow, Wighard: *Hildegard-Heilkunde von A–Z. Kerngesund von Kopf bis Fuß*, Hamburg 2012.

Tantner, Anton: *Die Hausnummer. Eine Geschichte von Ordnung und Unordnung*, Marburg 2007.

Verbesserte Legend der Heiligen. Das ist eine schöne, klare und anmüthige Beschreibung des Lebens, Leydens und Sterbens von den lieben Heiligen Gottes, auff alle, und jede Tag des gantzen Jahrs (Dionysius von Luxemburg und Martin von Cochem), Köln/Frankfurt am Main 1737.
Voltmer, Rita: »Jean Delumeau (1923–2020) und die Entdeckung des

›pays de la peur‹«, in: Filatkina/Bergmann, *Angstkonstruktionen*, S. 49–88.

Waibel, Nicole: »›Anti-Aberglaubiana‹ oder Mittel wider den Aberglauben der Leute. Zu einem volksaufklärerischen Diskurs im 18. und frühen 19. Jahrhundert«, in: Kreissl, *Kulturtechnik Aberglaube*, S. 169–191.

Wander, Karl Friedrich Wilhelm (Hg.): *Deutsches Sprichwörter-Lexikon*, Bd. 2, Leipzig 1870, Bd. 3, Leipzig 1873.

Werner, Uwe: *Anthroposophen in der Zeit des Nationalsozialismus*, München 1999.

Winkle, Ralph: »Masse und Magie. Anmerkungen zu einem Interpretament der Aberglaubenforschung während des Ersten Weltkriegs«, in: Korff, *Kasten 117*, S. 261–299.

Winter, Vitus Anton: *Erstes deutsches, kritisches, katholisches Ritual mit stetem Hinblick auf die Agenden der Protestanten, oder Prüfung des katholischen Rituals und der Agenden der Protestanten*, Landshut 1811.

Wötzel, Johann Karl: *Nähere Erklärung und Aufschlüsse über seine Schrift: Meiner Gattinn wirkliche Erscheinung nach ihrem Tode*, Leipzig 1805.

Ein Wort aus dem Bilde gesagt. Zur Verehrung der heiligen Schutzengel, München 1797.

Wolf, Peter Philipp: *Geschichte der römischkatholischen Kirche unter der Regierung Pius des Sechsten*, Bd. 1, Zürich 1793.

Zander-Seidel, Jutta: »Der Teufel in Pluderhosen«, in: *Waffen- und Kostümkunde* Bd. 29 (1987), S. 49–67.

Grosses vollständiges Universal-Lexicon aller Wissenschaften und Künste, verlegt von Johann Heinrich Zedler, Bd. 38, Halle und Leipzig 1743, Nachdruck 1997.

Zeitungen und Zeitschriften

Am Urquell
AZ am Morgen
Der Bazar. Illustrierte Damenzeitung
Berliner Tageblatt
Berliner Zeitung
Berlinische Monatsschrift
Coburger Zeitung
Fürstenfeldbrucker Zeitung
Glaube und Heimat. Sonntagsblatt für das evangelische Haus
Hannoversches Magazin
Illustrierter Sonntag
Karlsruher Tagblatt
Kölnische Zeitung
Kurier für Niederbayern
Landshuter Zeitung
Leipziger Tageblatt und Handelszeitung
Leipziger Volkszeitung
Magikon. Archiv für Beobachtungen aus dem Gebiete der Geisterkunde und des magnetischen und magischen Lebens
Monatsblätter für den Evangelischen Religionsunterricht
Münchner Neueste Nachrichten
Neue Bahnen

Neue Freie Presse
Neue Zeit
Neues Archiv für sächsische Geschichte
Neues Deutschland
Neues Hannoversches Magazin
Der Neuigkeitsbote
Offenburger Tageblatt
Pariser Tageszeitung
Rosenheimer Anzeiger
Der Spiegel
Süddeutsche Zeitung
Theologische Literaturzeitung
Thüringer Warte. Monatsschrift für die geistigen, künstlerischen und wirtschaftlichen Interessen Thüringens
Unterhaltungsblatt der Neusten Nachrichten (München)
Vaterstädtische Blätter. Altes und Neues aus Lübeck
Völkischer Beobachter
Der Wendelstein. Katholisches Volksblatt für das bayerische Oberland
Westricher Zeitung
Zeitschrift für die Geschichte der Juden in Deutschland
Zeitschrift für Parapsychologie
Zentralblatt für Okkultismus. Monatsschrift zur Erforschung der gesamten Geheimwissenschaften

Register

Bildnachweis

18 Brooklyn Museum, A. Augustus Healy Fund, Frank L. Babbott Fund, and Carll H. de Silver Fund, 37.33.3, Photo: 37.33.3_PS9.jpg.

30 Bayerische Staatsbibliothek (CC BY-NC-SA 4.0), Einbl. VIII,12 s. Schollenberger, Johann Jakob: Abbildung und Beschreibung deß wunderwürdigen unvergleichlichen Cometen. Der erstmals zu Anfang deß Wintermonats vor Aufgang der Sonnen erschienen / und anjetzt nach derselben Untergang sich entsetzlich sehen lässet. Nürnberg 1680, https://mdz-nbn-resolving.de/details:bsb00100510

33 Alamy Stock Photo/Landmark Media

44 Palazzo Farnese/Wikimedia Commons/Public Domain, https://de.m.wikipedia.org/wiki/Datei:Domenichinounicorn PalFarnese.jpg

56 akg-images

71 Bayerische Staatsbibliothek, Phys.m. 157 p. Lotz, Karl: *Das sogenannte Tischrücken.* Kaiserslautern 1855, S. 4, https://mdz-nbn-resolving.de/details:bsb10132784

75 bpk

81 akg-images/British Library

92 Bayerische Staatsbibliothek/Wikimedia Commons/Public Domain, 2 Inc. c. a. 3893, fol. h.ii, https://commons.wikimedia.org/wiki/File:Wiedergaenger.jpg

109 iStock/Grafissimo

112 Gleimhaus (CC BY-NC-SA), https://nat.museum-digital.de/object/757423

119 akg-images/TT News Agency/SVT

129 Alamy Stock Photo/AUSMUM/BTEU

141 bpk/Kupferstichkabinett, SMB/Jörg P. Anders

152 Museo Nacional del Prado/Wikimedia Commons/Public Domain, https://commons.wikimedia.org/wiki/File:Goya-Capricho-43.jpg

161 Städel Museum/Public Domain, https://sammlung.staedel museum.de/de/werk/hexenkueche

170 Alamy Stock Photo/Quagga Media

177 Alamy Stock Photo/Quagga Media

192 iStock/Panyawatt

206 akg-images

216 Alamy Stock Photo/Heritage Image Partnership Ltd

223 Alamy Stock Photo/Granger Historical Picture Archive

250 bpk/Herbert Hensky

266 picture alliance/dpa/Oliver Berg

270 Wikimedia Commons: *Die Gartenlaube*, *Illustrirtes Familienblatt*, Leipzig 1859, S. 649, https://commons.wikimedia.org/wiki/File:Die_Gartenlaube_(1859)_b_649.jpg